张美娜◎编著

朱元璋传
乱世尊丐

内蒙古文化出版社

图书在版编目(CIP)数据

乱世尊丐——朱元璋传 / 张美娜编著. —呼伦贝尔 : 内蒙古文化出版社，2009.9
ISBN 978-7-80675-752-9

Ⅰ. 乱… Ⅱ. 张… Ⅲ. 朱元璋（1328~1398）—传记 Ⅳ.K827=48

中国版本图书馆 CIP 数据核字（2009）第 162777 号

乱世尊丐——朱元璋传
LUANSHIZUNGAI——ZHUYUANZHANGZHUAN

张美娜　编著

责任编辑	白鹭　王春
装帧设计	鸿儒文轩
出版发行	内蒙古文化出版社
地　　址	呼伦贝尔市海拉尔区河东新春街4－3号
直销热线	0470－8241422　邮编　021008
排版制作	北京鸿儒文轩文化传播有限公司
印刷装订	三河市华东印刷有限公司
开　　本	710mm×1000mm　1/16
字　　数	220千
印　　张	23
版　　次	2009年10月第1版
印　　次	2022年4月第2次印刷
印　　数	8001—13000 册
书　　号	ISBN 978-7-80675-752-9
定　　价	65.00元

版权所有　侵权必究

如出现印装质量问题，请与我社联系。联系电话：0470-8241422

序

他生于战乱，起于战乱。

他有很多的身份，小乞丐、小和尚、游方僧……

每一个身份都尝尽了人间辛酸，看透了世态炎凉。

他有很多的敌人，陈友谅、张士诚、方国珍……

他们个个不是省油的灯，他是名副其实地在夹缝中求生存。

但是他有很多的朋友，徐达、常遇春、李文忠、邓愈……

他们人人骁勇善战，立下了赫赫战功。

他有很多的文人，刘基、李善长……

跟随在他身边，鞍前马后，誓死效忠、足智多谋。

他有很多的个人独创，不要宰相，独掌军权……

甚至很多的名菜佳肴也跟他有关。

他是个残酷的行刑人，

当年出生入死、并肩作战的兄弟化作层层白骨，堆砌他日后的辉煌。

多少次他横枪立马，站在队伍的最前线，指挥着千军万马，将一个个敌人踩在马下。

多少次他运筹帷幄，把一个个对头吓得狼奔豕突。

没有人比他更了解白手起家的苦楚，

没有人比他更明白单枪匹马的艰辛。

历史虽然掩埋了他的铮铮铁骨，掩不去的却是那永远流传的英勇和智慧。

　　他告诉我们，唯有矢志不渝地坚持才能获得鲜花和掌声。

　　岁月悠悠，对于他的评说一直都没有停止……

　　大浪淘沙，他的名字依然在人们耳畔萦绕。

　　他，就是乱世尊丐——朱元璋。

· 目 录 ·

有句话说得好，时势造英雄。朱元璋出生的时候，正是中原大地动乱的时候，兵荒马乱的年代给朱元璋的童年蒙上了很不和谐的阴影。瘟疫横生、家破人亡、颠沛流离，这些都使朱元璋的生存变得极度困难。在走投无路的时候，最后只好沦落为和尚，继而成为乞丐。

【第一章】朱元璋的苦难童年

小朱的那些事儿 ●●● 002

夹缝之中求生存 ●●● 012

上天注定皇帝命 ●●● 014

苟延残喘当和尚 ●●● 023

求生无门做乞丐 ●●● 032

元朝的暴虐统治，使得中原大地处处反旗林立。本来想安心做和尚的朱元璋因为一封信不得不参加了起义军。谁知，天生应该走上王道的朱元璋一发不可收，带领着二十四人打天下，赢得了很多谋士和义军的加盟，使得自己的实力逐渐变得强大起来。

【第二章】朱元璋的发家足迹

被逼造反属无奈 ●●● 036

二十四人打天下 ●●● 040

冯氏兄弟的加盟 ●●● 044

打造自己的铁军 ●●● 048

亲信统兵握兵权 ●●● 050

铁血治军有方略 ●●● 053

收获"九字箴言" ●●● 055

里中长者李善长 ●●● 058

纠缠不清小明王 ●●● 060

· 目 录 ·

但是，朱元璋想要把自己的事业做大做强还有很多的困难，他的几个敌人就足够朱元璋烦恼。在这里面他的首要敌人就是陈友谅。陈友谅经过几年的发展，已经自立称王，实力变得很强。并且趁朱元璋不备攻打了洪都，意图威胁朱元璋的老巢。朱元璋在刘基的协助下，和陈友谅在鄱阳湖展开激战，一举歼灭了陈友谅，将最大的敌人消灭殆尽。

【第三章】朱元璋的1号敌人——陈友谅

男人背后的女人 ●●● 066

陈友谅自立称王 ●●● 073

不小心钻入圈套 ●●● 077

小明王得大救星 ●●● 083

趁人不防打洪都 ●●● 087

临时会议振人心 ●●● 091

惊心动魄鄱阳湖 ●●● 096

消灭了陈友谅，接下来朱元璋将要面对的就是张士诚了。传说中的张士诚胸无大志，而且曾经接受过朝廷的招安，很是为人不齿。他是靠着十八条扁担集结一帮兄弟走上起义之路的，说起来也算悲壮。但是占据着富裕的江南一带，张士诚却倒行逆施，耽于享乐，最后，在平江的攻城战中，被抓为俘虏，不卑不亢，演绎了最后的悲壮。

【第四章】朱元璋的2号敌人——张士诚

张士诚非等闲辈 ●●● 108

十八条扁担起义 ●●● 113

高邮大捷少胜多 ●●● 117

胸无大志安一方 ●●● 121

降元朝倒行逆施 ●●● 124

杀刘福通称吴王 ●●● 127

杀明王老朱称王 ●●● 132

势如破竹朱元璋 ●●● 136

坚城平江终陷落 ●●● 139

· 目 录 ·

两个首要敌人都已经被消灭掉，朱元璋最后要对付的是跟自己有着不共戴天之仇的元朝政府。但是还没等朱元璋动手，元朝内部就开始了自己人之间的厮杀。朱元璋猴戏看了个过瘾，还得了很多的渔翁之利。在跟元朝名将王保保对决之后，将他们赶到了遥远的北方，不敢再轻易南下中原，也算是不大不小的胜利吧。

【第五章】朱元璋的3号敌人——元朝

仇恨就这样诞生 ●●● 144

老朱坐山观虎斗 ●●● 146

奇人导演大翻盘 ●●● 149

几家欢喜几家愁 ●●● 152

蒙古人同室操戈 ●●● 156

朱元璋收渔翁利 ●●● 162

铲除余党不放松 ●●● 165

顺时势荣登大宝 ●●● 171

王保保终不能保 ●●● 174

一个好汉三个帮，单靠朱元璋自己的力量，想要建功立业是非常难的。在明朝建立的过程中，无论是台前还是幕后，处处可以看到这些精兵强将的身影，军功章上至少有他们三分之一的功劳。开国名将徐达、第一先锋常遇春、第一谋士刘基、难得糊涂的汤和、文武双全的李文忠……就是因为这些人朱元璋的建国之路走得才不那么艰难，也正是因为朱元璋慧眼识英雄，充分发挥他们的光和热，才使得大明朝昂首屹立于中原大地，傲视群雄。

【第六章】朱元璋的亲密伙伴

开国名将徐达 ●●● 182

第一先锋常遇春 ●●● 201

第一谋士刘基 ●●● 210

难得糊涂的汤和 ●●● 231

文武双全李文忠 ●●● 238

· 目 录 ·

每个成功男人背后都有一个支持他、帮助他的女人，朱元璋的背后更是少不了这样一位女性。可以说，朱元璋的一生是非常幸福的，因为他拥有马皇后这个贤内助。在朱元璋建功立业的过程中，她帮助朱元璋将后勤管理的井井有条，使他少了很多后顾之忧。他们两小无猜，经过重重艰难最终成为眷属。她善良、她贤惠、她睿智……这个女人，最终名留青史。

【第七章】朱元璋是个幸福人

青梅竹马　两小无猜 ●●● 248

世事无常　无奈分离 ●●● 249

机缘巧合　意外相遇 ●●● 252

命运捉弄　再次分离 ●●● 256

历尽艰辛　终成眷属 ●●● 260

贤内助上得厅堂 ●●● 265

好老婆下得厨房 ●●● 267

夫妻二人同节俭 ●●● 269

仁慈善良的本性 ●●● 276

建功立业方面朱元璋有一手，在创新方面朱元璋也有一手。几千年留下的封建官制，经朱元璋的手有了质的变化，皇帝的左膀右臂——丞相被废黜了，天下兵马归皇帝一人管辖。除此之外，过年家家要贴的春联，原来是朱元璋首次提倡的。很多让人垂涎三尺的名菜居然也是从朱元璋那里流传下来的，看来，朱元璋是名副其实的多面手。

【第八章】朱元璋是个创新家

狗屁丞相我不要 ●●● 282

天下兵马归我管 ●●● 285

以礼齐民辅以刑 ●●● 287

普天之下皆王土 ●●● 293

春联首倡史留名 ●●● 296

名菜也与他有关 ●●● 300

民间艺术也有份 ●●● 306

发明创造有一手 ●●● 313

· 目 录 ·

但是，有明一朝给人印象最深刻的还是朱元璋的残酷。因为很多曾经为朱元璋立下汗马功劳的人最终却惨死在朱元璋的刀下，为了大明朝可以永世留存，朱元璋用自己手下的白骨搭就了日后的辉煌。各种酷刑，各种冤案，虽然在一定程度上遏止了贪官滋生，但是因之惨死的却大有人在，它的坏影响也一直流传到今天。

【第九章】朱元璋是个行刑人

整治贪官下力气 ●●● 318

铁手腕逼疯官员 ●●● 325

"杀"成为一种习惯 ●●● 329

罪状不明胡惟庸 ●●● 333

李善长死得冤枉 ●●● 338

先发制人杀蓝玉 ●●● 340

朱元璋与文字狱 ●●● 345

朱元璋的苦难童年

第一章

　　有句话说得好，时势造英雄。朱元璋出生的时候，正是中原大地动乱的时候，兵荒马乱的年代给朱元璋的童年蒙上了很不和谐的阴影。瘟疫横生、家破人亡、颠沛流离，这些都使朱元璋的生存变得极度困难。在走投无路的时候，最后只好沦落为和尚，继而成为乞丐。

小朱的那些事儿

出 生

关于朱元璋的父亲、母亲、哥哥、姐姐在这里我们就不再赘述了，《明朝那些事儿》相信您也看过了，您就让我在这省点儿唾沫，我们就直接切入主题吧。

对于小朱的出生，那是小孩没娘——说来话长了，历史上流传着很多说法，其中一种是这样的：

元朝末年，徐州一带住着一位老风水先生，他的膝下有三双儿子和媳妇，朱元璋的父母在这位风水先生家里打长工。朱元璋的父亲看家本事是做豆腐，传说四邻八家都喜欢他的豆腐，在街口一叫，人们是趋之若鹜；朱元璋的母亲手巧，负责缝缝补补，朱元璋哥哥姐姐的衣服就是出自他们的妈之手。但尽管豆腐好卖，而且衣服是自产自销，要是赶在今天衣服流行自作自用的年代，朱元璋的妈妈算得上是顶尖的高手了，再来点手绘，那是纯正的DIY手工制品，价钱肯定会一路飙升的。不幸，他们活在元朝，生不逢时啊！

　　风水先生的日子当然要好很多，要不也不能专心看风水啊。一天，这位风水先生的儿媳问道："公公，你整天给别人家看风水，为什么不能给咱家也看一看风水，让咱家出个大官，好让咱家也风光风光。"风水先生说："不行，恐怕咱家承受不住这个风水。"有道是软耳朵怕磨，儿媳们说的次数多了，风水先生也就动了心，说："要不就试试？"风水先生在家推算几天，料定几日后会捡到一条鱼，不管几个儿媳妇谁吃下鱼头和鱼骨都会生下一个救世主似的大人物，于是择了个良辰吉日，领着三个儿子、牵着牛、套着拖车，来到村边一块盐碱滩上逮鱼。别人逮鱼都是到水里去，他们爷四个却在盐碱滩上逮鱼，所以村里许多人都来看热闹。谁知天交午时，从车辙中汪出一滩水，水里有一条一尺多长的红鲤鱼，风水先生将鱼逮到手里，高兴地说："天助我也，大功告成，可以回家了。"

　　一行人美哉美哉地到家后，风水先生亲自将鱼做熟，端上餐桌，爷四个就狼吞虎咽地将鱼肉吃光了。随后风水先生又命人将鱼头和鱼骨端入后房，让儿媳们吃，儿媳妇们开始还兴高采烈地准备大快朵颐，见只剩下鱼头和鱼骨后，脸拉到了地上，都在心里骂："老爹真黑心，他们吃完了鱼肉，留下点鱼骨头让咱们吃，谁稀罕！"但此时，肚子饿得咕咕叫的朱元璋的母亲刚好来后房准备寻些残羹冷饭先打打牙祭，一脸鄙夷的儿媳们就将鱼头和鱼骨倒给了她，让她拿回去吃。朱元璋的母亲已经不知几个三月不知道肉味儿了，像是捡了宝贝，猫着腰快步地跑回自己房中，用醋将鱼头和鱼骨拌了拌，嚼都没嚼就全部吃下了肚。过了一会儿，风水先生看到从后房端回来的空盘子，将儿媳们叫到跟前，窃喜地问："你们谁吃了鱼头？"儿媳们心想，还好意思问？于是不情愿地答道："我们谁也没吃，倒给长工朱家老妈子了。"风水先生一听大惊失色："说你们承受不住这个风水，就是承受不住。这个鱼头你们三个谁吃不行啊，为什么要给朱家老妈子？现在赶快把他们两口子叫来赶走，否则咱家将有滔天大祸。"吃过鱼头，朱元璋的母亲就怀了孕，她怀的正是朱元璋。

　　此时，元朝的军师夜观星象，发现东北方天空云气缭绕，掐指一算

— 3 —

【第一章】朱元璋的苦难童年

真龙天子已经坐胎，但是如果他的母亲吃不到天子山上的土，就会难产死掉。这可是大事，军师连夜上奏皇上，元朝皇帝一想这可关乎身家性命，于是连忙派出一支军队驻扎到天子山，谨防行人出入。

与此同时，风水先生急于把祸根除掉，就叫来朱元璋的父母，对他们说："我给你们一些盘缠，你们赶快走吧，我家不能再收留你们了。"朱元璋的父亲说："东家，你准备赶我们到哪里去呀？我们到哪儿安家呀？"风水先生说："走吧，一直往南走，走到茅草三尺的地方，你们就可以安家了。"再三恳求，无效，被逼无奈，朱元璋的父亲只好套上驴车，拉着老婆，挑着豆腐摊一直往南走去。翻山越岭、跋山涉水，他们来到凤阳一带，脚磨破了皮，腿肚子转了筋，心想什么时候能到茅草三尺的地方啊？突然，看到远处山脚下茅草齐胸高，顿时不顾腿疼脚疼连跑带颠来到茅草深处，捋胳膊卷袖子准备大干一场。这就相当于再建一个小家，可是来不得半点马虎。再说朱妈妈有孕在身，朱爸爸可是关爱有加的，精心地搭了个窝棚就住在了这里。时光如梭，朱元璋的母亲已快临产，要给孩子赚"奶粉钱"，朱元璋的父亲更加起早贪黑地做豆腐卖。

一天，他挑着豆腐摊来到天子山下，听说山上驻有军队，天天连榨菜都吃不着。朱爸爸想这回生意来了，就大步流星地到山上去卖豆腐。将豆腐摊挑到山顶上，士兵们一看有豆腐吃，心想苦日子总算熬到头了，今天要把豆腐全包了，来个豆腐宴：炸豆腐、炒豆腐、炖豆腐、凉拌豆腐，再来个豆腐汤，简直是人间美味。一群人马上围拢过来，不料一下子将豆腐摊碰倒在地，豆腐都掉在了地上。元兵一看豆腐摊倒在了地上，说对不起已是于事无补，便让朱爸爸把带土的豆腐挑出来，带回家自己吃，不带土的豆腐全部留下，并且多给了些银两。朱爸爸回到家后，用卖豆腐的钱买了只老母鸡，把带土的豆腐洗洗干净，准备给整天拿大葱当水果的朱妈妈补补。但豆腐上的土无论怎么洗也洗不干净，反正不干不净吃了没病，朱爸爸趁朱妈妈没看见把豆腐母鸡一锅炖了。朱妈妈吃下后，顺利地产下朱元璋。

当夜，元朝的军师掐指一算，算出真龙天子已经降生，气得大骂："把守天子山的十万大军都是饭桶，天子山上的土还是让真龙天子的母亲吃到了。"但是真龙天子已经降生，只好加紧搜查早除后患。他只得让元顺帝发出一道圣旨，对全国刚出生的婴儿格杀勿论。但因朱元璋的父母是外来流动人口，又居住在茅草丛中，无人知晓，虽然享受不到什么社会福利，但是让朱元璋逃过了此劫。

第二种说法是这样的：

也是有一个风水先生，姓石，家丁兴旺、富贵无边，在当时很有名气，就连当地的官员和豪强都对他高看三分。他有三个儿子，每次看到父亲被周边的人高接远送，便不再怀疑父亲的能力，觉得自己的父亲的的确确是一个神人。于是兄弟仨就商量，这样的资源不能全让别人用了，就让父亲给他们也看一处好的坟地，百年之后让自己的子孙后代也享受荣华富贵。

但老石知道了儿子们的想法以后，很不以为然。老爷子拿出年轻时上政治课的架势对儿子们说："好风水不是人人都能得到的，这要取决于一个人的积德和命运。"但又禁不住儿子们的软磨硬泡，于是答应试试看。

寒冬腊月的一天，老石告诉儿子们准备四根小木桩和一张渔网。等到夜深人静的时候，老石带着三个儿子来到村外的一处荒草地，命儿子们在东南西北四个方向等距离钉上小木桩，然后把渔网的四个角拴牢在小木桩上。

小儿子不解地问他的父亲，这究竟是唱的哪出戏？老石简单地回答说："捕鱼"。三个儿子大惑不解，这荒草野地连一滴水也没有，捕的哪门子鱼呀？老石摇头不语，一副神秘莫测的样子，只是悄声告诫儿子每人守一根小木桩，不能说话，更不能分神，有什么风吹草动，他一下令就收网。但可怜了数九寒天里的这爷四个，冻得哆哆嗦嗦，结果什么也没捞到。

第二天夜里，老石又如法炮制，结果……还是空手而归。

第三天夜里老石又通知儿子们晚上继续去捕鱼，三个儿子想起前两天晚上挨的冻，没有一个积极响应的。老石说，不去你们可别后悔。儿子们只好低头耷拉着脑袋跟随老石来到了那个地方，和前两次一样静静地守在那里。天快亮的时候，他们终于听到草丛中发出了一个声响，接

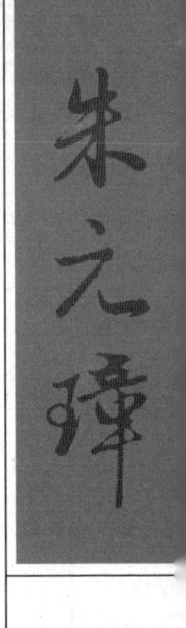

【第一章】朱元璋的苦难童年

着渔网开始抖动。老石命令儿子们抓紧收网，这一次，他们真的逮到了一条大鱼。

老石提了鱼二话不说就走了，三个儿子手忙脚乱地收好渔网，屁颠屁颠地跟着父亲回了家。

中午的时候，父亲让老伴把那只鱼头送到了老大家，老大媳妇一看就来气了，那么大的一条鱼只分给我们鱼头，你们吃肉呀？！便拿出一副"拒腐蚀永不沾"的样子，给了婆婆一顿奚落。老婆子二话不说扭头就走，因为来时老头子就吩咐过：老大不要送老二，老二不要送老三，如果老三也不要就扔掉。

老婆子送了三家，无一例外地全遭到了白眼。正在这时，一个叫花子在风雪中蹒跚走来，老婆子寻思扔掉怪可惜的，不如送给叫花子，还能赚个人情。

老叫花子得到这样一只鱼头，顿时感激得千恩万谢，接过鱼头马上朝村外一座破庙赶去。此时天冷得连耗子都很少露面，他的老婆已经断粮很多天了，因为饥寒，现在正躲在破庙的一条破棉絮里面。

老叫花子用破瓦罐给老婆来了一顿清炖鱼头，之所以清炖是因为没有作料。

说来也怪，当天晚上老叫花子的老婆怀孕了。这速度堪比圣母玛利亚。

等到第二年临近冬天的时候，老婆子生下了一个又白又胖的小子。老叫花子心想，一直说我老婆有不孕症，看来老天对我不薄，我活到这么大岁数终于有后了。那时候老叫花子做梦也想不到他的孩子就是朱元璋——明朝的开国皇帝！

不管朱同志是哪一种方式出生的，反正他是诞生了，带着每一个大人物出世时的祥兆，套用赵本山小品里的一句台词，就是："咔嚓"一个炸雷，朱元璋诞生了。

长 相

既然人都出来了,那就要讨论一下朱元璋的长相了,这位缔造了明朝神话的皇帝究竟相貌如何,很值得大家各抒己见啊!

有人说历史上最丑的皇帝是朱元璋。那时候不存在什么尼康、佳能之类的数码相机,连海鸥牌的普通相机也不存在,否则我们就都可以看到朱元璋的庐山真面目了。可惜啊,他没赶上好时代。

但是朱元璋还是很有先见之明的,不管这先见之明是夐来的还是怎么来的,他找了很多画师为自己画像,以备后人瞻仰,但找了无数画家,都不称心。不称心就要杀人,他杀掉的画家数也数不清。

这张画就这样难画?不假。朱元璋长得一副马脸猪嘴,还添上三十六颗红麻子,赶得上剃头的遇见癞头。画家们一看,都直挠头皮,不知道该从哪里下笔。

一天,朱元璋又找来画家三兄弟,要他们给自己画像。

第一天,老大去画。他仔细看了朱元璋的脸,三十六颗麻子数得一颗也不少,就精工细描起来。画了半天,画成了一个活脱脱的朱元璋,马脸猪嘴,三十六颗红麻子。朱元璋一看,气得直哼,随手"扑哧扑哧"撕个粉碎,桌子一拍,喊人把老大杀了。

第二天,老二去画。他不敢大意,仔仔细细地看了朱元璋的脸,连三十六颗麻子的颜色深浅、大小部位都记得一丝一毫不差。他细细描呀,画呀,忙了大半天,画成了一个活灵活现的朱元璋,马脸猪嘴,三十六颗红麻子。哪晓得朱元璋看了,马脸拉得有尺把长,伸手又把画像撕了,桌子一拍,又把老二杀了。

晚上,老三高低睡不着觉,大哥二哥都死在朱元璋手中,他明个儿怎么画这幅像呢?老三正在发愁,走进来一个陌生人,劈口便问:"你是想死还是想活?"老三老老实实地说,他正在琢磨两个哥哥哪点没画好,得了死罪的哩。那人哈哈一笑说:"不用想了,只怪你两个哥哥画

得太像啦！这不是找死？朱元璋平生最佩服唐太宗李世民和宋太祖赵匡胤，你今儿个晚上把他两人的画像看个透，明天只管照他两人的像去画，包你免掉一死。"

老三心想，横竖是死，倒不如照他的话试试。

那人又说："不过，你可要答应我一件事。"

老三赶紧问："什么事？尽管说！"

那人说："回来之后，给我画一幅朱元璋的真像。"

"这事不难。"老三一口答应。

第三天，老三上殿画像。他装模作样，左看右看，把朱元璋看仔细，然后下殿，提笔一挥，眨眼工夫就画成了：富富态态一个人像，看上去既像唐太宗，又像宋太祖，就是没有一处像朱元璋。老三不管三七二十一，硬着头皮走上殿去。哪知道朱元璋一看到这幅像，眉头一松，嘴巴一咧，笑开了："画得好！画得像！给我重赏，重赏！"

朱元璋的真像后来也传了下来，就是老三回家以后给那位救命恩人另画的那张。这张像奇异无比，好比从朱元璋麻脸上剥下来的。那人连夸："好啊，好啊！我们的子孙也能看到朱皇帝的尊容啦！"

他把这幅画小心翼翼地收藏起来，一代传一代留到了今天，传说明孝陵至今还收藏着一幅真像，八成就是老三在家里画的那张。

这只是演义，我觉得"天涯"上有位仁兄的话则更靠谱一些。

朱元璋长什么样其实谁也没有见过，我们现在只能从一些历史资料和个人画像上来推测。清朝以后的记载更是不足为信的，因为他们和我们一样，都没见过朱元璋的庐山真面目，朱元璋即使再长寿也活不到清朝啊，所以只是一些揣测而已。而清朝以前的明朝，我相信谁也没有那个胆儿在朱元璋活着的时候说他长的丑。也别怪人们丑化朱元璋，谁叫他杀了那么多的人，人缘走得不好呢？所以说这些材料都不是史实，在那些野史中有多少属于这一类还不知道，所以我觉得用历史资料来解决朱元璋相貌的真相问题是行不通的。

朱元璋保存下来的画像主要有三幅，其中有两张是比较好看的，一张大约40岁，画面上的朱元璋显得英姿勃发，一副不怒自威的样子。还有一张大约有六十多岁了，老人家慈眉善目的，显得很温和。另一张

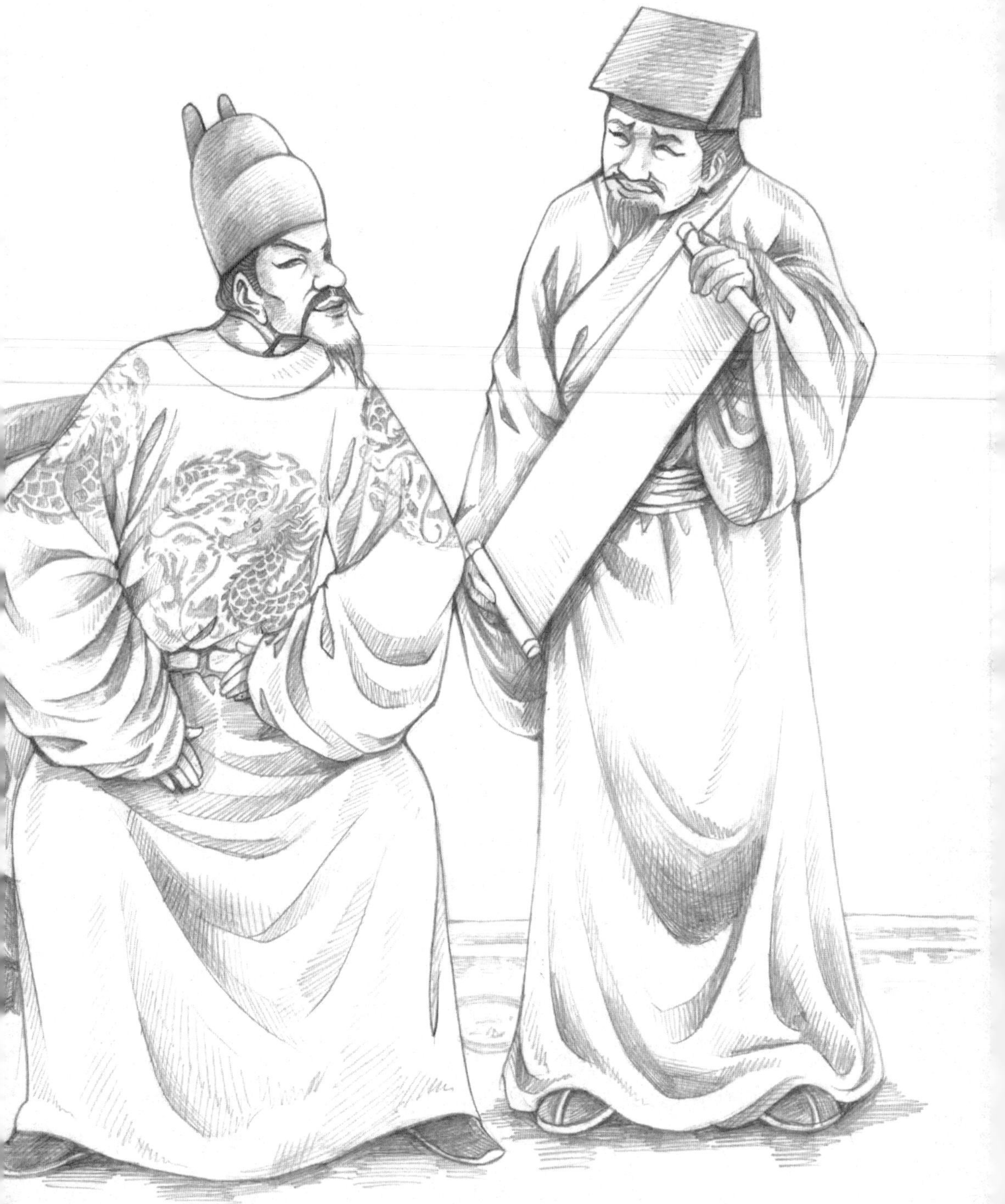

和这两张截然不同，朱元璋的脸很长，像是鞋拔子，下巴像一个钩子向外突出，一脸的麻子。在这张画像面前，香港的演员"八两金"绝对是帅哥中的帅哥，现在的历史学家普遍认为第三幅是朱元璋真正的样子，这就是为什么人们都说朱元璋很丑的原因。为什么一个人会有两种截然不同的画像呢？

这就跟前边的画师的故事有关了。就是因为第三个画师揣度了朱元璋的心思，把朱元璋画得怎么看怎么像别人，就是不像朱元璋，结果得以保命。而画师好容易见一次皇上，一定要给自己留个纪念，于是根据记忆将朱元璋真实的样子画出来，这就是那幅丑像。后来这两张画像都保存了下来。

明朝的皇帝各有其画像，抛开朱元璋不论，其他人都有一个相似的地方，就是脸部较宽，都是方脸，虬髯。十几个人一律长得像。这其中只有一个例外，他就是明武宗朱厚照，他的脸形是长长的，和朱家的传统不符。令人感到奇怪的是，朱元璋的那两张好看的画像几乎包括了所有后面子孙一致的特征，如果从他们的血缘关系来看，似乎这两张好看的画像才更应该是真的。有人也许会问朱厚照就不一样吗？他为什么就是个另类？确实不一样，但我可以告诉你，朱厚照虽然是长脸，但他长得很帅，可以说是那种长脸俊男。他和朱元璋那张丑像没有任何相似之处。还有一种传说讲朱厚照不是真正的朱家子孙，是张皇后在太子朱厚炜死后，为了自己的地位，从外面抱来的孩子。后来安化王造反，他在檄文中就说过皇帝不是姓朱的而是野种的话，但是我们有权利怀疑传说的真实度。但有意思的是，他的堂弟嘉靖取代了皇位后，之后的皇帝又出现了那些相貌上朱家的传统特征。这不能排除朱棣继承的都是母亲相貌的可能，只是本人听说晋王朱㭎长的也很好看，看来这种可能性是极小的了。如果那两幅好看的画像都是假冒的，那么那位画师怎么会猜到他的子孙也有那些特征而假冒呢？

我们不妨从朱元璋的生平去寻找。朱元璋的发迹很大程度上要归功于一个人——马皇后。但从实际上讲，朱元璋并没有因为夫人的关系从郭子兴那里得到多少实质上的好处，因为他的军队是他自己一手打造的。郭子兴的两个熊儿子还曾经妒忌过朱元璋并且差点把他饿死。但不可否认，朱元璋的确是凭借岳父提高了自己的威望，所以陈友谅经常骂朱元璋是靠女人打的天下。我们可以反过来想一下陈友谅的这句话，如果朱元璋人长得很丑，他怎么会娶到元帅的女儿？他如果很有钱也就算了，但和马皇后成亲时的朱元璋是一个什么都没有（包括父母兄弟）的穷光蛋，而且还当过和尚，连名字都土得掉渣，叫朱重八。我不知道郭子兴看上他哪一点了。如果你是一个统领几万人的将军，你会把女儿嫁给一个既丑又没有钱、没有势力还当过和尚的人吗？难道就因为自己觉得这个人可能未来能有点出息？而且，从后来的情况看，郭子兴对朱元璋的成功并不是深信不疑的。况且朱元璋还不是一般的丑，那是谁见了都想吐的丑，从侧面看，他的脸就像一个月牙儿。相信现在很少能有人见过这么丑的脸，包括在电视上。一个月牙儿脸，上面还有很多麻子，下巴像钩子一样突出，姑且就当世界上有这么一个人吧，估计会是吉尼斯世界记录上最丑的人了吧？这种人真的能娶到老婆吗？我真的很怀疑。但是现在这么丑的朱元璋居然娶了元帅女儿。后来还有一个人和郭子兴有一样的毛病，争着把女儿嫁给既丑又没钱没势力的人，他就是郭宁妃的父亲郭山甫。难道这帮人都神了，知道以后这小子要当皇帝？还是事实上朱元璋根本就不丑？

　　大家对朱元璋的非议是理所当然的，但不要因为他的残暴而将他想象得奇丑无比。其实明眼人一看就知道，那张丑像有明显的人为夸张的痕迹。那位作者将所能加在一个人身上的所有的丑陋都加上去了：马脸，向上翘的夸张的下巴，小眼睛，麻子，猥琐的身材，似乎还驼背。如果朱元璋有这么多缺点，肯定会造成他行动上的不便，但历史上并没有这方面的记载。试问这样的皇帝有什么威严？这难道就是使群臣战战兢兢的洪武皇帝？据说朱元璋对某人拍桌子会使大臣吓昏过去，那张画上的人拍桌子只会让我感到像个小丑！再高的皇权都不能给他威严。

　　……

　　可以说，这是两种完全不同的论调，一种是黑，另一种是白，那么究竟朱元璋长相如何，你就自己发挥想象吧。

夹缝之中求生存

俗话说时势造英雄，任何一个朝代的末期都会衍生出很多很多的矛盾，这是当权者在日积月累的统治中积下的恶果，成吉思汗和忽必烈的统治曾经创造了蒙古帝国和元朝的辉煌，那时的元朝四处征战，疆域广阔无边，天苍苍，野茫茫，风吹草低见牛羊啊！但到了元朝末期，矛盾开始激化，国家管理腐败，军备松弛，财政困难，蒙古贵族官僚及地主阶级将大批土地兼并，富者田连阡陌，穷者无立锥之地。广大农民在丧失土地的情况下还担负着沉重的负担和压迫，哪里有压迫哪里就有反抗，人民群众奋起反抗，揭竿而起，终于爆发了元末农民大起义。这样的时候但凡能成大事的人都会在受尽人间折磨之后崭露头角，天将降大任于斯人，必先苦其心志，劳其筋骨，饿其体肤，行弗乱其所为，这种种苦，朱元璋都一一尝过了。那时候尽管解决温饱是个难题，但是他毕竟是个孩子，玩有时候比吃饭重要。

一边玩一边长，传说等朱元璋五六岁的时候，元朝军师又算出：第二天天交午时，真龙天子将出凤阳城南门。这可是除掉后患的大好时机，于是，元朝皇帝又派上一支军队把守凤阳城南门。带队军官问军师："你说的真龙天子到底是什么特征、长什么样子？"军师答道："此人身穿红袍，脚踏乌靴，头顶青罗伞盖，跨下一匹大青马。"第二天正午，只见一个小孩头顶荷叶，光着屁股，浑身通红，两脚污泥，骑着一根甘蔗，蹦蹦跳跳地要出凤阳城南门，此人便是朱元璋。带队军官一看是个小孩，便毫不戒备地让他过去了。过了一个时辰，军师来问军官是否有如此特征的人出城，军官答道只有一个如此模样的小孩出了城，军师说："哎呀，正是此人。"于是，马上命军官率骑兵向朱元璋去的方向追去，朱元璋见后面尘土飞扬，吓得急忙钻进路边的一间废弃土屋里躲避，屋里面到处都是蜘蛛网，朱元璋躲好后，所有的大小蜘蛛都慌忙出来吐丝结网，等元军赶到后蛛网已经结得密不透风。元兵赶到土屋，往里一看，见蛛网完好无损，便料定屋里无人，一直往南追去，吉人自有天相，朱元璋又逃过一劫。以后，朱元璋做了皇帝便允许蜘蛛在皇宫里自由觅食，而不予清扫。

纵使年少无知也还是会长大成人，没有人一辈子可以不理世事，永远无忧无虑地长大。1343年，濠州发生旱灾。不料次年春天又发生了严重的蝗灾，庄稼被蝗虫吃得干干净净。祸不单行，接着又发生了瘟疫。一时间，家家户户都死人，一个村子里一天中竟然死去十几人，甚至几十人。

不久，朱元璋家也染上了瘟疫，不到半个月，他64岁的父亲、大哥以及母亲陈氏先后去世。朱元璋和二哥眼看着亲人一个个死去，家里已经断水断粮很多天，早已经揭不开锅了，哪里有钱买棺材，更别提埋葬亲人的土地了。可叹朱爸爸一生劳苦，生无立足之地，死无葬身之处。朱元璋和二哥只能放声痛哭，谁料惊动了邻居刘继祖，这个刘继祖是个好心肠的人，于是给了他们一块坟地，好让死者安息。他们兄弟二人好不容易找了几件破衣服包裹好尸体，将父母安葬在刘家的土地上。三十五年以后，每每忆及此事，朱元璋都难抑悲痛之情，为此他在《皇陵碑》中写道："殡无棺椁，被体恶裳，浮掩三尺，奠何肴浆！"不到半个月，昔日和睦温暖的家不存在了，父母的疼爱也一去不复返了。家破人亡的惨痛，深深地影响着朱元璋的心境，使他仿佛跌进了无底深渊，但同时，赋予了他更多的承受苦难的能力。

上天注定皇帝命

"土丘称寡"

　　走投无路的朱元璋只好跟着养母生活。有所作为的人都会有很多异于常人的地方,朱元璋也不例外。秋季的一天,养母让朱元璋出去拾柴禾。可是,朱元璋出去后,领着一村的小孩就做开了游戏。他们在一个土丘上用土坷垃垒了一座金銮殿,之后,开始玩"做皇帝"的游戏。传说朱元璋在台上坐着的时候,其他小孩向他拜倒山呼"万岁",朱元璋在台上坐得四平八稳,没有一点事儿,可是当别的小孩扮演皇帝,朱元璋向他磕头时,那个小孩就一头从台上摔下来。其中一个叫汤和的小孩被摔疼了,就高声叫嚷到:"你朱元璋什么鸟皇帝,等我长大以后,非把你推翻不可。"朱元璋听完,大声喝道:"大胆,给我拉下去砍啦。"于是两个小孩拉着汤和走到高粱地里,摘下一片高粱叶向汤和的脖子上划去,一下子划出一道口子,鲜血溅到高粱穗上,从此以后,高粱穗就是红的了。又传说后来,朱元璋诛杀功臣,汤和因小时候被斩过头，才幸免于难。做游戏归做游戏，大人交代拾柴禾的活总得干，其他小孩慌着满地跑着去捡树枝树叶，唯独朱元璋原地不动，口中念念有词："老天爷，老天爷，刮阵旋风吧，把树枝树叶都刮到我面前来吧。"朱元璋话音刚落，平地上果然刮起几阵旋风，把大堆的树枝树叶都刮到了朱元璋脚旁，朱元璋不费吹灰之力就拾满了一大篮柴禾。

等到朱元璋十一二岁的光景，养母也因病故去，朱元璋只好到村里的财主家放牛。据说当年刘伯温望天子气，一路寻访来到凤阳一带，见当地居民为人豪爽，做事干练，谈吐不俗，心中甚是欢喜，料定当地将有非同凡响的人物出现。一天，刘伯温来到朱元璋放牛的山下，远远地望见前方有一团红光升起，正是他渴望已久的天子气。走近一看这团红光是从一个放牛娃身上发出的，此时这个放牛娃正在睡觉，只见他四肢张开，形同"大"字。而他头下枕有一条扁担，正好合成个"天"字，刘伯温走上前去推推这个孩子，想叫醒他，谁知这个孩子一侧身，将扁担移到腰间，用胳膊抱着头继续睡觉，这种形状正好像个"子"字。刘伯温一怔：这人不正是未来的"天子"吗？刘伯温慌忙将这个放牛娃叫醒，一问姓名，此人正是朱元璋。刘伯温记下朱元璋的相貌特征，便又去云游了。后来博学多才、能掐会算的刘伯温弃元投明，死心塌地地辅佐朱元璋共创大业，是同他们这次巧遇分不开的。

在财主家里同朱元璋一块放牛的还有另外两个小孩，其中一个便是汤和。一天傍晚在野外放牛时，朱元璋对另外两个小伙伴说："咱们杀头小牛吃吃，长这么大没吃过牛肉，这一回要吃个过瘾。"便让汤和去村里找口锅，另一个去找把刀找些盐。等汤和他们两个找来锅、刀和盐后，朱元璋已经勒死了一头小牛，他们用刀砍下牛头牛尾，扒了皮，开了膛，把牛肉切成块，在小溪里洗了洗，投上盐一块放到锅里煮了起来，此时天已黑了下来。牛肉煮熟后，他们三个大吃起来，平生第一次吃到这样的美味，吃起来真是不要命。等他们吃饱后，汤和他们两个又将没吃完的牛肉各自送回了家。等汤和他们回来后，朱元璋拎着他们吃剩下的牛骨、零碎同牛皮一块掩埋了起来。单独留着牛头、牛尾没埋，朱元璋神秘兮兮地说另有用处。此时天色已快放亮，汤和说："不好，这口锅是从村里偷来的，天一亮就不好还回去啦。"见此情形，朱元璋

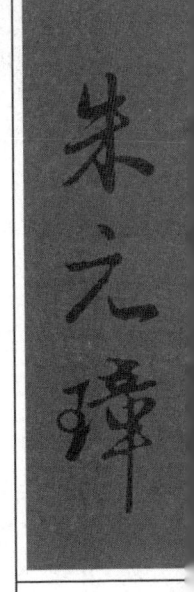

念念有词地说道:"老天爷,老天爷,天亮之前就不能再黑一会儿吗?"朱元璋的话音刚落,渐亮的天空果然又暗了下来,汤和趁机把锅还了回去,等他回来后天色才又渐渐转明,这个故事就是"临明一阵黑"的来历。等汤和回来之后,朱元璋就同他和另一个小伙伴将牛头钉在山头这边的石缝里,又将牛尾巴对应着牛头钉在山头那边的石缝里,布置好这一切之后,朱元璋又默默祷告一番:"土地爷,土地爷,当我们拽牛尾、牛头时,山头里边给发出两声牛叫唤。"说完之后,朱元璋亲自去试了试,当他一拽牛尾巴,山头里面果然发出两声"哞、哞"的牛叫声,朱元璋又去拽牛头,同样山头里面也发出两声"哞、哞"的牛叫声。一看自己的话应了验,朱元璋同两个小伙伴兴冲冲地跑去叫财主:"东家,东家,不好啦,有一头牛跑到山头里面去啦!"财主一听慌忙跑了出去,来到山脚下一看,只见山头这边露出个牛头,山头那边杵着个牛尾巴,财主一看气笑了:"朱元璋,哪有这么长的牛身子,肯定是你们仨把牛杀吃啦,却在这儿装戏法糊弄我。"朱元璋忙说:"东家,不相信你去拽拽牛尾巴,它还在里面叫唤呢。"财主果然走上前去拽拽牛尾巴,又拽拽牛头,山头里面果真发出"哞哞"的牛叫声,财主也拿朱元璋没辙了。这个故事叫做"杀牛悬尾",悬尾的那座山叫做惊牛山,后来改称"金牛山"。

财主看朱元璋给他弄丢了一头牛,决定不再收留他,准备将他赶走,朱元璋说:"东家,你赶我走可以,但你总得给我指一条活路吧。"过了几天,他们村刚好来了一家过路打烧饼的,财主说:"我跟这家打烧饼的熟识,我跟他说说,朱元璋你就跟着他过活吧,这样你天天都有烧饼吃啦。"就这样,朱元璋离开财主跟着这家打烧饼的四村游走谋生。在走着的路上朱元璋天真地问:"师傅,你让我跟着你吃什么?天天都吃烧饼吗?"打烧饼的说:"烧饼是用来做生意的,是不能随便乱吃的,要吃只能吃落炉烧饼。"可是,这位打烧饼的师傅技术特别过硬,烧饼烤熟后就是不会从炉上掉下来,只有用锅铲把它抢下来才行。头三天,朱元璋一个烧饼也没有吃到。后来朱元璋对着烧饼炉念念有词地说:"老灶爷,老灶爷,每天烧饼烤熟后你就不能给掉下来几个吗?这样也好叫我解解馋。"朱元璋说过这话之后,真是如有神助一般,每天烧饼烤熟后便会掉下来几个。朱元璋不管三七二十一对这落炉烧饼拿起来就吃，打烧饼的心疼地说："朱元璋，你不能吃。"朱元璋反问道："师傅，你不是说让我吃落炉烧饼吗？"打烧饼的没办法，只好看着朱元璋大快朵颐。

这样一晃过了两三年，朱元璋在一次卖烧饼的时候出了点事情。事情的经过是这样的：这一天他们师徒二人游走来到一座军营前，朱元璋也像他父亲一样打起了军队的主意，可能是太恨元兵的缘故吧，这一次朱元璋吆喝起来不像以往那样："卖烧饼喽——"，"谁买烧饼——"。这一回朱元璋吆喝起来是中间拖着长音只喊两个字："烧——饼（兵）""烧——饼（兵）"。恰好军营里面有几个士兵正在过油炸东西吃，忽然听到外边有人喊叫："烧——饼（兵）""烧——饼（兵）"，听到一个"烧"字，过了半天才能听到另一个字"饼（兵）"，几个士兵非常奇怪这是在卖什么东西，就在那里仔细听了起来，谁知时间一长，一锅油全给熬着了，把个当兵的全给烧死了。真应了朱元璋的"烧兵"两个字啦。回去以后打烧饼的一看朱元璋烧饼没卖出去一个，反倒烧死了几个当兵的，朱元璋净给他惹事，烧饼师傅决定不再收留他。朱元璋说："师傅，你赶我走可以，你看我举目无亲，总得给我指一条生路吧。"打烧饼的说："这样吧，朱元璋，我跟皇觉寺的方丈交情甚好，我跟方丈说说，还是把你送到皇觉寺当和尚吧。今年凤阳一带大旱，饥荒遍地，可是皇觉寺的香火挺旺，来到寺上一定不缺吃穿。"朱元璋一看，当和尚就当和尚吧，总比白白饿死强。就这样朱元璋辞别了打烧饼的师傅来到了皇觉寺。

而在这之前还有一段朱元璋学艺的传说比较有意思，冥冥中仿佛也说明朱元璋与皇觉寺有着千丝万缕的联系。

十几岁那年，有一天，朱元璋在街上玩，看见一位算卦先生的卦特别灵验，就想让先生给他算一卦，那先生却说他不值一卦钱，不给他算，小重八一生气，夜里竟然将屎拉在算卦先生卦摊的桌子上。第二天，算卦先生一看桌子上竟然有堆屎，二话不说，跪下来又是磕头又是作揖地拜。有人问他如何这般冲着屎叩拜，先生很认真地说："这屎与常人不同，常人的屎是小头在上，可这堆屎却是大头在上，这屎叫龙

【第一章】朱元璋的苦难童年

— 17 —

屎。"小重八在一旁听了不由得笑，然后走过去对先生说到："昨天让你给我算一卦，你说我不值一卦钱，今天竟然冲着我的屎拜。"那先生一听屎是昨天算卦的要饭小孩重八拉的，感到自己太冒失了，便即刻给小重八施礼说到："我主在上，受小人一拜。"接着便提了褡裢拉着小重八出了濠州城。

小重八感到莫名其妙，急忙问先生："这是去哪？"

那先生道："此地不可久留，你随我走就是了。"

小重八稀里糊涂地跟着算卦先生出了濠州城，走了一天的路，天色黑的时候在濠州城北山脚下的一个破庙里住了下来，不料半夜时分，庙外雷电交加，刹那间狂风四起，大雨倾盆似地倒了下来，把寂静而闷热的夏夜立刻变得让人恐惧。小重八被惊醒后有点害怕，偎依在算卦先生的怀里，倾听着庙外的狂风暴雨声。

忽然算卦先生叫到："不好！"话音刚落，只听"喀嚓！"一声巨响，接着便是噼里啪啦的房屋倒塌声……

小重八不知道自己昏迷了多久，醒来的时候，他发现自己躺在山上的一个茅屋里的床上，坐在他床前的是一位放羊的老农，那老农见他醒来，说道："你总算醒了，你已经昏迷了七天七夜。"

小重八感到奇怪，急忙问到："那和我一起的算卦先生呢？"

放羊老农说道："那先生救了你，把你送到我这里，托付给了我，要你一定在这里等候一个有缘的和尚教你学一些武术，他到昆仑山修炼去了。"

小重八在山上住了一段时日，他想起了算卦先生那天夜里给他说的那些话，心想：我应该去找人拜师先学武术，于是一天早晨，他早早地起来，向放羊老农告了别，下山去拜师学武术。结果在半山腰的小路上遇到一个和尚，背上背一个包裹，手提一柄宝剑，他便拦住那和尚，"扑通"跪下便拜师傅。那和尚吓了一跳，猛一停步，打了个踉跄，差点给滑倒在地，一看是个小孩拦路拜师，就十分生气地说道："学武功，你拉倒吧！"就势来了个横腿一扫，站了起来，二话不说，径直走了。小重八望着那和尚远去的背影，愣了好大一会儿，他却误以为是师傅传他的功夫，便跑回山上跟牧羊老农一边牧羊一边练功。牧羊老农看他高

— 18 —

兴的样子问到:"你这么快在哪里学到了啥功夫?"小重八却笑道:"拉倒吧!"往下一蹲,来了个横扫腿。

小重八开始在山上练了三年横扫腿,碗口粗的树,他一个横扫过去,"喀嚓"一声就折了……

1344年的四月,小重八一心想回家看看,于是告别牧羊老农便下了山。他回到了濠州钟离村,家乡正闹瘟疫,瘟死的人顺水漂流,树上、河滩到处有洪水冲来的腐尸。他在家的第二天夜里,父亲、母亲和长兄都被瘟疫夺去了生命,他央求他的几个穷哥们,在一个风雨交加的夜里抬着自己的父亲、母亲和长兄的三具尸体去掩埋。同村人都劝他说:"家里的尸首你也不必掩埋了,还是快快远走他乡躲避瘟疫的好。"可他于心不忍,还是将三位亲人埋在了刘家借给的坟地里。

掩埋亲人后,天还没有亮,滂沱大雨仍然洗刷着那肮脏的世界,在大家的再三劝说下,小重八谢了家乡穷哥们,又踏上了去拜师学艺的征程。出村大约二十里路,天已经大亮,忽然,他听到一阵厮杀的打斗声,他急忙登高一看,在不远的洼地里,有几个官兵正围斗一个和尚。那和尚已是精疲力尽,眼看就要倒下,只见小重八飞似地冲了下去,"拉倒吧,拉倒吧!"几个横扫腿,那些官兵全倒下了,官兵们一看从哪里突然来了高手,一个个连滚带爬地溜走了。

小重八急忙去扶和尚,不料竟是那年在山上教自己"拉倒功"的和尚师傅,急忙跪下说道:"弟子不孝,救师傅来迟,望师傅赎罪!"

和尚一愣,心想:我何时收过这个徒弟?他也不好意思细问,吞吞吐吐地问到:"你……?"小重八讲了当年在山上师傅教他"拉倒功"的事,和尚感到有点愧疚,带了小重八回了皇觉寺。

皇觉寺长眉长老正在禅室里手掐着念珠颂经,忽然感觉风从窗隙透了进来,把红烛的长焰吹得歪歪斜斜。他侧耳谛听,听出来是走路有点跛的和尚了空,双眼半开半合地说:"有缘终究会相见,走!我也随你一同去迎接。"便出门将小重八迎进了皇觉寺。

小重八被皇觉寺长眉长老安顿下来后,长眉长老命和尚了空开始传给小重八武功和格斗术,整整两年,不分春夏秋冬,和尚了空和小重八都躲藏在皇觉寺后院里操练,从不与外人接触。第四年春季的一天夜

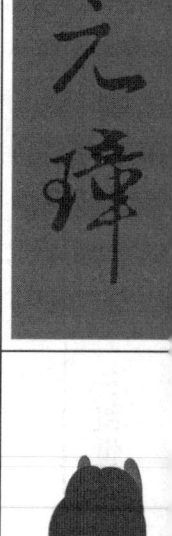

里,重八被练了一整天的功折腾得躺下就睡着了,忽然,前院传来了震耳欲聋的厮杀声,惊醒了熟睡着的重八,他"嗖"的一声从床上坐起,披了衣服,在房间里提了刀,就冲出了屋子。

朦朦胧胧的月光下,他看见师傅正护着长眉长老步步向后院败退,几十个僧人,被众多官兵围在皇觉寺的前院里,正挥舞着刀枪拼命反击。重八哪里还顾那么多,大叫一声道:"师傅!我来也!"一个横空扫堂腿下去,追赶长眉长老和了空和尚的十多个官兵,全倒下了。

长眉长老一看是重八,急忙说道:"你怎么来了,不是不让你和外人接触吗?"

了空和尚说道:"这也许是天意,他已经学完了十八般轻功和三十六般硬功,也该是他显一下身手的时候了,重八!你过来师傅有话给你说。"

重八将耳朵凑到师傅跟前,听师傅吩咐完之后,不由得心中一愣,急忙跪下说道:"师傅我随后跟你去!"

"不行,一定要听师傅的话!"了空和尚说完一抖袖子,扶了长眉长老"嗖嗖"几个飞步,消失在了夜幕之中。

重八借着朦胧的月色,望着师傅远去的背影,心里还正在为师徒就此而别难受,忽然,从前院传来了"杀了这些和尚!"的呐喊声。重八一听,感到不妙,一定是师兄们受到挫败,他一咬牙,提了刀一个箭步冲了过去。

皇觉寺的和尚们死的死、伤的伤,剩下二十多个还在疲惫地拼搏,但也已经是寡不敌众的挣扎,显然是难逃官兵残杀的厄运。恰在这危难时刻,一个大家都不熟悉的和尚出现了,大刀翻飞,顷刻间官兵死伤惨重,开始步步败退。

重八忽然想起师傅的交代:不要恋战,救了师兄弟,快到东岳泰山去拜一位名叫定国仙翁的道长,他会教你做人和治国的道术。他灵机一动,向站在院中间香楼旁边的那个官兵头头冲了过去,说时迟,那时快,一个你"拉倒吧!"腿刀并出,那头头还没有来得及躲闪,便"哎呀"一声,倒在了血泊之中。偷袭皇觉寺的元朝官兵,本来已经打得精疲力尽,不知道从何处又来了这样一位武艺高强的和尚,开始还有几分凶猛，想群起而攻一下子把重八给拿了，可一会儿，他们一看，地上倒下了他们的头儿，吓得谁也不敢上前。一看情况不妙，都狼狈地逃跑了。

重八急忙吩咐众弟兄收拾好死伤在院内的和尚，便匆匆离开了皇觉寺。

月亮渐渐地坠下西山，黎明前的夜色是那样地黑暗，重八在乡间的小路上疲惫地挣扎着，他不敢回头再朝那皇觉寺里望一眼，他更不敢去想皇觉寺遭劫的那一幕。他不知道这些元朝的官兵为何要追杀皇觉寺里的和尚和长老，但他还是记起师傅的再三叮嘱，一定要到东岳泰山去拜见一位学术卓越的道人。虽然他感到特别的疲惫，但他一是怕官兵继续追杀，二是又急于去泰山拜师学道，还是不分昼夜地赶路。

重八来到泰山脚下，泰山脚下已是绿树成荫，遍地花开。他在山脚下打听好了上山的路，就匆匆赶上山去，一天过去了，又是一天，眼看第三天已经日偏西斜，他还是在山腰上转悠，难道说自己是迷路了？怎么山上空无一人？他心中十分焦急。他感到有点饿，掏出讨来的干馒头，躺在一块青石板上，也不顾馒头的干硬，就大口大口地啃起来，啃了一会儿，却呼呼地睡着了，嘴里还衔着半拉馒头。

一阵悠扬的山歌声，把熟睡的朱重八从甜蜜的梦里惊醒了，他抬头看看天空，叫到："哎呀！我咋睡着了？"然后，急忙起身，往那有唱山歌的声音的方向望了望，一个白发苍苍的老人，从山上挑着干柴正往山下走来，他匆匆迎上去说到："大爷！我要到山上找定国仙翁道长向他拜师，不知如何走是好？"

白发苍苍的老人把重八上下打量一番，然后指了指玉皇顶说道："举目望远在天际，你若心诚近在眼前。要你徒步需五天难到，你若操近路两日便可。"重八一听心中十分高兴，心想：若能让这老翁给我带路，走小路岂不是快些。于是弯下腰拱手作了个揖说道："老人家，受小的一拜，您老若肯给我带路，我定当滴水之恩，涌泉相报。"

白发老人急忙伸手扶住重八说道："话说到哪里了，何谈报恩？指指路也是山人应该的，只不过我实在是太累了，一步也走不动了。你若肯背我，山人就和你走一趟。"重八一听急忙弯下腰说到："只要你给

— 21 —

我指路，就是一口气把你背上山，我也无半点怨言。"

重八背起白发老人，按照老人给指的小路，钻进了长满荆棘的山林，然后，又攀了一段石阶，他开始感到十分累了，心想：这干瘦老头还真有分量呢！我还是将他放下歇息一会儿再走。

重八一蹲身子把白发老人放在了路边的一块青石上，一边转身，一边说："有点累了，你走一段，我再背你。"

当重八将身子转过来时，却发现自己背的那个老翁变成了一个满头白发身着青衣的道长，心中不由地打了个寒颤说到："啊！你是？"

"我就是你要找的定国仙翁道长。你背我一百一十八步，我保你坐江山一百一十八年。"定国仙翁道长很严肃地说道。

重八感到十分后悔，急忙跪下，磕头道："师傅！弟子不孝，我再背你！"

"没用了，这是天意。"

苟延残喘当和尚

"有旱却言无旱,有灾却说无灾,村村户户人死绝,皇上死了无人埋"。这是那时候社会的真实写照,朱元璋咬牙切齿地恨,这世道太不公平了。他得挺着活下去,他那双深藏在高高的眉棱骨下面的一双明亮有神、愤世嫉俗的眼睛,那足以叫人见了一面就无法忘掉的大饭勺子一样的下巴,都透露着朱元璋不服输的气质。

当和尚混口饭吃

淮河两岸总算又见到了太阳,水退去了,瘟疫却一直不退,接着是一连四十天滴雨不落,老天好像发誓要和苍生过不去,人们心头最后一点希望的火焰也熄灭了,只有逃荒。淮河儿女最不陌生的两个字就是逃荒。当劫后余生的人们扶老携幼,背井离乡踏上漫漫长路时,朱元璋走什么路?往哪里去?

朱元璋和徐达、汤和、吴良、吴祯、陆仲亨、费聚等人坐在村口井

台上，个个满脸菜色。那时候根本不可能补充充足的营养，满脸菜色都在情理之中。汤和想打一斗水，辘轳响了半天，水斗淘上来的只是半斗泥浆。汤和赌气地把水斗摔到了井台上，说："连这几十丈深的井都旱得见底了，今年两淮一带不知要饿死多少人呢。"

吴良说出了一个惊人的消息，问他们听说了没有。他说淮北一带饥民造反了，叫什么白莲教、红巾军。徐达四下看看，说："别乱说。"汤和指着用铁链子拴在井台上的一把上了锈的菜刀说："想反也没兵器。"是啊！哪朝哪代也没有元朝官府防民变防得这么彻底！一个村子使一把切菜刀，铁匠都失业了。徐达望着朱元璋说："元璋，从小你就是我们的孩子头儿、主心骨，主意也多，你说吧，不能等死啊。"

吴桢说："对，我们都跟着你，你说一声反，我们就挂先锋印。"朱元璋垂下头沉默片刻说："大难临头各自飞，我看，各奔前程吧。"众人听完一脸的失望。汤和问："那你在家守着等死？"朱元璋下意识地摸摸脑袋说："财主家的牛是不能放了，我打算剃度出家，去当和尚。"

朱元璋当然把入空门当作是找碗饭吃的活路，他有自己的小算盘，他认为天下人都死绝了，总饿不死和尚的，先去讨碗饭吃吧。尽管失望，大家却无可奈何，只好各寻生路。徐达和汤和原以为朱元璋说去当和尚是说着玩的，没想到他第二天就去了皇觉寺，找佛性大师要求剃度。

知客僧对朱元璋的行为早有耳闻。朱元璋为了报复狠毒而又吝啬的财主，居然想出这样的招儿：他和徐达、汤和等人把东家的小牛犊杀了，在野外吃了烤肉，却把牛角插入前山，把牛尾插入后山，然后把财主叫来，说牛钻山了。朱元璋故意抻抻牛尾巴，躲在山洞里的汤和便"哞哞"地学牛叫。尽管这骗不了人的恶作剧最终使他遭到一顿毒打，并勒令他养父赔偿，但从此财主对朱元璋不得不怵三分，那年他才十岁。

这样的人一旦进入佛门，这如来的清静之地还会清静吗？所以知客僧了空鼓动众僧起劲地抵制朱元璋入寺为僧。"不就是收个和尚嘛！"佛性有点不耐烦了，这是一锤定音了。于是朱元璋就以一个沙弥的身份出现在众僧的面前。所谓的沙弥,说白了就是寺庙里的杂役。现在很多机关单位都有很多这样的"沙弥",初来乍到的人要学会敬重前辈,如果不懂规矩,可是会耽误自己前程的。

朱元璋的第一份工作是和另外两个小沙弥负责大雄宝殿的卫生。那时候的人多半以佛祖为信仰,所以来上香的人很多。朱元璋主要就是在黎明的时候,趁香客还没有前来进香,把各路神仙背出去,角角落落打扫干净之后再把它们背回来,放在原先的位置上。这可是纯体力活儿,很容易得腰间盘突出症。朱元璋很不理解这两位师兄竟然这么笨,既然是神仙,就一定四肢健全、就一定有生命。有生命又四肢健全,那为何它们自己不会走出去,而偏偏要别人背呢?这样就省得那么累了。朱元璋就把自己的想法告诉了他的两位师兄,立即遭到了两位师兄的讥笑,他们认为朱元璋要么是脑子进水短路了,要么就是十足的傻子。

但是这两个人不是什么省油的灯,他俩依旧怂恿朱元璋:"如果你有这么大的本领,就请它们出去。"朱元璋答应了他们,但前提条件是从今往后他不再打扫卫生。两个沙弥很不屑地答应了,认为朱元璋纯粹是痴人说梦。

结果第二天,他们便真的见识了朱元璋那超凡的本领。朱元璋站在大雄宝殿门口大声呵斥:"听好了,都出去!"果然各路神仙鱼贯而出。两个沙弥傻眼了,简直不敢相信自己的眼睛。不相信自己眼睛的人,通常都会傻愣愣地站在那里,嘴巴可以装进一个鸡蛋。两个沙弥木桩一样钉在那里一动不动,待醒悟过来后,撒丫子便跑。

他俩把他们所见到的报告给了了空大师,了空大师吩咐他们不要到处乱说,否则会遭到神灵的惩罚,两个沙弥唯唯诺诺地应了下来。

几天之后的一个黄昏,了空大师把朱元璋从大雄宝殿直接带到他的书房。带进去又能怎么样?反正不能奈何朱元璋什么,于是什么也没问出来又让朱元璋出来了。

尽管那时候的朱元璋不过是个普通的和尚,但他在寺中的生活也还是被神化了:他住在寺庙里的时候,他的房间在晚上远远看去,常常会发出红光,等到人走近了,那红光又没有了,大伙儿对此都感到很惊讶。这说的是他第一次入寺头两个月的事。等他从外地云游归寺,情况

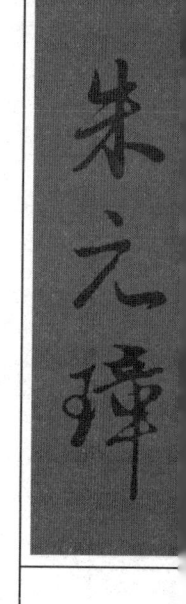

就更玄了。有一天，一个红衣道士出现在寺庙的西北方向，他说："这寺中有好人。"就是说，这间寺庙将来要出大贵人。又传说，有一天，朱元璋在扫地，扫到佛像脚下的时候，他嫌伸出的佛脚碍事，就随口说了句："缩回去！"不料，佛像的脚真的乖乖"缩"回去了。还有一次，老鼠把佛像前的香烛吃了，朱元璋很生气，心想你这个佛怎么什么事都不管啊？因此大笔一挥，在佛像背上批上五个大字："发去三千里。"到了晚上，寺庙里的其他僧人都做了一个梦，梦见庙里的佛要走了，他们奇怪地问："您为什么走啊？"佛说："当世主遣发三千里矣。"第二天早上，众僧人发现佛像背后有字，就追问是谁干的。朱元璋说："哈哈，那是我开的玩笑，那我现在把他放了吧。"果然，到晚上的时候，众僧人又梦见那个佛前来道谢。佛早已知道朱元璋是"当世主"了。

受　戒

朱元璋进寺以后，当然要受寺内的戒律约束，首先就是要了解这些戒律。就好像现在的某些公司，在你进公司后要先了解公司的企业文化，然后更快地融入企业。某些直销产品也会对你进行一些产品情况的介绍，可以把这些说成洗脑，尽管这个词有点夸张，但殊途同归，要达到的目的是一样的。佛性对朱元璋进行入佛门例行开导："你既入佛门，就得守佛门十戒。你知道是哪十戒吗？"朱元璋自作聪明地说："知道八戒、唐僧上西天取经，给那个好色的天篷元帅起了个八戒的名字，不叫他到处背媳妇。"云奇、如悟和一群看热闹的大小和尚全都忍不住窃笑起来，知客僧了空则是一脸厌恶。"你听着。"佛性告诉他，这十戒是：不杀生，不偷盗，不淫，不妄语，不饮酒，不涂饰香粉，不歌舞观听，不坐高广大床，不非时食，不蓄金银财宝。问他能自戒否？朱元璋说："唉呀，这不是天下所有的好事都享受不着了吗？"听他一说众僧又忍俊不禁地偷着乐。佛性说："不许胡说，你只答，能自戒否？"朱元璋说："只要有斋饭吃，别说十戒，再加十戒也行，也能自戒。"

佛性又说："你父亲是个好人，贫僧曾答应过他，教你上进，如今有了报偿机缘，不可荒废了时光。你从小虽念过几天书，毕竟根底太浅，日后做大事是不够用的。"这话也是对他破例收这个徒弟的一个解释。朱元璋说："连饭都吃不上了，还说什么做大事？师父说什么是大事？当皇帝吗？"此言一出，吓得众僧无不瞠目结舌，了空跌足叹道："皇觉寺从此有了一害了。"

　　到了吃斋饭的时候，桌子中央有一大筐馒头，每人面前一钵豆腐汤。大小和尚全都默坐到长长的餐桌两侧，都双手合十在默诵，只有朱元璋一边合十，眼睛却骨碌碌乱转，盯着摆在桌上的白面馒头。趁人不备抓了一个，夹在两腿之间。祷告毕，众僧一只只手伸向盛馒头的篮子，朱元璋抢先又抓起一个。最后伸手的如悟却什么也没抓着，筐里已是空空如也。知客僧的眼睛眨了眨，早疑心是朱元璋多拿了。他的阴损招儿是现成的，他拍拍手，众僧纷纷站起来，随着知客僧的手势，全都放下手中的馒头，双臂平举。

　　朱元璋腿间夹着馒头，因此撅着屁股站不直。知客僧了空胸有成竹地来到他身后，用膝盖向他屁股后一顶，喝令："直起腰来。"朱元璋一直腰，夹着的馒头滚到了脚下。众僧的目光刷地投向他，有嘲笑的，有鄙视的。了空拾起馒头，扔回筐里，对朱元璋宣布处罚令：罚饿三顿饭，念十遍《金刚经》。

　　朱元璋眼睁睁看着别人开始吃斋饭，自己只好咽口唾沫，乖乖地跟在了空后头走人，肚子叫得更凶了，他用力紧了紧裤带。

参　禅

　　佛性长老居上座，正在讲经，朱元璋坐在和尚们中间，这是他第一次听讲经，无奈肚子里没食，心里发慌。

　　佛性讲述的是《金刚经》："《金刚经》又称《金刚般若波罗蜜经》。金刚比喻智慧，有断烦恼功用。什么是般若，般若即智慧，它在

于不著世相，也就是无相……"朱元璋精力不集中，四处乱看，不时地紧紧腰带，佛性瞪了他一眼，用力咳嗽一下，接着往下讲："无相，也就是情无住，无住即情无所寄……"忽然又见朱元璋乱动，忍不住叫了他一声："如净！"

朱元璋一时不习惯，没意识到是叫自己，反倒四处张望。一旁的云奇捅了他一下："叫你呢，你法名不是如净吗？"朱元璋忙直起腰来："弟子在。"佛性问："你怎么不用心听老衲讲经？"朱元璋说："听是想听，可他们不叫我吃馒头，饿得肚子咕咕叫。"这下子和尚们再也撑不住了，大笑起来。

佛性又咳了几声，禅房静下来，他问朱元璋："如净，你都听明白了吗？有所问吗？"朱元璋想了想，说："弟子有一问，佛性大师这佛性是何意？佛之本性吗？佛之本性又是什么？"和尚们以为他要挨打了，这是对长老的大不敬啊。和尚们大都幸灾乐祸地看着他，如悟小声对朱元璋说："该死，你找打呀？"却没想到，佛性丝毫未恼，他平和地说："问得好。老衲何以叫佛性？佛祖认为，人人都有成正果、成佛的本性，在生死轮回中此性不改，是为佛性。"

朱元璋似懂非懂的样子，肚子又"咕噜噜"地叫了，大家都听得见了。佛性显然也听到了，对膳食僧吩咐道："给他两个馒头充饥。"朱元璋说："有了馒头，什么经也听得进去了。"众僧又忍俊不禁。

吃了俩馒头，朱元璋开始自司其职去挑水，挑水地点是山下的小河。原来的河床已变成鹅卵石裸露的荒滩，早断了流，只在石缝中有细流涓涓流出。这可难为了朱元璋，他拿着一只葫芦瓢，一点点地从石缝泥沙中舀出浑浊的水来往木桶里盛。他看见附近山坡上有几个人在剥树皮吃，认出其中有徐达、吴良、吴桢等人。他叫了一声"徐达"，奔了过去。看着朱元璋和尚打扮，从小就在一起混的伙伴们都忍不住笑了，怎么看都别扭。徐达说："怎么，罚你来担水？你真是自找苦吃，你若能当好和尚，我都能成佛祖了。"朱元璋说："别的不说，当和尚可以混饱肚子，有斋饭吃。要不我和佛性大师说说，你们几个也出家吧？"徐达很正经地说："我不。当和尚就娶不了媳妇了，我娘还等我给徐家接续香火呢。"朱元璋说："你以为我真的想敲一辈子木鱼，撞一辈子钟啊！哎，汤和呢？""饿跑了。"吴良说，"树挪死，人挪活，陆仲亨、费聚也逃荒去了。我们也得出去逃荒了。"徐达一边嚼着榆树皮一边说："再过几天，榆树皮、观音土也吃完了，还不得人吃人啊！这叫什么世道！"

朱元璋不忍心看着伙伴们饿成这个样子，就说："你们别走，在这儿等着，我一会儿就回来。"说着跑回河滩，担起装了半桶的稀泥汤，丁丁当当地往回赶。

友情难忘

朱元璋一口气把浑水挑到斋饭堂后厨，把半桶水倒入瓮中。烧火僧如悟正在灶前拉风箱、添柴草，脸抹得黑一道白一道的。正在蒸馒头的烧饭僧过来向水桶里看了一眼，说："你怎么尽挑些泥汤来呀！这能吃吗？"朱元璋说："小河都干了呀，再过几天，泥汤也没有了呢。"烧饭僧说："你不会往远处去找水吗？"烧饭僧告诉他十里地外有一口山泉，水旺。朱元璋心里想，来回二十里，不要人命吗！他的眼睛眨了眨，说："太远了挑不动，师傅得赏我几个馒头吃，吃了才有劲。"烧饭僧真的到大筐里拿了两个馒头塞给他。朱元璋想偷馒头，就必须支开他，就说："给找块纸包上吧。"烧饭僧走到隔壁储物间去找纸。

朱元璋趁机下手，向如悟挤挤眼，他知道傻乎乎的如悟不会坏他事。他手疾眼快地凑到馒头筐跟前，双手齐下，迅速抓了十几个馒头丢到水桶中。如悟惊得站起来，刚要张口，朱元璋一只手捂在了他的嘴巴子上，吓唬他说："你若嚷嚷，我可饶不了你，这是佛性长老叫我来拿的。"他想抬出大菩萨来吓唬小鬼。如悟当然不信，却也不想再多管闲事，坐下去拉他的风箱，装看不见。

朱元璋顺手抓了一块屉布盖到水桶里。烧饭僧回来了，没想到朱元璋弄鬼。朱元璋用纸包了给他的两个馒头，担起水桶往外走，生怕走晚了露馅儿。朱元璋最怕让知客僧撞见，了空是讨厌的克星。可越怕越躲

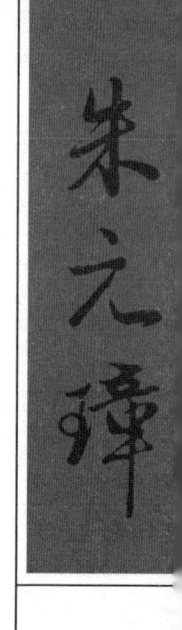

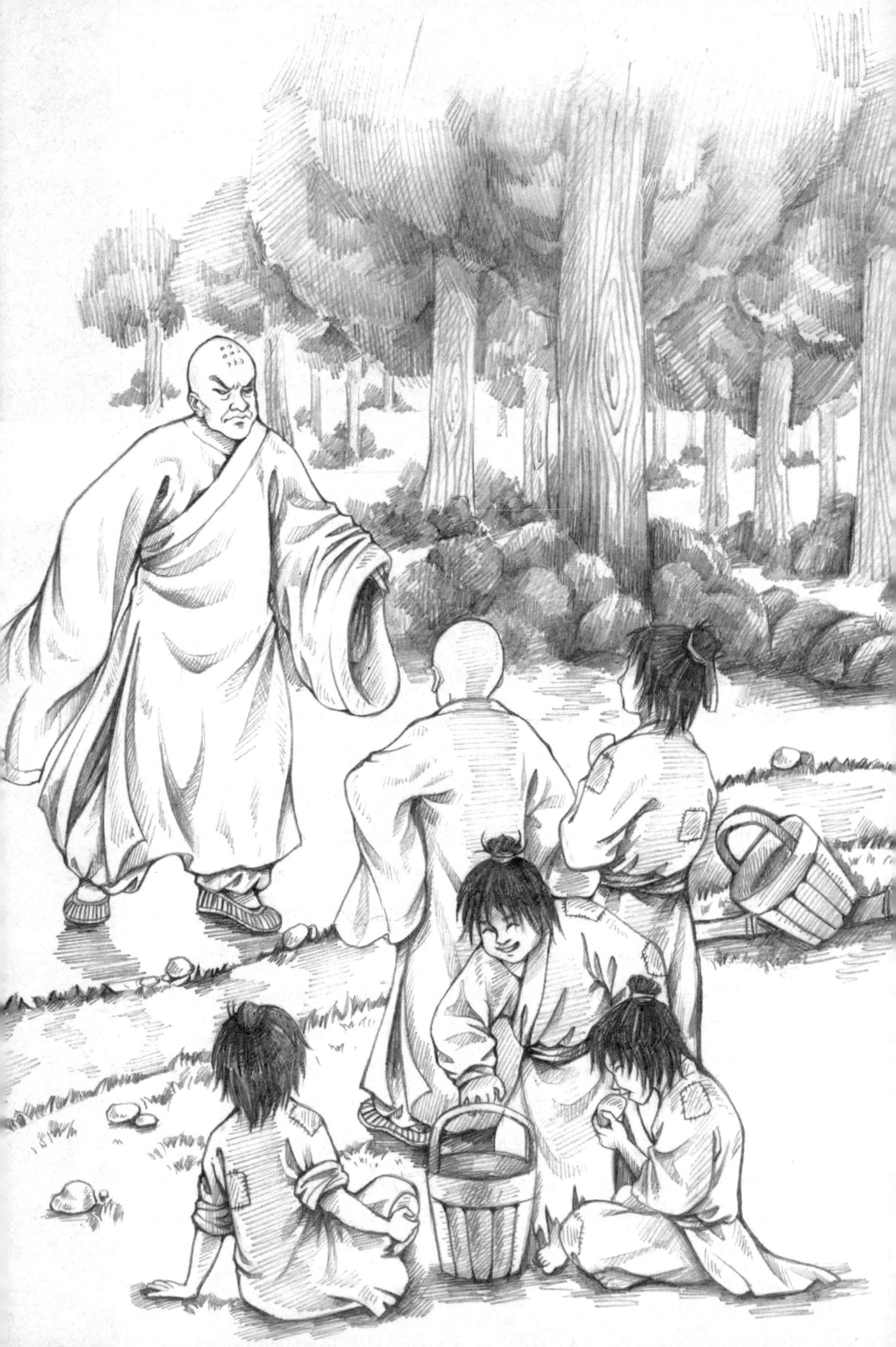

不及，朱元璋与知客僧了空在山门外走了个碰头。了空打量他几眼，心里犯疑，说："今儿个你怎么这么出息？担了一担水，没人支使又去担呀！"朱元璋用讥讽的口气说："不是说一个和尚挑水吃，两个和尚抬水吃，三个和尚没水吃吗？就当皇觉寺的大小和尚都死绝了，贫僧一个人挑。"了空气得脸色煞白，说了句"放肆！"却也奈何不得他。他无意中看见水桶里盖了一块屉布，他皱了皱眉头，望着摇晃着水桶走去的朱元璋，忽然起了疑心，便远远地在后面跟着朱元璋，走走停停，不让他发现。了空一直跟踪到河滩上，亲眼看到朱元璋拿出十多个沾了泥的馒头给他的穷朋友吃，他气坏了。

徐达、吴良兄弟几个如一群饿狼，争相从朱元璋的水桶里抓出馒头，也不管上面沾了泥水与否，狼吞虎咽地大嚼起来。

躲在枯树丛后面的了空叫了声："好啊，寺里出贼了！"从枯树林中转了出来，想治他。朱元璋开始有点发慌，但很快镇定了自己，大不了还俗，不当这个和尚。他对几个伙伴说："别怕他这个和尚，吃！"徐达扑哧一笑，差点被馒头噎住，他说："你还骂人家是和尚呢，自己不也是和尚？""好，好，你等着！"了空气得连一句完整话也说不出来了，不过见他们人多，他怕吃眼前亏，便气急败坏地往回走。朱元璋故意气他："出家人一粥一饭都是别人施舍来的，物归原主，这不是正理吗？"他让了空报告佛性大师，以他为出家人楷模。吴良虽感到解气，却为他捏了一把汗，认为他可是犯戒了，让他跑，这和尚别当了。

朱元璋却说："大不了挨一顿棍子。你们饿急了，再来找我，我吃干的，不让你们喝稀的。"

回去后，朱元璋被佛性说了一通后，事情就算过去了。

可是，朱元璋做行童不久，寺里的粮食不够和尚们吃了，寺里也得不到施舍，主持高彬法师只好罢粥散僧，打发和尚们云游化缘。这样，朱元璋才做了五十天行童，而且还不会念经、做佛事，但是没有办法，也只好扮成和尚的样子，离开寺院托钵流浪。这时朱元璋年仅17岁。

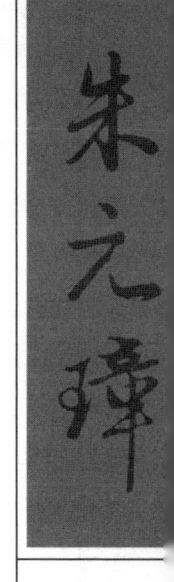

求生无门做乞丐

朱元璋边走边乞讨，他听人说哪里年景好就往哪里走，他从濠州向南到了合肥，然后折向西进入河南，到了固始、信阳，又往北走到汝州、陈州等地，东经鹿邑、亳州，于1347年又回到了皇觉寺。在这流浪的三年中，他走遍了淮西的名都大邑，接触了各地的风土人情，见了世面，开阔了眼界，积累了社会生活经验。艰苦的流浪生活铸就了朱元璋坚毅、果敢的性格，但也使他变得残忍、猜忌。这段生活对朱元璋的一生产生了深远的影响。

朱元璋在外云游的三年，也正是元末农民起义风起云涌的时期。社会上广泛流传着"明王出世，普度众生"的说法，北方的白莲教也在进行同样的宣传。朱元璋在流浪中，也接触到这样的宣传，他目睹国事日非、人民生活恶化的现状，意识到天下大乱很快就会来临了。于是在回到皇觉寺后，朱元璋发奋勤学，广交朋友，准备干出一番事业来。

《皇朝本纪》上说："（朱元璋）复入皇觉寺，始知立志勤学。"在外面游历了三年的朱元璋回到皇觉寺后，开始发奋读书，伴随青灯黄卷，早功晚课，读书诵佛。在这期间，朱元璋"立志勤学"，除佛经外，也广泛接触了各类书籍。几年寺庙生活内学到的东西，成了他书本知识的主要来源。

朱元璋在寺中，一转眼又过了三年，如果没有意外发生，朱元璋这个和尚也许会继续做下去。以他的聪明勤奋，他可能会成为一个精通佛经的高僧，传经布道，终老一生。但是，到了至正十一年（1351年），他的人生发生了巨大的转折，他眼前展现了一片新的天地。鬼使神差，一个隐藏在草莽中的英雄从此踏上了他的创业之路。朱元璋投军的目的原是为了活命，但当他驰骋在沙场上时，发现自己并不是弱者，自己不仅可以统领千军万马，还可以掌握自己乃至许多人的命运。那么，他又是怎样走上这条成功之路的呢？

朱元璋的发家足迹

第二章

元朝的暴虐统治，使得中原大地处处反旗林立。本来想安心做和尚的朱元璋因为一封信不得不参加了起义军。谁知，天生应该走上王道的朱元璋一发不可收，带领着二十四人打天下，赢得了很多谋士和义军的加盟，使得自己的实力逐渐变得强大起来。

被逼造反属无奈

　　就在朱元璋继续在皇觉寺撞钟、念经、发愤图强的时候，寺外的世界发生了翻天覆地的变化，遥远北方的蒙古贵族在中原大地上尽情地开展圈地运动，并且将好色怕死的本事发挥得淋漓尽致，到处搜罗美女，炼制丹药，这才有了"一日三遍打，不反待如何"的歌谣。

　　朱元璋23岁的时候，包裹红头巾的人们就发动了起义，这与他好像是没有什么关系，但总是天下大乱，做和尚的也发愁没有饭吃，毕竟日子还是要继续。

　　这时，逃荒在路上的汤和早早地举起起义大旗，参加了革命，这在信息沟通极不方便的元末确实不容易得知对方的信息，如果说有手机直接一个短信就可以通知朱元璋去参军，这可是一人当兵全家光荣的事，尽管小朱同志的家人已经所剩无几了，勾起人家伤心事了。于是汤和不得不用最古老的方式来通知自己的友人，盼望能一起并肩作战，将友谊一直延续下去。

　　一直把当和尚有饭吃奉为信仰的朱元璋没有考虑那么长远，参加起义对他来说还是远在爪哇国的事情，但是不小心的是汤和来信的事被人知道了，这更体现了纸质信件的缺点，只要不是文盲就有可能看到并得知你的信的内容，如果换成电子邮件，你的邮箱会有密码，就不会那么容易传播出去，所以说科学技术是第一生产力呢。

事情既然到了这一步，他是造谣呢？还是造反呢？二选一只好造反。但是在这之前，朱元璋也是经过一番深思熟虑的，但是想破了脑壳也没想出更好的办法，只好掷钢镚决定，那时候没钢镚就换成了求卦问签。结果还是要无奈地投身革命。说干就干，既然要造反，单枪匹马肯定是在以卵击石，首要问题是要找到组织，积极向组织靠拢。至于为什么要投靠郭子兴，很好理解，他之所以要参军革命是源于汤和的信，那是导火索，况且汤和已经在军队里混了个千户长的职务，那可是从小玩到大的小伙伴，汤和吃肉能让朱元璋喝汤？有这样一个人在军队里罩着，自然凡事好说，路可以直接通到罗马了；其次，当时，郭子兴率领的部队名声也不错。基于这样两个原因，朱元璋义无反顾地选择了投靠郭子兴，而后来的事更证明了他的这一选择是十分正确的。

因为朱元璋聪明机智，很快就被留在郭子兴身边做了个亲兵。在军队里，朱元璋做事勇敢，能征善战，自身的优越条件再加上汤和的帮忙，可谓天时地利人和占尽，两个月后朱元璋就被任命为九夫长，这样的升迁速度是很惊人的，但是同样说明一个道理，只要你肯下苦功夫充实自己，并且懂得把握先机，成功一定会像垂青朱元璋一样的垂青你。后来朱元璋被任命为和州总兵。但是驻守和州的将官，大部分都是长年跟随郭子兴的部下，朱元璋算准了他任和州总兵后，众将官一定不会服气，决定用一些方法树立自己的领导地位。

朱元璋上任后，在第一次正式召开会议前一天，立刻命令手下撤掉大厅主将的位子，只摆一排长条木椅。第二天召开会议时，朱元璋故意迟到。当他抵达会场时，诸将领已先行入座，会场内的座位都已坐满，仅留下一个左边的末座给他。对于自己在诸将官心中的地位，朱元璋心中雪亮。

会议开始后，讨论军政大事时，在座的资深将领虽然习于在战场上搏命厮杀，但是对于决断军政大事却只能面面相觑。轮到朱元璋发言时，却能精确分析敌我形势，并提出具体办法和措施，他的表现使得在座的资深将官不得不心服。

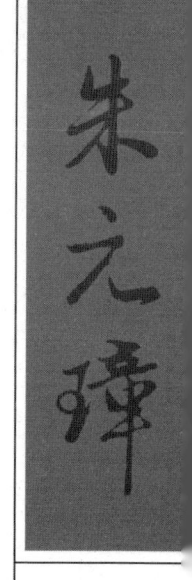

这次会议，除了讨论军政大事，也针对整治城池的工作作出分工，并且限期三日之内完工。

三天的期限到了，朱元璋会同诸将领到城池现场查验，结果只有他负责整治的部分如期完工，其余将领负责的各段工程均未完工。

朱元璋认为，制服将领的时机成熟了，他沉着脸，拿出郭子兴的檄文，朝南坐下。朱元璋向所有的将领说："总兵乃主之命，非我专擅，修城要事，不能如期完工，贻误军机责任重大，谁可担当？今后再有违令者，军法处置。"在场的资深将领自知延误了军机，自然不敢有怨言。

朱元璋主持军务很有两把刷子，再加上他治军严谨有方，这次事件过后，他很快建立了个人威信。

随着朱元璋威信的不断增加，他在郭子兴心目中的地位也是不断地水涨船高，为了更好地开展革命工作，郭子兴将自己心爱的养女，俗称马大脚的马秀英许配给了朱元璋。其实朱元璋和这个马秀英有过一段渊源，只是天意弄人把二人弄散了，多年之后才得以相认。结婚之后，二人伉俪情深，马秀英给予朱元璋的革命事业以很大的帮助，可谓不折不扣的贤内助，这在后面我们会详细介绍。

当然，郭子兴笼络人心的这招也是很厉害的，对于朱元璋来说，瘟疫横行、战乱不止的年代，骨肉亲人死的死亡的亡，纵然有青灯古佛相伴，各中辛酸没有亲历的人肯定也不能更好地体会和明了，但是有了马秀英就不同了，即使所有人都抛弃朱元璋，这个女人不会，而她的出现也使得朱元璋和过往的孤单寂寞凄凉一一说再见了。这是25岁的朱元璋人生一个质的飞跃，这样的飞跃正是郭子兴这个催化剂促成的，朱元璋又怎么可能不更加诚心地效力于郭子兴呢？

可以说郭子兴的信任和重用给朱元璋提供了一个展示自己才能的广阔的舞台，正是在这样的基础上我们看到了朱元璋的才华和谋略，一个无愧于军事家的奇才。

在群雄并起的时候，关键是要不断扩充自己的兵力，但是各地起义军的存在正如一山不能容二虎，这中间的勾心斗角肯定会不断充斥眼前。游走在权力中心的朱元璋必须处处小心，事事谨慎。

当时濠州红巾军的统帅来自各个方面，他们之间也存在着争权夺利的问题，并不和睦。濠州城中的头目除了郭子兴，还有孙德崖等四人，大家都想争当老大。

　　郭子兴出身地主，和其他四个头领在意识形态方面存在着很大的分歧。在这五个头领当中，郭子兴显然高于其他四个。其他四个人，出身于农民，不识字，也没有什么见识。每次议事郭子兴的意见都与他们不同，所谓道不同不相与谋，时间久了，郭子兴就懒得参加会议。其他四个人意见一致，便合起伙来对付郭子兴。他们常常对郭子兴很粗暴，不尊重他的意见。郭子兴一向自命豪杰之士，不屑与之为伍，便经常对这四个人恶语相向，五人之间彼此互相猜疑，很难相容。

　　后来，彭早住和赵君用的加入使得矛盾最终激化。一日正当郭子兴在街上走着的时候，突然一群彪形大汉过来将其打晕，然后关在荒郊野岭的小破屋里，没有吃没有穿，专业一点的说法是软禁。朱元璋得知消息后马上明白是怎么回事了，于是以最快的速度找到彭早住，因为彭与郭二人交好，且与其他几个人关系甚是不合，朱元璋对彭早住说："郭帅被绑票只是孙德崖杀鸡儆猴的伎俩，他们真正的目的其实是你！"

　　彭早住听到此说法，拍案而起，说："那几人没一个好东西，我早就不满他们，有我在此，谁敢乱动？"

　　于是朱赵二人合力将孙家包围，朱元璋得以成功救出郭子兴。

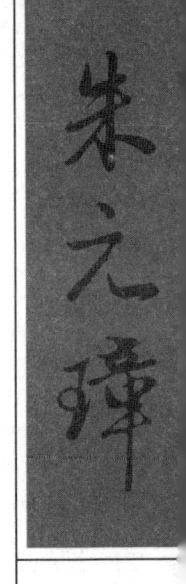

二十四人打天下

但郭子兴的为人众所周知，刚愎自用且心胸狭窄，虽然朱元璋对其有救命之恩，依然挡不住他对于朱元璋的排挤之心日益膨胀。这在朱元璋为其招募家乡700个农民入伍之后更加明显。这样的领导人是永远不可能真正成气候的，从气度上就不及格，其他方面还想考高分，基础太差啊，没办法。而朱元璋的雄心也是一日日膨胀，梦想的帆不断地被风鼓起，他是个聪明人，感觉得到郭子兴对自己的排挤，于是在郭子兴要朱元璋攻克定远，企图置朱元璋于死地未遂，朱元璋凯旋之后正式向郭子兴递了辞呈。本来郭子兴还为不能在定远之战中弄死朱元璋而郁闷呢，没想到喜鹊枝头叫了，马上盖章批准了。

朱元璋临走前提了一个可以忽略不计的小要求，就是要从700人中挑选24个人，郭子兴估计当时被震晕了，他哪里知道这24个人个个是英雄中的英雄，没有他们就不会有朱元璋的未来。这24人我们要一一道其大名：徐达、汤和、吴良、吴桢、花云、陈德、顾时、费聚、耿再成、耿炳文、唐胜宗、陆仲亨、华云龙、常遇春、郭兴、郭英、胡海、张龙、陈桓、谢成、李新、张赫、张铨、周德兴。很多都是人们熟悉的。但是很不幸，这24人中只有汤和是朱元璋从头至尾的战友。

朱元璋此举可谓赌注甚大，结局只有两种，一种是功成名就飞黄腾达，一种就是兵败身死惨死他乡。两种极端的结局，但是朱元璋不怕，因为他相信自己的眼光，而后来的大明王朝也证明了这一点，朱元璋确实有眼光。

很快，朱元璋带着这 24 人南下，日夜操劳再加上心情郁闷，朱元璋病倒了。

但是轻伤不下火线的朱元璋坚持带病料理事务，当务之急是要壮大自己的队伍。否则 24 人的队伍迟早会被其他起义军消灭于无形的，而届时自己的远大理想也会随之灰飞烟灭。尽管消息传播速度不如现在快，但是很快的朱元璋也得知张家堡附近有一个三千余人的队伍正在寻找未来的组织和领导人，于是朱元璋产生了招募这三千人的想法。

但是如何成功搞定是要费一番脑筋的，在见到了堡主之后才意外发现这个人原来早就是旧日相识。聊着聊着就聊出了感情，朱元璋趁机将自己的意图告诉了对方，并且拿出了百倍的诚意，双方商定三日后正式签约。三日很快过去，正是考验人的诚信度的时候，寨主却打起了马虎眼，完全不承认有三日前的约定。所以现在国家三令五申要商家讲诚信，大家都像这个寨主似的，生意还怎么做？社会还怎么进步？

且说朱元璋被耍之后，是恼羞成怒，心想，老虎不发威你真把我当 HelloKitty 了？于是装作完全不计较地设了一个鸿门宴，请寨主前来赴宴，寨主得知有自己十分爱吃的菜是马不停蹄地奔过来准备大快朵颐，当然他也明白小心驶得万年船，自己随身带着几个精干的随从过来，生怕自己有闪失，但是毕竟朱元璋占尽天时地利人和，在他的地盘上当然要听他的，何况寨主带的人不多，于是被五花大绑弄成了蚕蛹。随后朱元璋假借寨主名义说寨主已经外出考察营地去了，请你们集合队伍前来。驴牌寨的队伍信以为真，全部出来追赶主帅。他们刚一离营，朱元璋的人就放火烧了驴牌寨的营垒。群龙无首，营寨又烧了，只好听凭朱元璋驱赶。寨主知道自己已经成为俘虏，别无选择，被迫就范，识时务者为俊杰，只得跟朱元璋一起去投奔濠州。驴牌寨的部众也都被朱元璋收编了，一共有三千多人。

七天之后，朱元璋带领这支人马东进，准备袭击横涧山，所谓知己

知彼方能百战不殆，朱元璋明白打仗更不能千篇一律用一样的兵法，这个敌人不能再用劝降的手段，只能攻打。于是吹起集结号，集结队伍准备对其发起进攻。但是硬碰硬是愚者的做法，朱元璋发动夜袭，毫无防备的敌人很快溃不成军。朱元璋的部队变成了两万人。

在收编了两万人的精壮部队后，朱元璋给全军召开了大会，做了慷慨激昂的演说。从这看来朱元璋也是很有领导才干的，因为但凡有成就的人必须是能言善辩的人，得能忽悠，直到你把大家忽悠的信服你了，你就成功了。当然首先要保证你所说的有一定的说服力，这难不倒朱元璋，对于这个新编部队，他一改往日国家领导人似的鼓舞激励，而是直接切中要害地批判，让军士看到自己的不足，大家看他讲得唾沫横飞，但是仔细回味又很有道理，于是一一臣服，到此，朱元璋的目的也就达到了。随着日后的整顿军备和勤加操练，军队如初春的幼苗满是生机和活力，军队气势一天天高涨。

随后，朱元璋带领自己的精壮部队进攻滁州城，如果熟悉地理、历史，你会知道，滁州，地势险要，宋欧阳修曾有过"环滁皆山也"的议论，可见这确实是一块易守难攻的要害之地。但是元朝部队已经处于苟延残喘的阶段，军队的战斗力很弱，灭亡是迟早的事，可以说如同着火点很低的化学药品易燃一样，朱元璋大军的进攻无疑会大获全胜。朱元璋打完胜仗命令军队在此驻扎下来，等待更好的战机。

这一年他只不过刚走过人生的三分之一。

朱元璋在这边万事顺风顺水，而郭子兴那边却霉运冲天。此时的郭子兴可谓孤单无助，处于被孤立状态，很是可怜。很快郭子兴就被孙德崖排挤出濠州城，不得不寻找就业服务中心帮忙，以期尽快实现再就业。经提醒，最终投靠到朱元璋门下，但是往日种种再现眼前，朱元璋会不计前嫌地善待自己吗？如果他小心眼……

抱着试试看的心态，郭子兴来到朱元璋处，看到朱元璋的三万军士，个个生龙活虎，充满斗志，郭子兴的心更是忐忑不安了，现在力量对比是他三我一，这要是打起来，我还不是小蚂蚁的下场？

正在郭子兴以小人之心度君子之腹的时候，朱元璋作出让他大跌眼镜的举动，将三万军士的号令权转让给郭子兴，自己还原为一个部下，听从郭子兴的指挥。并且在以后行军打仗的过程中，对于郭子兴偶尔狗改不了吃屎的狭小度量也是一再容忍，这种种使得郭子兴最终为自己对朱元璋的怀疑深感抱歉和后悔，从而放下戒心。这正是朱元璋的高明之处，对待不同的人要用不同的方式，对待郭子兴就要不断地感化。

在滁州，朱元璋加强了防守，用各种方法赢得民心，渐渐站住了脚跟。并很荣幸地迎来了家人的加入，比如说侄子朱文正、姐夫李贞和外甥李文忠等，虽然平时空闲让彼此见面几乎不可能，但丝毫没有冲淡亲情的酒，同样没有拉开思念的手，朱元璋没有一刻停止对亲人的想念，他们的到来使得他不只是高兴，而是相当高兴。家人相见的欢愉自是不必说，而且，这几人都是将才，在以后的创建大明的过程中立下了汗马功劳。此时的朱元璋可谓是春风得意，家人得以团聚，事业走上正轨，羽翼一日日丰满，他的壮志逐渐冲上云霄，他要的不仅仅是滁州，而是整个天下。

人多力量大，但问题也随之出现了，滁州眼看着狼多肉少，朱元璋只好另谋生地，将滁州让给了郭子兴，自己攻下和州另谋发展了。但是，温饱解决不了的年代，饿肚子是极其痛苦的一件事，这是个为吃饱肚子而战的年代，孙德崖虽然自己占据了濠州城，但同样僧多粥少，只好向和州下帖子，期望可以占到便宜。但他的到来正好让伺机报复的郭子兴得到报复的机会，箭在弦上，一触即发。

郭子兴不知道孙德崖已经跟朱元璋表态就要打道回府了，还一心想着自己的复仇计划，将孙德崖逮住羞辱一番而后快，结果使得朱元璋两面不是人，并且被孙德崖手下生擒以作要挟，一面是敌人，一面是女婿，这可使得郭子兴犯了难。当时，24人中的徐达主动请示要拿自己交换朱元璋，其仗义、其情意与郭子兴的犹豫不决形成鲜明对比。郭子兴久拖不决也不是办法，最终只得不情愿地放了孙德崖，气量小的人的下场基本是一样的，那就是多半会被气死，不知道他是不是在临死前念叨什么既生谁何生谁的话。

郭子兴的死对于朱元璋来说是极大的解脱，终于可以没有束缚地放开双手大干一番了。

冯氏兄弟的加盟

朱元璋虽然识字不多，但是肯定听说过水浒的故事，知道一百单八将的作战，对于自己现在的成就以及日后的发展，朱元璋很是经过了一番深入思考，现在自己已经建立了一支训练有素的军队，麾下猛将如云，他们转战南北，所向披靡。然而是要做一个仅仅懂得吃菜事魔的白莲教徒，还是做一个只会打家劫舍的草寇？不，都不要，朱元璋直觉上予以反驳，他要做一只鸿鹄翱翔于天际，要做一个胸怀大志的豪杰，于是朱元璋在街角支起凉棚，拿着招聘信息，开始招聘英才。一批又一批应届生往届生来到凉棚处，踊跃报名，很多没有名额的，做实习生也愿意。于是军队里的读书人越来越多，俗话说知识改变命运，朱元璋找到的这些读书人都是擅长理论与实践相结合的好手，从而为朱元璋提出了一条又一条好建议。朱元璋求贤若渴，读书人希望投奔明主，自古明君贤相的例子给他们做出了榜样。王侯将相本来是无种的，一片新天地眼看着就在他们的手中开辟出来了。

这里着重要说的是冯国用和冯国胜这两兄弟。

在朱元璋带领军队离开横涧山，经过妙山的时候，只见有很多人迎面而来，其中还有端着水、提着饭篮的，就差没有打上28门礼炮，再

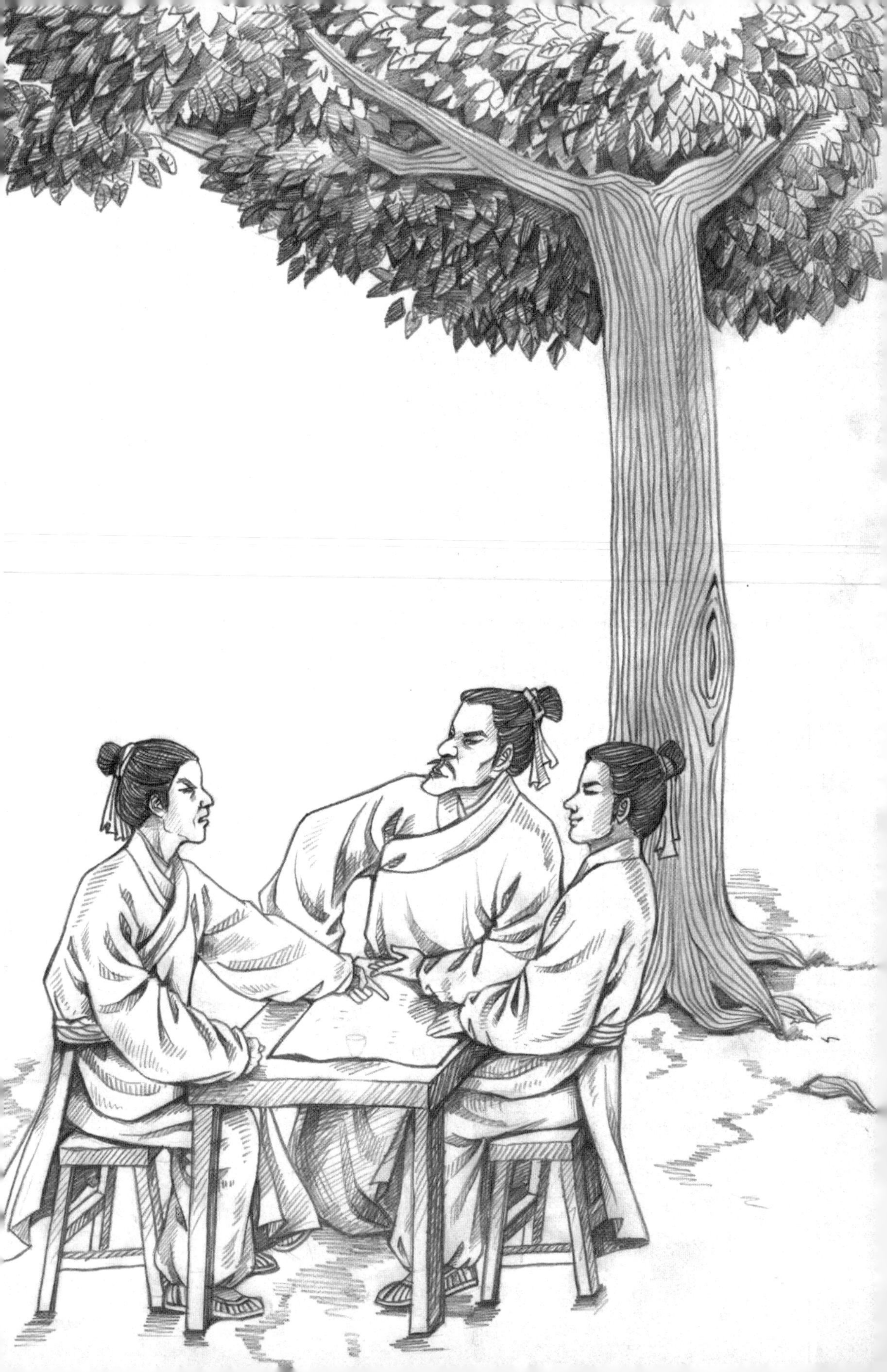

来个仪仗队了。过去有一句话叫做"箪食壶浆以迎王师",说的是迎接义军、迎接能够解救困苦的军队。那现在来的都是些什么人呢?好奇心驱使着朱元璋一探究竟。

后来经询问才得知,原来是由冯国用、冯国胜兄弟率领的乡亲们前来相迎。朱元璋看到自己的军队受到了如此隆重的欢迎,心里这个感动啊,就差没泪流满面了。

那冯国用和冯国胜这两兄弟是何许人呢?

莫慌,广告之后马上揭晓答案。

广告时间1分半中场休息。这是在国家强调了广告时间不得过长之后的结果。

原来他们本是读书人,因为当时天下大乱,乡里不得安全,他们便聚众武装保卫乡里。他们听说了朱元璋的英雄事迹,觉得这个人尽管出身草野,但有胸襟、有抱负,他的军队,军容整肃,攻无不克,将来肯定可以成就大业,哥儿俩一合计,就是他了。于是就有了朱元璋的军队经过时,他们和乡亲们一起来迎接的一幕。

朱元璋虽然已经有了一些经验,有了一定的实力,但是下一步该怎么办,他心里也没数。虽然冥冥中总有一种力量指引着他向前进,也知道自己不甘于一辈子窝在这个小地方,最高理想一直很清晰,但是最低理想就不是很明了了。如果说以前他想做什么还是清楚的话,那么现在该做什么反而不知道了。以前,他进庙当和尚,是为了吃饭;后来回到庙里只图个稳定;投到军里是为了安全;协调关系是为了保护自己;勇敢作战是为了提拔。而现在,自己有了几万人马,要干什么?要像那些草寇一样打家劫舍吗?要像那些军阀一样占山为王吗?他的心胸一步步大了,他的眼界一步步开了。下一步的目标是什么?正在朱元璋为自己找不到最低工作纲领的时候,上天派了冯国用、冯国胜两兄弟来。他们兄弟是读书人,书中不光有黄金屋和颜如玉,书中还有古往今来的治国的韬略和理念,书里所描绘的是另一番世界。冯国用、冯国胜兄弟开动脑筋,从历史的经验中总结了八个字——"有德者昌,有势者强",把它送给了朱元璋。那朱元璋有势了吗?有势了啊。他有三万人的军队,而且个个精明强壮,在那个乱世之中,已经完全可以做一个强者了。但是是强者了又能够怎么样呢？能够发展吗？答案显而易见，不能。雷老虎那句最经典的话告诉你了答案，那就是要以德服人，所以不仅仅要有势，不仅仅要有军队，还要有德、还要有理念、还要有理想。

于是在一个月朗星稀的晚上，冯氏兄弟和朱元璋在月下小酌，顺便畅谈理想。那么这理念、理想应该是什么呢？冯国用兄弟直奔主题，向朱元璋提出建议，说你要把眼光看得更远，不要只看到眼前，只看到濠州这一小块地方。天下之大，山河无际，控扼要塞才能成就大事。以东南而论，集庆（今南京）一地虎踞龙盘，占尽形胜，是六朝帝王之都，更是兵家必争之地。如果你把集庆夺到手，就可以作为你事业的大本营，这就取得了成功的第一步。你有了势力、有了力量、有了基础，那也就是为成功打下了坚实的基础。然后，再提倡仁义，收复人心，方能达到有德之昌。那怎么收复人心呢？不能左眼看美女，右眼看金银珠宝，要爱民如子，给百姓带来利益，同时保护他们的利益。这样才能让百姓对你趋之若鹜地追赶，死心塌地地跟从，你的势力才能发展壮大。有了势，有了德，既是强者，又是德者，还愁自己没有足够的力量成立一支神武之师、最终平定天下？

当时天下的形势是如同黄金周的游人，人声鼎沸！群雄并起的年代，谁不想称王，不想称霸？一山不能容二虎，如何才能在鸡群中鹤立起来呢？那就要把自己现在和将来要走的路好好地规划，把头绪理清了，才能不顾此失彼，眉毛胡子一把抓。朱元璋之前正是被天下的形势弄得有些晕菜，才不能更明确地看清天下未来的路。当冯氏兄弟把刚才的一番话说给朱元璋听的时候，朱元璋当下心中就想，我的妈呀！能够把天下大势分析得如此明明白白，站得高、看得远，并且简明扼要地提出这样建议的人，还从没见过。这些话让我老朱是耳目一新啊！朱元璋二话没说，当时就任用冯国用、冯国胜兄弟为军中参谋。

这二人是朱元璋的队伍里最早的读书人。读书人的来到，使朱元璋的队伍发生了质的变化。他们不再是一群乌合之众，不再是一支为了解决温饱问题，一味地夺取财富、夺取粮食，为了生存而战斗的部队，而是一支有纪律、有理想、行仁义的队伍，有了更高的生活品位。

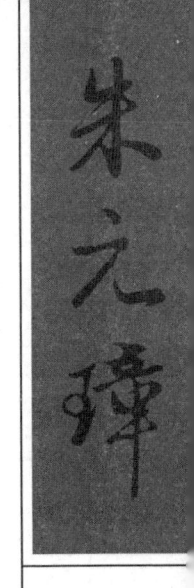

— 47 —

打造自己的铁军

朱元璋是当兵的人,自然知道要想战胜自己周围的人,最致命的武器就是打造一支属于自己的铁军。现在这样的乱世,投军而来的很多都是为了吃饱自己的肚子,正所谓竖起招兵旗,自有吃粮人。如果老是被人家看成是打家劫舍的绿林好汉还怎么成就大事啊?所以山大王要不得,草寇也要不得,自己的军队要有战斗力,要有智谋,还要有行动力。有猛将的铁军才能横行天下,成就大业。

朱元璋很有眼光,自己带来的那24人中,有很多是骁勇善战的将士,首屈一指的就是徐达,这在后面我们会详细介绍,还有常遇春、汤和、李文忠,个个都是好样的,随便拎一个出来就能把敌人吓得肝儿颤。

除了前边说的那几个人,值得一提的还有邓愈。这家伙16岁的时候就继承父兄遗留下来的历史任务,带领一干人马与元军作战。后来投奔了朱元璋。每次打仗,邓愈都是冲锋在前,这样的勇敢可不是人人都有的。

而且邓愈心灵手巧,在跟朱文正一起镇守洪都的时候,把个古代手枪玩得得心应手,把陈友谅的将士着实吓了一跳,他玩美了,敌人也干掉不少，一举两得。经过艰苦的战斗，最终等来了朱元璋的支援。

邓愈为人忠厚老实，虽是习武之人，但是心思细腻，做事谨慎，对待俘虏也非常地不错。有一次，他带兵占领了安福，部卒之中有人抢掠妇女。判官来到邓愈军帐，当面指责他治军无方，致使兵卒违背纪律。面对部下的批评，邓愈不但没有生气，反而起身谢罪，并且下令将掠夺妇女者斩首，并在军中大搜索，把抢来的妇女全部放还。邓愈为了保护这些妇女，把她们安置在一间空屋中，自己坐在屋外看守，防止士兵骚扰，还做粥送给这些妇女。有几个士兵贼心不改，想乘月黑风高的时候抢人，谁知这么巧被邓愈发现了，这还了得？直接用鞭子抽！最终，把那些不幸被掠夺的妇女安全送到了家，如此深明大义，百姓自然交口称赞："邓将军真是好人！"在后来的战争中，邓愈西征甘肃、乌斯藏，平定四川，战功卓著。洪武三年大封功臣，被封为卫国公。洪武十年在西征回师途中病逝，被追封为宁河王。

朱元璋手下的名将是数不胜数，正是因为这些人跟在朱元璋身边，南征北战，立下赫赫战功才成就了朱元璋的明朝大业。

【第二章】朱元璋的发家足迹

亲信统兵握兵权

除了拥有这么多的虎将，朱元璋还发动自己的亲友团，把他们培养成了能征善战的将领。马皇后开始的时候没给朱元璋生儿子，但是收养了很多儿子。朱元璋的义子很多，划拉一下估计有个二十多号人。朱元璋这样做，一是出于慈爱之心，二是他想用这种方式加强和这些人的关系，让他们成为自己的帮手。虽说血浓于水，但是朱元璋那时候没有自己的儿子，把这些孩子当成自己的亲儿子一样看待，一样可以起作用。朱元璋给这些义子很重要的职务，让他们帮自己看着部下，巩固他并不坚实的领袖地位。这些义子可都是自己的心腹，一般不会背叛自己。在这些亲友团里，朱文正、李文忠、沐英是最突出的。

李文忠在后面我们会详细介绍，而朱文正，则是朱元璋的亲侄子。朱元璋的哥哥死得早，朱元璋在滁州努力站稳脚跟的时候，朱文正跟自己的老妈一块来投奔朱元璋了。长大后，朱文正带兵打仗勇敢，有智慧，跟随朱元璋渡江立了战功。朱元璋问他，你想要什么官？朱文正回答说："叔叔要是做了皇上，做侄子的还不是想要什么有什么。但现在还在打仗，天下还未定，把爵位赏赐献给自己家里人，这样是不能服众的，否则谁还会替你卖命打仗？"朱元璋听了小大人这番话心里这个温暖啊，这么懂事的孩子能不喜欢？朱文正成了朱元璋最亲近、最信任的人。后来，朱元璋当了吴王，就任命朱文正为大都督，所有军队都受他节制。后来守卫洪都（今南昌）、平定江西，朱文正功最大。

不过这个朱文正很有点纨绔子弟的气质，平时没事的时候花街柳巷可是没少去，哪个青楼的花魁他不认识？让大家对他颇有点微词。但是好在关键时候还是很能派上用场的，镇守洪都的时候，朱文正一改自己的纨绔，慷慨激昂地鼓励将士，勇敢地冲锋在前，让大家看到了纨绔背后勇猛的另一面。

但是朱元璋犯了一个很实在的错误，人就是不能太实在。朱元璋记住了侄子的话，于是在犒赏军士的时候，先急着外人了，自己的侄子没得到什么奖赏，朱文正心里这个怨啊！早知道这样，当初自己就不谦虚了。眼见着高官厚禄跟自己擦肩而过，朱文正的暴脾气一下子就上来了，在洪都城内，不是强抢民女，就是干点扰民的勾当，弄得当地的社会治安一片混乱，很快这事儿就被朱元璋知道了。朱元璋派人对他进行批评教育，这小子正找不到出气筒呢？现在来了一个，正好出出气。把心里的怨气彻底爆发出来了。把个来人骂得狗血淋头，直接跑路了。朱元璋当天就乘船来到洪都城下，见到朱文正就是一巴掌，直抽得朱文正眼前直冒金星。朱元璋还不解气，要把朱文正了结了。多亏马皇后劝解才安抚下来。看来老朱家的人真的都是急性子、暴脾气，不好惹！朱元璋最终将朱文正免了官，安置在了桐城。不久朱文正就死了。

沐英也是朱元璋的养子，是朱元璋的小同乡。沐英从小死了父亲，跟随母亲到处躲避兵乱，母亲后来也死了。朱元璋和妻子可怜这个孩子，把他收养为子，让他随朱姓。

朱元璋同样把他培养成了带兵将领，朱英十八岁就授予帐前都尉之职，镇守镇江。后来随大军攻打福建，立了战功，晋升为大都督府同知，大都督府是掌握天下兵马的机构，权力很大。朱英少年英敏，处理事务果断敏捷，马氏一再称赞他有才能，朱元璋对他也很器重。后来还随军攻打过云南，但这孩子估计是小时候缺乏营养，体质很差，马皇后死的时候哭到吐血，皇太子朱标死时，又哭得病倒了，以致一病不起。后来沐英被追封为黔宁王。

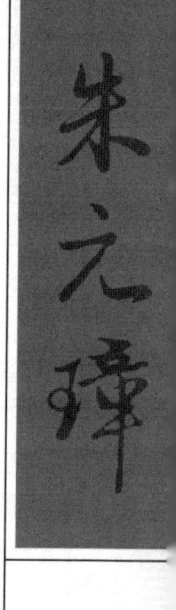

除此以外，朱元璋还善于争取敌军将领为己所用。比如，那个为自己献计打败陈友谅的康茂才，他本是元军一名都元帅，在朱元璋攻打集庆时战败归附朱元璋。朱亮祖，本是元朝的将领，先后两次因战败被朱元璋所俘，后为朱元璋所用，屡立战功，被封为永嘉侯。

这些叱咤风云的将领，是朱元璋夺取天下的最重要的资本。

铁血治军有方略

朱元璋有一支纪律严明的军队,这是他克敌制胜的基础。

自从朱元璋树立大志以来,就以"不嗜杀人"、"不以子女玉帛为意"来警诫自己。至正十六年(1356年),徐达带兵攻打镇江,朱元璋训诫将士:我自从起兵以来,没有妄杀无辜。如今你们带兵前往征讨,应该理解我的用心,管束好自己的士兵,城池被攻克后,不要烧房子抢东西,不要乱杀人。如果有违犯军令的,依据军法予以处罚。如果有人纵容士兵违纪,我也要坚决惩罚,决不饶恕!这时候朱元璋起兵还没有几年。

但是,要让一支队伍听从命令、服从纪律谈何容易!要知道他所带的是乱民,是乌合之众。为此朱元璋采取了最残酷的手段和最严厉的措施。

朱元璋驭下甚严,执法果断。早在朱元璋刚刚打下婺州时,为保证军中粮食供给,朱元璋下令禁止酿酒,但大将胡大海的儿子首先违反了禁令。当时胡大海正在浙东前方作战,而且是朱元璋倚重的大将。都事王恺请求不要杀大海的儿子,以安胡大海的心。但朱元璋说:"宁可使大海叛我,不可使我法不行。"竟然亲手杀了胡大海之子。

将领赵仲中奉朱元璋之命把守安庆，陈友谅来进攻，城池被攻克，赵仲中逃回。按军法赵仲中丢失城池应该斩首。常遇春请求朱元璋原谅他，因为赵仲中也曾有功，而且正是用人之时。朱元璋不听，说："法不行无以惩后。"竟将赵仲中处死。

朱元璋靠铁的手腕，打造了一支有组织有纪律的军队。而这支军队又由能战善战的将领指挥，可以说所向无敌了。但是除了军队纪律，还要有好的作战方向，好的谋略，这些才是老朱真正的作战纲领，是重中之重。这时候自是有谋士相助的。

收获"九字箴言"

朱元璋本人以及他的军队受了儒家思想的影响，已经发生了质的变化。如果说他开始投军是为了解决自己的温饱的话，那么现在他已经建立了夺取天下之志，人只有不断地否定自己以前的种种，才能更好地认识自己，才能取得更大的进步。老朱深知这一点的重要性，所以在自己军队的品位提高之后，他回过头来检查自己以前的所作所为，开展全面的批评与自我批评，这批评自然是很深刻的。老朱是怎么批评的呢？

老朱说，当时红巾军四处掳掠，到四乡里面，吓得百姓到处躲藏，他们把百姓的房子烧得是片椽无存啊，墙都倒了，看不见一面立着的墙，不但如此，还要把人们的钱财都洗劫一空。这简直就是土匪干的勾当啊！老朱自己说着也是很惭愧，当然那时自己也是其中一员，但是老朱的态度很好，很诚恳，这值得表扬。现在认识到自己的错误，对老朱来说还是非常及时的。

朱元璋决心洗心革面，改变这种情况，不以子女玉帛为意，要改变当时红巾军"荡尽民财、焚烧闾舍"的做法，改变杀人越货这种乌合之众的做法，建成一支仁义之师。

于是在全军进行了大整顿，好在大家底子都不是什么坏胚子，稍加

整顿大家就都变得谦逊有礼，俨然一副礼貌有加的仁义之师的样子。

但是有了战斗力，又能行仁义，就肯定能够取胜吗？老朱知道此时自己还缺少一个像样的政策纲领，而且这是现在的当务之急，万事俱备，只欠东风了。

正当朱元璋困惑的时候，又有一位儒者来到他的军中，给他出谋划策。这是在至正十七年（1357年）七月。朱元璋打下了徽州，一入驻到徽州城内，就听说了朱升的名字。朱升是谁？此人被世人称为山中宰相，很有谋略，不出门尽知天下大事，我怀疑他是不是在偷着用什么高科技的东西。这么厉害的角色，朱元璋一定要拜会一下，于是老朱亲自去拜访他。当时的朱元璋已经是一方豪杰，向一个手无缚鸡之力的书生去请教，很是给朱升面子，大有当年刘备三顾茅庐的遗风。

朱升见到朱元璋向他亲自登门请教，自是受宠若惊，当然是诚心相告，他送给朱元璋九个字，俗称"九字箴言"，是哪九个字呢？就是几乎家喻户晓、妇孺皆知的——"高筑墙、广积粮、缓称王"。

看似没什么了不起的区区九个字，含义太深刻了。它是一套很完整的策略，其中包含着深刻的理念，涵盖了成就一统天下之霸业的各个方面：有基础，也有理想；有步骤谋略，也有实施的办法，非常的厉害。高筑墙而广积粮就是说，最好不要过早地暴露称王称帝的意图，不到时机成熟决不轻易出击，避免遭到竞争对手的嫉恨和攻击。

所谓"高筑墙"就是说要加强自己的军事力量，自己力量强大了，才能不怕别人，自己的地盘才能守得住，老巢不被人轻易端了，这样才有基础打别人；把墙筑得高高的，敌人没有姚明的个头不好进到院子里来。再在墙头上撒点玻璃，等敌人一攀，嗯，血肉模糊。

而"广积粮"是说手中有粮，心中不慌。一支军队几万人、几十万人，不吃粮行吗？没有粮食你怎么作战？没有粮食你怎么安抚百姓？你统治的地方，所有的人都是饥寒交迫，你还能统治得下去吗？经济实力决定一切上层建筑，有了钱说话才有底气，将士不挨饿，打仗才有劲儿啊。

最后的"缓称王"则是说天下大乱，群雄并起的时候，几乎人人都想自己做皇帝号令天下人，谁想得到王位，就肯定会成为大家共同关注的目标。枪打出头鸟，谁想称王，大家就会把打击的枪口对准他。而缓称王，就是叫你不要过早地暴露自己想要称王的目的性，这样混淆视听，等到那些早称王的人被人打击得差不多的时候，你的时机也就成熟了，这个时候就可以坐收渔翁之利，白捡个现成的皇帝做。

朱元璋对朱升所提出的九字箴言深表赞同。这九字箴言环环相扣、缺一不可，最后朱元璋按照九字箴言的指示，一步一步夺取了胜利。

同时还要说的就是，朱不光为朱元璋提供了这么好的谋略，在军事上也为朱元璋起过辅佐作用，当朱元璋所部围攻徽州城时，日久不下，朱升独立城下，传话元朝镇守使徽州路统帅福童，晓以大义，使其放弃了负隅顽抗的打算，开城归降。朱元璋部队攻打饶州失利，朱升又调集民壮千余人，令其子率往救援，终于取得饶州大捷。

看来这个朱升还真是有两把刷子。

【第二章】朱元璋的发家足迹

里中长者李善长

在朱元璋继续向滁州进军的途中，又有一位儒士来拜见朱元璋，他就是定远的李善长。他的家乡定远离朱元璋的家乡濠州不远，应该是朱元璋的同乡。李善长在家乡被称为"里中长者"，年龄比朱元璋大十五岁。不仅年龄长，而且有智慧、有德望。

历史记载说，李善长"少读书，有智计"，从小就开始读书，有智谋、有心计；"习法家言"，中国古代以儒家思想立国，但是并不排斥其他各种思想，比如说治国整治吏治，建立秩序要用法家；有时候提倡无为之治，那就是道家了。李善长不仅读儒家之书，而且"习法家之言"。法家主张以法治国，主张强化国家管理，在先秦以商鞅、韩非子为代表，秦朝的李斯、东汉末年的曹操都是法家思想的实践者。因为他有智谋，所以"料事多中"，对事物的判断常常很准确。这位李善长来了以后，先是做了一个小小的类似于弼马温的小官，估计连九品都不能算，但是李善长这块金子的高明之处就是懂得把握机会，知道什么时候该表现自己的才华。他一直以汉高祖刘邦为榜样，在一个朱元璋无意中流露出对战争无奈的时候向朱元璋评说天下大事："秦朝乱时，汉高祖刘邦也是百姓出身，他豁达大度，知人善任，只用了五年就成就了帝王之业，现在天下已不是他的了，元帅你的户口在濠州，离刘邦老家不远，就算没有王气所在，也多少能沾点边。"说到这里，他停了下来，然后说出了最关键的一句话："只要元帅能向刘邦学习，按照他的行为去做，天下就一定是你的！"这样的霸气正是此时身心略显疲惫的朱元璋所缺乏的，朱元璋深觉此人不是等闲之辈，于是开始重用此人。他没有辜负朱元璋的期望，最终做了开国功臣，虽然结局是那么惨。

朱元璋接下来的目标很快放到集庆，也就是现在的南京上。

当时不论是仁人志士还是普通百姓都认为，要想占有天下，必须要占据王气之地，相信那时候看风水的职业会很有市场，是一个牛市的潜力股，如果女孩子找对象可以考虑找风水先生。南京确实也是名不虚传，在它范围内的紫金山纵横南北，恰似巨龙潜伏，而石头山则临江陡峭，如虎盘踞，这就是南京龙蟠虎踞的来历，此外在南京的前方还有一条长江，这实在是吉中之大吉，历朝历代的皇帝比我们想的周到，买房置地一定先看风水，南京面水背山，实在风水好得让人无语。在明之前，就是六朝之都，不但地势险要易守难攻，而且还很富有。南京附近不但是重要的粮食产区，还兼顾着商业中心的作用，要不秦淮河两岸的娱乐业能那么发达？从杜牧的《泊秦淮》就能看出点端倪啊，秦淮河是金陵胜地啊。而且最重要的是，这里有运河之利，在那个从北京走到南京要几个月的时代，水路实在是太重要了。估计那时候人们晕船的几率会比较小，因为坐得比较多。

目标既然已经选好了，接下来要做的就是如何攻下集庆，让它成为自己的囊中之物。

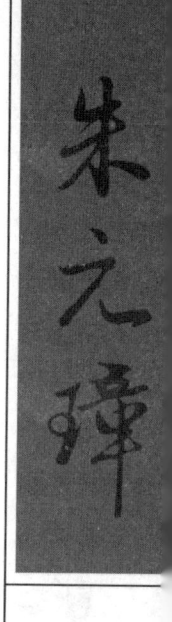

【第二章】朱元璋的发家足迹

纠缠不清小明王

在攻打集庆之前要先介绍一个人,那就是小明王韩林儿。

1355年二月,发生了一件大事。韩林儿被拥立为王,说起这事,是小孩没娘——说来话长。有一个河北人叫韩山童的,也就是韩林儿的父亲,是重要的白莲教秘密宗教领袖,他广招信徒,暗中策划起义。至1351年,黄河溃堤冲垮了山东的盐场,使国库收入锐减,只在乎声色犬马、对黄河从不过问的元统治者,不得不强令汴梁、大名等十三路民工疏浚黄河。韩山童派人在治河民工中做手脚,并且偷偷宣传"弥勒佛下生,明王出世",并预先在河道中埋下了一个一只眼的石人,上面刻着"石人一只眼,挑动黄河天下反"的字样,从那时候就可以看出舆论的力量是多么的大。四月的一天,民工们在河南兰考的河道里,果然挖出这个石人,大家群情激奋,大声宣扬是神的造化。刘福通等人借坡下驴散布韩山童是宋徽宗的八世孙,当主中国。他们杀白马、黑牛,对天地盟誓,共同推举韩山童为首领,成为明王,以"红巾"为标志,准备起兵反元。但好事总是多磨的,事情不幸被泄露,韩山童被捕成了为起义而亡的第一人。刘福通等人逃回颍州,五月就发动了起义。韩山童成为元朝统治者的刀下之鬼后,他的妻子杨氏带着儿子韩林儿逃到安徽砀山。刘福通奋力作战，力突重围，成功攻取了颍州等地。占领颍州后，刘福通发布了声讨元朝的檄文，也不忘声情并茂地演说一番，控诉元朝"贫极江南，富称塞北"，这样的宣传在当时是具有很强的煽动性，人民点火就着。元朝统治者自然不会让这样的扰乱民心的乱臣贼子活着，急忙派枢密院同知赫斯·秃赤率六千蒙古大军及各路汉军前往镇压，但是被起义军打得大败。起义军很快就占领了安徽、河南大片地方，人数发展到十多万人，形势一片大好。各地闻风而动，接连起义，掀起了元末农民起义的高潮。刘福通想不能让韩山童白死，毕竟他是为起义死的第一人，而且前面宣扬的韩山童是宋徽宗的八世孙这个说法还是有用处的，可以子承父业，让韩林儿来完成自己父亲未完成的事业，如此子子孙孙无穷尽也，不怕元朝不灭。于是派人找到韩林儿，拥立韩林儿为小明王，在亳州建立大宋政权，年号龙凤。不久，元军攻亳州，刘福通又奉韩林儿居于安丰。这样，大宋皇帝小明王韩林儿就成为红巾军的一面旗帜。郭子兴等在名义上也就成为大宋皇帝小明王旗下的一支队伍。

小明王韩林儿传檄任命郭子兴之子郭天叙为都元帅，郭子兴的妻弟张天佑为右副元帅，朱元璋任左副元帅。论官职地位，朱元璋位居第三。一开始，朱元璋拒绝接受，说："大丈夫宁能受制于人耶！"但是，看到小明王气势正盛，有他这面旗帜也可以作为依靠，就接受了任命。然而，郭天叙年纪还小，缺乏作战经验，而张天佑又是一个有勇无谋的人，朱元璋身经百战，又有李善长等一批谋士，所以这支军队实际上就控制在副元帅朱元璋的手中。虽然这支军队名义上是由大宋政权统辖，而实际上，他们并不完全听从小明王指挥。第二年，也就是1356年，在这支军队攻打集庆的时候，由于内部将领陈埜先的叛变，郭天叙和张天佑被杀。这二人的死对于朱元璋来说是天大的好事，为他扫除了障碍，朱元璋顺理成章地成为了都元帅，现在这个队伍就既名正又言顺地听从朱元璋指挥了。

为了更快地攻占集庆，冯国胜向朱元璋建议，应立即渡过长江，占领集庆，这个建议深深打动了朱元璋，他下定了决心，占领集庆！

但是这时候问题出现了，那就是朱元璋的这班人马不是骑兵就是步

兵，北方出身的士兵多是陆地上的王者，而要攻占集庆只能用水军，但是现在没有船，哪来的水军之说？这事把个老朱急得像是热锅上的蚂蚁，围着屋子一个劲的转圈。但是，老天是垂青这样的天才的，不会在小事上叫他们翻了船，在他急得不行的时候，一个人的出现给他带来了一场甘霖。

来者何人呢？就是俞通海，史书上记载说："元末政化不行，盗起汝、颍。廷玉父子与赵普胜、廖永安等结寨巢湖，有水军千艘。数为庐州左君弼所窘，遣通海间道归太祖。太祖方驻师和阳，谋渡江，无舟楫。通海至，大喜曰：'天赞我也！'亲往抚其军……"可见此人也就是个沿江打劫的海盗，经常干的就是类似水浒传里"到得江心，且问你要吃板刀面还是吃馄饨"的那路勾当。但是不得不称赞他的眼光是相当厉害的，因为他识别出了朱元璋这支潜力股啊。

不过对于此时的朱元璋来说俞通海可是上天赐予他的宝物，那他杀点人、抢点钱不也是完全可以原谅的吗？只要能派上用场就行。

于是他召集了上千条战船先攻采石，再破太平，终于到达了最后的目的地——集庆。

集庆就在眼前！

但是在开始的战斗中因为将士不熟悉水性，使得战争一时陷入困境。

第二年（公元1356年）朱元璋亲自带兵分三路进攻集庆，用了十天时间攻破了集庆，并改集庆为应天。

穷人朱元璋终于摆脱了凤阳，摆脱了濠州，摆脱了滁州，来到了富裕的南京，但真正的事业才刚开始，继续努力！

这时候的应天，还在各种势力的包围之中。朱元璋夺取了应天，很多人也想夺取应天，元朝政权不用说也想夺回应天。应天的地位并不稳啊。

先来分析一下朱元璋此时的处境，他东边是镇江的元朝军队，东南方平江（苏州）是张士诚，东北面是张明鉴的起义军，南面是元将八思尔不花，西面是徐寿辉。当然现在朱元璋同学好像是个肯德基的汉堡被夹在中间，只等别人来咬似的，而且这些个称得上邻居的人们貌似个个比朱同学厉害，于是人家也懒得用眼皮夹他一下，全都没时间搭理他。

好在让人有点安慰的是，朱元璋的北面是刘福通，我们在前面已经讲过了这就是那个拥立韩林儿的人，算得上跟朱同学是兄弟班的同学，毕竟听从同一个老师的指挥，不管是真听还是假听的。他能够帮助朱元璋挡住元朝军队的进攻。元朝的统治者自从那个军师总是掐指算出朱元璋就是真命天子似的人物，所以对于朱同学是倍加关注，但是无奈鞭长莫及，自己打不着。

而这时候对于朱元璋来说，元朝虽然与自己有着不共戴天的仇恨，但现在在自己力量是如此微不足道的时候还是先壮大自己是重中之重，如果做癞蛤蟆想吃天鹅肉的梦只会把自己送上西天。况且还有两个更重要的人物，即使在历史上也是赫赫有名的人物就要粉墨登场了。这就是朱元璋的另外两个邻居。对朱元璋而言，这两个邻居才是真正可怕的对手。

那他们是谁呢？他们就是张士诚和陈友谅。

他们也正是我们下一章要浓墨重彩地介绍的朱元璋的敌人们。

朱元璋的1号敌人——陈友谅

第三章

　　但是，朱元璋想要把自己的事业做大做强还有很多的困难，他的几个敌人就足够朱元璋烦恼。在这里面他的首要敌人就是陈友谅。陈友谅经过几年的发展，已经自立称王，实力变得很强。并且趁朱元璋不备攻打了洪都，意图威胁朱元璋的老巢。朱元璋在刘基的协助下，和陈友谅在鄱阳湖展开激战，一举歼灭了陈友谅，将最大的敌人消灭殆尽。

男人背后的女人

当然在介绍陈友谅之前,我们首先要了解一下陈友谅的军师,也就是他的夫人——张凤道。

人常说,每一个成功男人的背后,都有一个默默无闻的女人。张凤道就是这样一个女人。

沔阳人(陈友谅是沔阳人)有一种说法,陈友谅吃的是老婆的饭。为公正起见,大家还把另外一个小家庭也拿出来一块儿看。朱家两口子,朱元璋是真龙,马娘娘是假凤;陈家则相反,陈友谅是假龙,张凤道是真凤。

堂堂大汉皇帝,有这么窝囊吗?别笑!这话流传很广,流毒很深,大伙儿还都信了。传说陈友谅很听老婆的话,只要是听了,每战必赢,一次不听,就丢了性命。鄱阳湖决战时,陈友谅自以为有了必胜的把握,根本不把朱元璋放在眼里,就跟张凤道开玩笑:"老依你的,这次依我一回看看。"结果呢?一败涂地,后悔药都来不及吃。

我顺便查了一下,发现这个张凤道可是不得了,三岁就能背唐诗,能文能武不偏科。吟诗作对是一把好手,针线活也不马虎,一身好武艺,外加熟读兵书,精通阵法,是个不可多得的军地两用人才。最重要的是，她家有的是钱，光这一点，陈友谅就高攀了。

张凤道是沔城张员外的女儿。员外不是职务，也不是职称，是地位。没钱的时候叫老张头，张老头，变成大款就叫张员外了。员外的女儿不愁嫁，所以张凤道不慌不忙，按自己的意思找老公。

张凤道的办法很老套，就是比武招亲。不分贫富贵贱，不论地位高低，量才取人。文才武才各占一半，综合评分。一看条件这么宽松，打光棍的都踊跃报名，台还没搭好呢，张府就被围了个水泄不通。陈友谅自我感觉不错，也想碰碰运气。有钱人家没有不嫌贫爱富的，忽然出现了一个公平竞争的环境，有点吃不准，就化装成乞丐混迹其中。其实化不化装都一样，陈友谅吃不饱穿不暖，人瘦成皮包骨了，破衣服一穿，浑身没有一处不落乞丐的形迹。

先比文。张凤道看着台下黑压压的年轻人，感觉很茫然，就出了一副上联："黑白相间，此去不分南北。"陈友谅是黄蓬山私塾的高材生，这样的对子难不倒他，脱口而出："青黄不接，特来讨点东西。"

对得好工整啊！但是听话音就知道是乞丐。喊上台一看，还真是乞丐。张大小姐当然不乐意真的嫁乞丐了，不甘心，手握花枪摆了个造型，又出一联："一杆银枪能挡雄兵百万。"陈友谅使了一招打狗棒法，不加思索地应道："半截竹竿可驱恶狗三千。"

真是三句话不离本行。不过张凤道还是看出来了，这小子是故意贫嘴，就算真是个乞丐，也是个有学问的乞丐，可堪造就。于是又来了一副："蛰凤惊飞，万里风云从此始。"陈友谅这次没客气，回了一句下联："潜龙奋起，九天雷雨及时来！"气势磅礴，隐隐有帝王之相。评委亮分，满分！

然后是比武。陈友谅又是独占鳌头，别人只举得起石磙，他一只手就把张府门前的石狮子给举起来了，还绕场一周，脸不红心不跳。天生神力，其他人不战自溃。

陈友谅以绝对优势当上了张家的倒插门女婿，老岳父走动走动，就把他安排在衙门混日子。说起来是县里的书记，却是最小的官，货真价实的公仆，那时候虽然是个九品芝麻官的职务，但放在现在公务员考试可是能挤破了头，再加上陈友谅的老丈人的权势，那可是从此吃香的喝

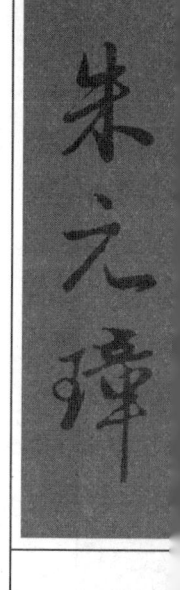

辣的，前途无量啊。但可惜小陈同志没赶上好时候，在当时可是受了大委屈了。他平时除了抄写公文，还得做县太爷的私人秘书，兼营家信和情书，为他人作嫁衣裳。更难堪的是，小少爷拉屎的时候，他得在旁边站着，完了就替人揩屁股。薪水不多，受的气却不少，回到家还不能摆谱，一个吃软饭的大老爷们，哪儿来的发言权？所以成天牢骚满腹，机会一来就造反了。

哪朝哪代都一样，没钱就没人跟你混。陈友谅造反也是靠张家的钱起家，张凤道理所当然就成了财务总监。跟一般的随军家属不同，什么都管，还过问军事。陈友谅耳根子软，老婆说摆长蛇阵，他绝不摆龙门阵；老婆说鸣金收兵，他绝不乘胜追击。也巧了，还从来没有出过差错。老婆是神奇教练，丈夫就懒得拿主意了，以后打仗，都是张凤道搞策划，陈友谅当总指挥。当然这是后话，还得转过头来说陈友谅。

前面已经说了，陈友谅是湖北沔阳人，地理位置很是优越，所以陈家祖辈都是打渔的，风里来浪里去，可是与水结下了不解之缘。在后来与朱元璋打仗的时候也是因为在他熟悉的环境里打水仗才让他取得了一些胜利啊。

陈友谅不甘心一辈子做个小小的九品芝麻官，于是参加了起义。关于起义是老陈一直以来的夙愿，青年时代有算卦人说他家祖坟风水好，当出贵人，这使得陈友谅窃喜之余，一直怀有造反之志。刘福通起事后，1351年10月，彭和尚与麻城人邹普胜拥徐寿辉起事，攻陷蕲水和黄州路，彭与邹二人马上以蕲水为都城拥老徐称帝，国号"天完"，建元"治平"。这个国号很有意思，天完者，大元上各加一横一宝盖，"压"大元为主也。文字游戏，但是韵味十足，"天完"，天要它完，能不完吗？

再说陈友谅正当小县吏公务员郁闷至极，听此消息即刻投笔从戎，加入了造反队伍。他首先在倪文俊手下当小文书，不久自将兵出外发展，很快成为天完政权的一方将领。

话说这个倪文俊与徐寿辉相处了一阵，"君臣"不和，倪文俊自认为自己才华在那个除了长得帅点能吸引小姑娘目光多点的徐寿辉之上，在其手下干活属于屈才，遂生杀"皇帝"老徐之心，结果纸又一次没

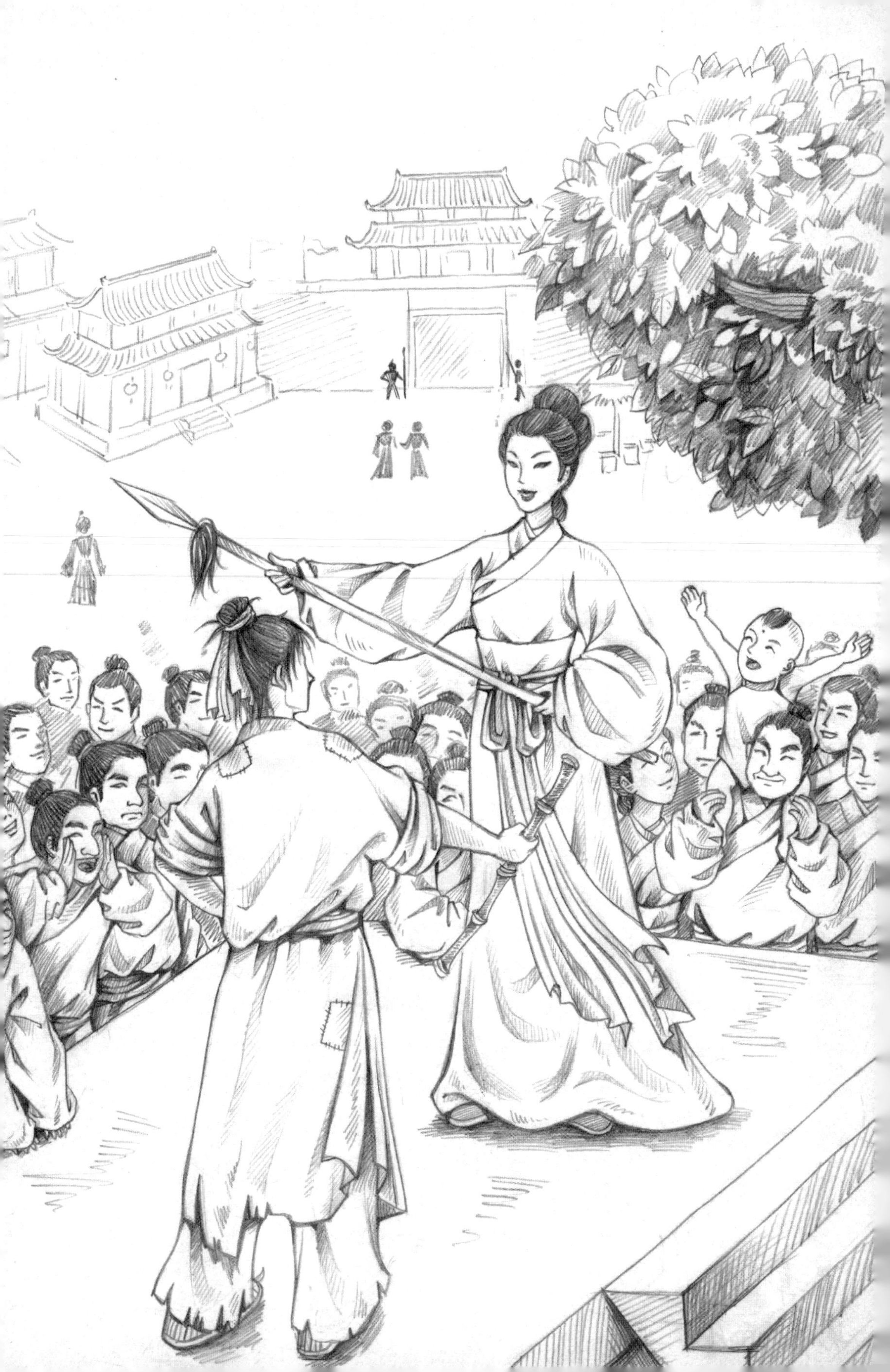

包住火,事情被捅了出去,倪文俊只得跑往黄州自己老部下陈友谅处。倪文俊可谓和陈友谅臭味相投,二人常穿一条裤子。此时陈友谅正愁自己手下人马不多,见老倪自己送上门,自是欢天喜地迎接。

倪文俊见到亲人就将事情的来龙去脉对陈友谅一五一十的坦白了,陈友谅表面上在认真地聆听,其实心底在打自己的小算盘。陈友谅在县里做公务员的时候,是受够了气,那时候他心里只有一个念头就是要出人头地,更何况长期在老丈人家白吃白喝肯定不会像是在自己家一样轻松自在,赶在现在还得要买房买车,那压力可是大着呢!于是陈友谅时时刻刻都在谋划着怎么能在这群人里脱颖而出。正愁无计可施之时,倪文俊跑来了,将其杀了,头颅送往汉王处,岂不是又是大功一件,这不是天助我也吗?想到此陈友谅想仰天大笑,抬头看见倪文俊正一把鼻涕一把眼泪的讲得动情,于是把即将喷薄而出的笑咽了回去,由此就可以看出这个陈友谅城府很深。没过几天,陈友谅就在酒宴上杀掉老上司,并其兵马,自称宣慰使,不久自称平章政事,也就是现在的副宰相,可见这个陈友谅是野心不小。

在金庸的书里我们知道这个陈友谅是一心狠手辣之徒,从他杀倪文俊就可看出端倪,倪文俊算是他的师傅,一日为师,终身为父,对师傅怎么可以大开杀戒?可见其内心深处情感是少得可怜了。

当了副宰相之后,陈友谅实际上已经掌握了天完的实权。因而在几年的时间里陈友谅的实力是大大增加,无论是军队数量还是作战能力,更何况老陈同志志向算得上是远大,心机一重,想要有大的作为自然不会是难事。那么,陈友谅接下来要做的就是继续作战,这时候他的敌人是两个,一个是元朝,另外一个就是悄然壮大起来的朱元璋。元朝可以边准备边打,因为元朝军队是全天下人的公敌,想要消灭元朝的人是大有人在,等到别人耗到精疲力尽,再一举攻之,到时候坐享渔翁之利,岂不美哉?现在当务之急是这个看似不显眼的朱元璋,一定要将他扼杀在萌芽状态才能安然地进行以后的事。这里边还有一个有趣的传说。

话说当年陈友谅因起义受挫,走投无路准备投湖自尽,可是他心有不甘,对天喊道:"有我陈友谅便天亮,无我陈友谅便无明!"霎时间,只见那风云突变,风生水起,平静的湖面顿时变得波涛汹涌。这一幕恰好被刚好经过的世外高人——担子和尚看见了，他知道陈友谅应是天命所归的真龙天子，于是将他救起并带回寺院。

说来也巧，似乎一切都是注定的，因为他忽视了一点，那就是在他的寺庙里还锁着一条龙。就这样陈友谅这条天命所归的真龙与寺院里锁着的另一条龙——朱元璋相见了。这是他们人生里第一次见面，这次见面不像其他任何一次，以后再也没有这样的和平的见面机会，再见面就是要争个你死我活了。

虽然担子和尚已经一再告诫陈友谅，让他千万别放了朱元璋，但是人算不如天算。终于有一天担子和尚有事必须要下山，他在出门前语重心长地说道："陈友谅，你可千万别把那条龙给放了，朱元璋可是条烈龙，你若放了他，天下必将大变！"此时的陈友谅自然是满口答应，等到担子和尚一走，他便径直向关朱元璋的院子走去。

边走边想，哼，既然我乃天命所归的真龙天子，区区的一个朱元璋我又怎会放在眼里！

但当他踏进那院子，眼前的一切让他惊呆了，偌大的柱子上面真的有一条身红如火的烈龙被千斤锁链缠住，还有一排弓箭手，他们都拉着弓对准了这条龙防止它跑。

看到这样的架势陈友谅固然很惊讶，但毕竟是见过大场面的人，很快他冷静了下来。

"你——就是朱元璋？"

"对，我就是那个能与你争天下的真龙！"

"呵！好大的口气。"

"怎么你怕了？你怕我夺了你的天下？"

"我才是真名所归的真龙天子，怎会怕你这区区一条烈龙？"

"那你敢不敢把我放了？"

陈友谅犹豫了，担子和尚的话在他的耳边响起，于是对朱元璋说道："我才不会上你的当呢！我是不会放了你的。"

"哼！就你这种捞鱼的杂种还敢称什么英雄好汉？！"朱元璋故意激怒他，

陈友谅最怕别人提自己的家世，因为从小打渔身上的鱼腥味让他累

积了20多年的卑微感，现在朱元璋往枪口上撞，陈友谅怎么肯依？陈友谅彻底的怒了："你说什么？"

"有本事就跟我一对一的决斗！"朱元璋接着叫板。

愤怒已经让陈友谅完全丧失了理智，什么担子和尚的忠告早就被他抛到九霄云外。其实他要就这么杀了朱元璋也就算了，反正他又不是没杀过，多一个不多，少一个不少的事。可他偏偏拔刀砍断了锁链把朱元璋放了出来。

此时的朱元璋终于获得了自由，他还没等陈友谅反应过来，瞬间便消失的无影无踪。

就这样心狠手辣的陈友谅就放了朱元璋，就这样中原大地上就多了一个与他争天下的人。

这是十几年前的往事了，但是每每想起来陈友谅都是后悔莫及，当初为什么不……唉！于是这些年的时间里，陈友谅都是暗中悄悄地招兵买马，就是期望着有一天能将这个自己当初不小心留下的祸根彻底地清除干净。

总之陈友谅和朱元璋的较量正式拉开了序幕。

陈友谅自立称王

陈友谅与朱元璋长大后首次"接触",是元顺帝至正十七年底即1357年的事情。常遇春、廖永安等人率军自铜陵进攻池州,杀天完将洪元帅。陈友谅兼并倪文俊部队后,一路进击,接连攻下江西隆兴、瑞州,并派遣部下猛将赵普胜率军猛攻池州。这个赵普胜可不是等闲之辈,他原是一名白手起家的水贼,靠着一双手打天下。并且武功了得,骁勇善战,人送绰号"双刀赵",曾经归附过朱元璋,后来看到徐寿辉人多前途无量,于是跳槽归顺了徐寿辉。在徐寿辉处,可是战功卓著,在攻克了池州后,他又进袭太平。打得朱元璋有点找不到北了,老朱怒火中烧,心里话:你个臭小子,当年跳槽的账还没跟你算,居然现在又开始挑衅了?急忙派遣手下大将徐达等人趁赵普胜连日征战歇息的间隙,突袭赵普胜的栅江大营,并夺回了池州。

虽然夺回了池州,朱元璋心里还是有些惴惴不安,尽管赵普胜在自己手下时日不多,但以老朱看人的眼光深知这个赵普胜不是一般人可以对付得了的。要想拿下赵普胜只能依靠《孙子兵法》的深谋远虑了,只能智取。

朱元璋派徐达等人秘密潜入安庆城中,以黄金百两收买了赵普胜的

门客赵盟。中国人的贿赂之风由来已久，在任何时候钱几乎都是可以说得上话的东西，这次也不例外啊！朱元璋做了皇帝后虽然花大力气整顿朝中正气，到头来还是于事无补，看来根基太厚重，不易撼动啊！赵盟收人钱财，替人消灾，前往隆兴城中散布谣言，说赵普胜抵挡了朱元璋的重兵进攻，在陈友谅这里却得不到重用，现在后悔当年没有在朱元璋手下继续谋生，现在既然投靠朱元璋已经不可能，不如白手起家，自立为王。

　　有道是好事不出门，坏事传千里，这小谣言一阵风就吹到了陈友谅待的地方去。城中百姓见面没有别的可说的，把原来的见面语"吃了吗？"直接改成了"听说了赵普胜的事吗？"张必先、张定边等听说之后，心中也是将信将疑。张必先言道："细想起来，赵普胜于前年投靠我们之时，当时我就疑惑——巢湖义军头领几乎全部投靠了朱元璋，为什么赵普胜一人前来投靠我们呢？这不是很奇怪吗？"张定边听了，摇摇头："有道是苍蝇不叮没缝的蛋，我就担心这是朱元璋施行的离间之计，目的是让主公自己除去咱天完东大门的门栓！"二人思来想去找不着头绪，决定还是赶紧禀报陈友谅。

　　且说这二人见了陈友谅将事情的经过——道来，陈友谅本来就对赵普胜每次见了他派去的人都是一顿胡夸自己的功劳，很有"舍我其谁"的架式厌烦得很，怀疑得很。现在的谣言更是锦上添花了。作为一个小部下一定要摸透主子的秉性，可不能头不抬眼不睁的，这样说不定就把小命搭进去了。陈友谅现在已经基本认定了赵普胜有谋反之心，再加上他本来就是一个心狠手辣之人，杀人对他来说比打死一只蚊子还要简单。还不忘大骂赵普胜："好个赵普胜狗才，从朱元璋手中夺得座小小的县城，就像立下了盖世的功劳一样，到处张扬。好像天下尽在他掌握一样，典型升级版的自恋，一定要给他点颜色看看！"

　　陈友谅越骂越来气，一发不可收拾："我和赵普胜初次接触，就看出他喜欢标新立异、独树一帜；滕王阁会议上又公然跳了出来，说一些不尴不尬的言语。好像没人比得过他双刀赵！"

　　陈友谅心生一计，他以会师为名，从江州领大军突然造访安庆。赵普胜当时没有听到任何消息，自然是没有什么心理准备，于是着急忙活地派人驾船，亲自带了烧羊美酒去迎接老陈。两舟交会，陈友谅一脸笑容现于船头，赵普胜连忙跨身上前见礼。老赵刚一低头，金光一闪，脑袋就掉在了自己双脚之间，刹那间，他还挺诧异：难道这一揖做过头了不成？

一代骁勇善战的双刀赵就这么惨死在陈友谅的刀下。当然，朱元璋的妙计得逞，赵普胜的死对他来说算是除去了前进途中的一根大稻草。

杀了如此勇将，对于当时的陈友谅来说算是一大败招。但是当时的他正在气头上，肯定是觉得杀了赵普胜是千真万确的事情，可是解了心头之恨了。他随即兼并了赵部，便挑选了精兵奔袭池州，结果被朱元璋手下徐达杀得大败而去。

那个帅哥皇帝徐寿辉听说臣子陈友谅在外边干得不错，又攻占了隆兴（南昌），觉得这地名不错，表示自己要"迁都"隆兴。这事摊谁身上都得一百个不愿意，哪有这样的好事？我在外边风餐露宿的拿命开玩笑，你觉得名字好听就要迁都隆兴，那我苦心经营的一切不就完蛋了吗？再说陈友谅本身就没想一直效忠于这个徒有相貌的皇帝，当然更是变本加厉地不愿意啦。身边多一个皇帝，那什么事还不等于大白于天下了？可这个皇帝还真是执着，眼见死催没有效果，带着几万人就从汉阳出发，直奔江州而来。江州就是陈友谅的大本营，陈友谅见皇帝莅临，心想一定要好好伺候，可不能怠慢了！调兵遣将，在城外埋伏好了若干伏兵，待徐寿辉及其"禁卫军"迎入城中，即刻关闭大门，把数千人杀个精光，软禁了徐寿辉。这一幕我们算是比较熟悉的了，很多不太有能力的皇帝基本都是这个下场：汉献帝如是，清朝的若干任皇帝也如是。随后陈友谅自称汉王，置王府官爵。

丢失了池州的陈友谅自是不会善罢甘休，于是在1360年夏，他挟持徐寿辉，率水军直犯太平。朱元璋手下猛将花云守太平，人数虽说只有三千，但是个个是不怕死的好汉，顽强抵抗，与陈友谅的军队展开了拉锯战。三天后，陈友谅乘涨水之际，专门打造的巨型舰船停泊在太平城西南角，大船船尾和城墙一般高，士卒蜂拥而上，打了花云个措手不及，朱元璋救援的军队也没有料到陈友谅会以这样的速度杀将过来，太平城不幸被攻陷。猛将花云被活捉，仍然不肯屈服地痛骂："贼奴！你

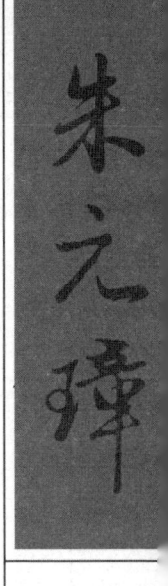

— 75 —

们现在抓住我，我大帅一定会以其人之道还治其人之身，将你们碎尸万段！"说罢，怒火带来了勇气，奋力跃起挣开了绳索，夺刀又杀了五六个人。

陈友谅见如此不知死活的人，心里的怒火早就着上了房，派人把花云绑在大船桅杆上，下令兵士万箭齐射，把花云射成了个刺猬。一员猛将就这样惨死了。

攻下太平城，陈友谅更觉得"徐皇帝"没有用处了，便派壮士用铁锤击碎这位帅哥皇帝的头，胡乱抛尸完事。可怜一代帅哥皇帝比昙花消失得还要快，到最后也没留个全尸。"天完"政权，这下是真的彻底完了。除掉了皇帝，陈友谅登基就是名正言顺的了，于是选了个良辰吉日，在采石矶一带的五通庙举行了登基仪式，自称皇帝，国号"汉"，改元大义。以张必先为"丞相"，以张定边为"太尉"。由此，陈友谅终于媳妇熬成婆地由一名受尽别人欺辱的小公务员变成了万人敬仰的皇帝，尽管没有统一天下。

不小心钻入圈套

随后，陈友谅率军还江州。陈友谅一路春风得意，到了老窝后，马上遣使送信给张士诚，约定共灭朱元璋。张士诚全然一副小国寡民的思想，只想自固，没有应允。这就是比较真实的张士诚，在下面我们会详细地认识张士诚，当然，这是后话。

虽然邀请没有得到张士诚的首肯，在江州修整了数日，陈友谅还是引大军东下，直扑应天。应天正是朱元璋的大本营所在地，大敌当前，对于士气刚刚被陈友谅大挫的朱军来说，此时如何更好地迎战敌人，军中意见是五花八门。

大家都知道论军队数量自己跟陈友谅的比例基本是1∶5；论士气，陈友谅是人逢喜事精神爽，正好想大展拳脚，手下的兵士也一定会被感染，而自己前不久才被人家狠剋了一顿，把个花云射成了蜂窝煤，谁想做第二个蜂窝煤啊；论气势，陈友谅带着大家伙来的，好家伙，这船比上次来袭的船还要大；论水性，自己人基本都是旱鸭子，哪比得上这些土生土长的小渔民啊？

无论从哪个角度讲，对于朱元璋来说，失败都基本已经是既成事实了。前面已经介绍过了，朱元璋可不是一般的人，是传说中的有天子之

气的人物，上天怎么可能这么快就让他这样兵败如山倒，从此隐姓埋名，回家种田，世人再也不知道了？除非他有易容术，否则这样的要求也是不能实现的，因为，陈友谅不会放过他的。看来一场硬仗就在眼前了，老朱一掌拍在案子上，大喊一声："拼了！"

朱元璋正是因为有这样的勇气才能带领将士取得了那么多的胜利，而上天帮助朱元璋也是不遗余力的啊！

在朱元璋为该如何迎战陈友谅而苦恼的时候，上天给他带来了一件上好的礼物，那就是几个谋士。谈到这些为朱元璋出谋划策也好、征战沙场也好的将士们，对这个主子那是相当地尽心尽力，拥有了这些人，朱元璋才可能在这些征战中，屡屡化险为夷，最后建立了大明朝，这些人功不可没，尽管到最后很多人是死得相当冤的。

这几个谋士就是叶琛、章溢、刘基。这里面刘基就是开国名相刘伯温，这个名字可是家喻户晓，算得上是妇孺皆知。尽管当时费了老大的劲才把他请来，但是最后功德圆满还是请来了，并且在以后的日子里给朱元璋出了很多可行的谋略，很多次都解了朱元璋的燃眉之急。那些日子朱元璋被自己的那些所谓的谋士五花八门的计策弄得一个头有两个大，大部分人主张逃跑，另外一部分主张退守紫金山，但这两部分人在一个问题上是一致的，那就是放弃应天。对于这些建议朱元璋很是伤心，自己辛辛苦苦打下的基业难道就这样放弃？既然能这么轻易地放弃，那当初为什么要坚持打下来呢？这不是白白浪费大家的时间，白白搭上那么多条人命吗？朱元璋的脸是越来越沉，但是这群谋士依然在如同女人一样争论个不休。后来刘基站出来将自己主战的想法说了出来，朱元璋一听大喜，终于还是有人愿意为了应天而战，尽管只是一个文弱的书生，刘基如此这般如此那般地分析了一下当时的局势，把个朱元璋听得觉得自己真是捡了一个大宝贝，乐开了花。朱元璋高兴得一拍大腿："就这样定了，战他娘的！"

那些谋士看大帅战意已决，于是又生出了一大堆意见，有人提议朱元璋先收复太平以牵制敌方，有人建议朱元璋自己亲自指挥出应天御敌，但是都被朱元璋拒绝了。这位爷虽然没读过什么兵书，但是属于那种天生有感觉的军事家，他说："太平城濠堑深固，如果当时陈友谅没有巨型舰船，不能水上进攻，太平根本不会陷落。如果我们现在去围城，那是根本不可能短时间就拿下的。而且，陈友谅那边的水军比我们的水军要多出十倍来，屯兵在他们的城墙之下，进不能取，退不及援，肯定要吃大亏。如果我自己出城御敌，敌军以偏师牵制我，牵着我们的主力四处兜圈，陈友谅会以舟师顺流而下直奔建康，半日就可能抵达城下。到时，即使我们的步兵骑兵能够及时回援，也是百里趋战，精疲力竭，这可是兵法之大忌啊。"

朱元璋的这段话可谓是面面俱到，非常精彩，整个形势分析得是相当透彻，老天让他成就大业也是很有道理的。

朱元璋考虑到自己的水军不如陈友谅，就决定把陈友谅诱上岸来，引他进入预定地点，设伏打他。他分析了陈友谅水军的进攻方向，认为陈友谅的水军一定会经过长江，进入秦淮河并直抵应天城墙之下，在这条水路上，战船唯一的阻碍是长江到应天西城墙的三叉江上的一座木制桥，这座桥的名字叫江东桥。

如果陈友谅走这条路，朱元璋的军队将直接面对汉军的可怕舰队，所以不能让陈友谅走这条路。

朱元璋为陈友谅的汉军选定的墓地是龙江。龙江有一大片的开阔地，汉军到此地只能上岸，而自己的军队能利用当地的石灰山作屏蔽，随时可以从后面突袭汉军。这里是最好的伏击地点。

朱元璋料定陈友谅不会放弃自己的水军优势来和自己在陆地上拼杀，那如何解决这个矛盾就是问题的关键了。

但是显然朱元璋的笑容出卖了他的成竹在胸，朱元璋先派出手下大将胡大海直捣广信（今江西上饶）用来牵制陈友谅的大后方，然后招指挥康茂才议事。

说到这个康茂才，他和陈友谅还是有一段渊源的。

在陈友谅还在做小公务员的时候曾经有过一段不怎么光彩的经历——他曾经坐过几天局子。事情的起因是这样的，当时的陈友谅是年轻气盛，力气很大，脾气又臭又硬，赶得上茅坑的石头。很是不服上司的管教，这样被上司骂就是顺理成章的事了，很少有上司会不喜欢顺毛驴。老陈就将这样的辱骂记在了心里，伺机报复。终

于有一回，他喝多了酒，正好上司又来训斥他，他就趁着酒劲扇了上司一个耳光，把上司的嘴打得好几天合不上，又在上司后背踹了一脚，把上司踹得半个月直不起腰，整天弓着腰像个大虾米，当时陈友谅看着自己的上司被自己整成这样，心里那个乐啊。

但是高兴归高兴，等陈友谅酒醒了，一寻思就知道大事不好了。把上司打得嘴歪眼斜驼背腰弓的那还了得？陈友谅还没彻底清醒过来就被丢进了大牢，这牢可不是一般的牢，是死牢。陈友谅这下可是慌了神了，于是让家人四处打点，但是无奈上司权势太大，早就将上面的人基本打点痛快了，想要救陈友谅，可能性是非常小的。

恰在这时候，康茂才回乡探亲，听说了陈友谅的事，二人从小就认识，经常在一起干些偷鸡摸狗的事，现在陈友谅落难了，康茂才自然要拉他一把啊。此时的康茂才已经在军队里混成了元军的水军元帅，在一个小县城里要救一个人还不是易如反掌的事？于是陈友谅又得以重见天日了，外面的太阳真好！

因为有了这样的救命之恩，陈友谅跟康茂才的私交就进一步加深了，在康茂才回家的那段日子里是天天和陈友谅泡在一起。康茂才曾经劝说陈友谅去集庆给元军当差，陈友谅婉言谢绝了，那时候的陈友谅很是不屑元朝军队，当然更大的成分是憎恨，在康茂才离家之后不久，陈友谅就投靠了帅哥皇帝徐寿辉，康陈二人自那也断了联系。

现在面对陈友谅的大军进攻，看着朱元璋的眉头紧锁，康茂才就将自己与陈友谅的这段过往悄悄地讲给了朱元璋听。

朱元璋听了康茂才的禀告，大呼真是天助我也！他连夜召集徐达、刘基，写了一封诈降信，用康茂才的口吻说自己当初投降朱元璋也是迫不得已而为之，眼下听说故友当了皇帝，并且大军就在城外，愿意借此机会叛朱献城，并且约定好了时间地点，定为三天后傍晚在江东桥那等候。为了让陈友谅更加相信，康茂才特意找了自己家中的一个从前一直在陈友谅家中做事的门子，说让这个门子送信，陈友谅必无疑心。

康茂才的门子化装进入陈友谅军，老陈得书大喜，问："康公今何在？"

门子回答说："正在提军守护江东桥。"

陈友谅又问："桥是什么质地的？"

门子答道："是个木桥。"

陈友谅喜形于色，"你回去告诉康公，我很快就去那里，到达后会高喊'老康'，让他听见呼叫就出来。"

待门子走后，陈友谅完全沉浸在打败朱元璋一统天下的美好憧憬中。心想，我陈友谅是上天认定的真命天子，你朱元璋拿什么跟我斗？

门子回来后，康茂才马上报知朱元璋。老朱大喜："陈友谅入套了！"忙命李善长派人把江东桥木板拆掉，改成铁索桥，一夜之间，桥被搭成。同时，听说陈友谅一路打探过新河口方面的道路，老朱派大将赵德胜在新河两岸筑虎口新城。

于是，朱元璋动员所有人马，命常遇春、冯胜等人率精兵三万埋伏于石灰山侧，徐达等陈兵于应天南门外，杨将军驻兵大胜港，张德胜等人率水军出龙江关外，老朱本人亲统大军在卢龙山待敌。

他命令持旗信号兵分持红黄旗埋伏于卢龙山左右，"陈友谅到了，就举红旗；如果黄旗举起来了，意思就是所有的伏兵起来进攻。"

三天的时间很快过去，陈友谅按照约定的时间地点来到江东桥上，按照事先约定的暗号，把手放在嘴边弄成喇叭状，连喊了三声"老康"，这会儿当然没有人回应他，此时的老康正忙着在小河口沉船呢。陈友谅感觉事情有些不对，又连喊了十几声"老康"，甭说是十几声，就是把嗓子喊破了，也不会有人搭理他的。此时的陈友谅已经明白康茂才给他的那封信是个阴谋，但是回头看见自己的大军，觉得没有什么可怕的，就命令自己的军士全部弃船登岸，迂回了半天，费了牛鼻子的劲，因为船体太大都没成功，陈友谅只能下令舰队再次掉头，直趋龙江。但是朱军戒备森严。他们绕了半天道，都是呆在船上，但是体力并未消耗。靠岸后，一万多精兵飞身下船，在滩头立栅，准备结阵进攻。陈友谅有些提起来的心也落回了肚子里。

天渐渐黑了，不一会儿天边乌云滚滚，雷声大作，倾盆大雨兜头而下，陈友谅的大军急忙找地方避雨，此时的朱元璋看着陈军一片忙乱，身在卢龙山的朱元璋看得异常仔细，于是下令击鼓举旗。红旗扬起，朱军争相趋前拔栅，与陈友谅的汉军厮杀在一起，争斗得你死我活。正在

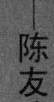

相持间，又一轮鼓声响起，山前黄旗被举起，常遇春伏兵忽然出现，徐达同时率部杀将过来，张德胜的水师也一并云集。徐达、常遇春还有另外几名大将各带几万大军将陈军团团包围了起来。陈友谅的军士猛然发现自己已经走进了一个硕大的瓮里。

内外合击之下，陈友谅登岸的兵士根本招架不住，争相往岸边的船上跑。可怜陈军虽然数量如此之多，但是天黑再加上有雨，被朱元璋的大军打了个措手不及，陈友谅甚至不知道自己遭遇了多少朱军的埋伏，只一会儿功夫，几十万大军就被打得找不到北了，乱作一团，来不及逃跑就纷纷缴械投降了。

看着自己兵败如山倒的局面，陈友谅内心的难以置信达到了顶峰，这是为什么呢？

天亮了以后，朱元璋坐在大堂上，坐数自己的战果，光是混江龙一类的巨型舰船就收获了不少。再加上当时正值退潮，无数巨舰搁浅，汉兵被杀掉、溺毙无数，仅被俘虏的就有近万人，又有巨舰百余艘、战船数百皆为朱元璋所得，收获是相当可观的。

而陈友谅只好在自己亲信的掩护下，坐小船狼狈地溜回了江州自己的老巢。

经此一战陈友谅可谓是元气大伤，自己耗费心力建造的巨型舰船，还有自己的军士，想起这些来陈友谅的牙就恨得痒痒的，但是在短时间内他没有力量再集结起数量可观的大规模军队来，只好养精蓄锐，留待日后了。

但是陈友谅就是陈友谅，不是普通人，他一定会卷土重来，将康茂才千刀万剐了，向世人昭告，他才是真正的真命天子，只有他才能主宰天下。

陈朱之间的战争远没有结束。

小明王得大救星

前面已经说了陈友谅在龙江惨败在朱元璋手下，但是他没有放弃希望，仍然是准备厚积薄发，一举歼灭朱元璋。

为了此次迎战朱元璋，陈友谅是加紧备战，修造战船，这次陈友谅吸取上次的教训，造了一种更大型的巨型舰船，这种大型楼船高达数丈，表面刷着红色的漆，很是有中国特色（中国红的颜色），每艘船有三层，还是楼房式的，再通上电话那就更便捷了，实现了楼上楼下电灯电话了。设置走马棚，上下楼层人说话听不见，看来还真得用电话沟通了，这样做的目的非常的明显，就是无论哪一层的将士因为敌威不想征战的时候，都不会影响其他层士兵的战斗气势。可谓是用心良苦啊，不知道陈友谅的脑细胞死了多少，想出这样的招儿来。并且，舻箱都用铁包裹着，这就在无形中增加了船的坚固度。

另外，当时的陈友谅处在长江上游，可顺流而下，向东进攻朱元璋的核心地区。并且可以想象一下，处在下游的朱元璋心里是多么的不开心，人家在上游，想想就觉得恶心，因为你不知道在上游的人会不会使坏在水里放点什么东西，或者自产一些东西放在里面，总之这个既成事实像是达摩克利斯之剑，一直盘踞在老朱头顶，老朱心里这个窝火啊！

并且更加可气的是，自从有了这样的新式武器，陈友谅就一直在老朱身上试验，老朱觉得自己俨然变成了试刀的病人了，于是心里更加不爽，发誓就算拼尽性命也要干掉这个欺人太甚的陈友谅。

但凡成就好事都是要经历一些磨难的，你没见言情小说里的男女主角最后能在一起都是要经历差不多九九八十一难，现在老朱虽然不是在谈情说爱，但是情况也是不怎么容乐观的。一直在介绍朱元璋的一个大敌，不能忘了他另外一个敌人，那就是张士诚。1363年2月，张士诚的部将吕珍突然进攻安丰（今安徽寿县），此前小明王受到元军的压迫已经又回到了安丰，现在的小明王处境危险。情急之中，小明王向朱元璋求救，朱元璋得到消息后，觉得从道义、名分上自己都有义务援救。为什么这么说呢？他觉得小明王毕竟是主公，作为部将见死不救，还算什么豪杰？将来谁还相信自己？自己的现在都是依靠这样的信仰走过来的，这些生死兄弟就是因为这些才紧紧联系在一起，我老朱是顶天立地的男子汉，这份情意我一定要讲。更何况救了小明王，将来自己的威信更是会大大增加，到那时候还愁天下的仁人志士不归顺我朱元璋？另外现在的形势根本不容乐观，如果小明王被杀，那么一定会影响这些起义军的作战士气，刘福通和小明王都在安丰，其中一个死了，另外一个也不会侥幸逃脱敌人的黑手，自己起义半天，累得天天吃不好睡不香的就是这样的下场，那是不是有点惨呢？这样的负面新闻最好还是不要有为好。

但是出乎意料的是，这件事遭到刘基的强烈反对，刘基觉得现在的小明王其实早已是实际上的傀儡政权，因为从一开始他就只是一颗棋子，既无政治上的影响力，更谈不上军事上的号召力。红巾军起义之后，大家从开始时的同林鸟早已是各自飞了，找到了自己的归宿，韩林儿早已经没了宗教上的凝聚力。何况这个"张无忌"既没有绝顶武功，身边更无高手环绕。这个韩林儿是个胸无大志的人，性格应该是比较软弱的那种，属于软柿子型的，可以被别人随便地捏来捏去，估计他也不会生气，因为他没本钱生气，那不如自得其乐的好（"林儿本起盗贼，无大志，又听命福通，徒拥虚名"）。

另外，朱元璋此去肯定不会是单枪匹马地上阵，一个人去，说好听了是舍生忘死，说难听了就是真不知道自己几斤几两。理所当然地会带大军前往，那就不得不防着点陈友谅这个奸贼。现在你还没出远门呢，军队还在家里，那小子就一直试图在你头顶拉屎撒尿的，这你要是一出远门，十天半个月的见不着人影，那我们在家还不是活受气啊？我们现在的基业很可能就被那家伙一把火烧没了，绝对不能给陈友谅这样的可趁之机。按理说，刘基的分析是十分合理的，把个形势说得非常透彻，但是，无奈啊，这个朱元璋是个硬耳朵的人，根本不听这套，任凭你刘基是摇胳膊还是晃大腿，我就一条道走到黑，你能把我怎么地？到最后，刘基也没有打消哪怕一点朱元璋前去安丰的决心，这脾气真够硬的。并且，虽然吕珍只是张士诚部将而不是张士诚本人，但这样行动同样违背了先前制定好的策略，即先干掉陈友谅再去干掉张士诚，如果去救韩林儿。那顺序不就乱了吗？

其实，长期以来，朱元璋遵循"缓称王"的韬晦之略，一直奉小明王韩林儿为主，外界只知道朱元璋效忠小明王，却不知道朱元璋其实在暗度陈仓地悄悄积蓄自己的力量。这招着实厉害，蒙骗了多少世人的耳目，关键是为老朱赢得了时机，使这厮的实力是得到了有效的保存和稳步的发展，而这正是老朱的目的。但后来刘基来到朱元璋军中，就提出应该摆脱小明王的牵制，在适当的时候亮明自己的旗号，争取主动，以利于争夺天下。刘基认为，随着朱元璋力量的不断壮大，很快这个韩林儿就会失去利用价值，一个已经失去利用价值的人，你还一直效忠他不是在自己堵自己的财路吗？现在小明王被逮捕，就是上天要他亡，正好顺应天意，省得日后自己解决掉他，还要背一个欺君犯上的弑君之名，但这时朱元璋不仅不摆脱小明王，还要去亲自援救他，刘基当然要反对。

朱元璋最终是自己的大腿拧过了刘基的胳膊，他亲自率军北上，赴安丰营救小明王。

再说朱元璋前往援救安丰，经过徐达和常遇春力战，虽然刘福通战亡，但是攻克了安丰，救出了韩林儿，但此时的朱元璋却犯了一个实质上的错误，在救得韩林儿之后，突发奇想想要扩大战果，进而夺取庐州，尽管遭到将士的一致反对，这个硬耳朵的老朱仍然是一意孤行，并

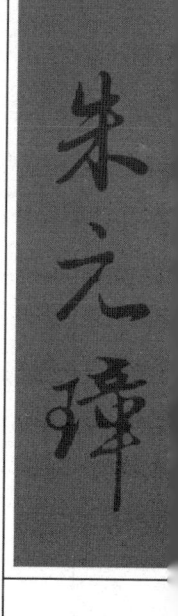

且比救小明王还要坚决。为什么呢？我觉得此时的老朱应该是很郁闷的，因为虽然救得了小明王，但是你会发现他是多么累赘，这一路走来，遇到的敌人无数，这个韩林儿在前面已经说过了，是什么都不行，武功、谋略，要嘛没嘛，这不就是一活累赘吗？为了发泄这种郁闷之情，老朱只好再依靠打胜仗来消磨掉这种与日俱增的郁闷，夺取庐州就是这样的目的，现在就正在与张士诚的军队进行激战。

趁人不防打洪都

正在老朱与张士诚的激战正酣的时候，天有不测风云，后方突然传来陈友谅调动大军攻打洪都的消息，朱元璋登时就吓出了一身冷汗。心里对刘基这个佩服啊，果然不出刘基所料，陈友谅这厮果真在背后下黑手了。而且，更让人抓狂的是，如果陈友谅顺江而下，不攻打洪都，而是直攻应天，后果将不堪设想。赶紧撤，赶紧从庐州撤军！

当然这个陈友谅不攻打应天却转手攻打洪都也是历史上有名的孤注一掷的决断。至于他为什么会做出如此缺心眼的决定，很多军事学家也是百思不得其解，我想更大的原因应该是陈友谅有显摆的成份在里面，我陈友谅不干偷鸡摸狗的把戏，你朱元璋没在家我就不去你家串门，去了人家会以为我看上你老婆了。更何况，我自己的武器如此精良，我要跟你正面决斗，这样，让世人知道虽然我是一个打渔人的儿子，从小没钱没势，但是我品行高尚，不再是小时候那种总是干偷鸡摸狗的勾当的形象了，朱元璋，我等着你跟我干了！

此时的洪都被包围得很严，朱元璋得到消息时，洪都都已经被包围一个多月了，朱元璋下令要求洪都守军再坚持一个月，自己会亲自带兵来援救。可见那时候的科技是多么不发达，如果赶在现在一颗洲际导弹

过去，所有的敌人也就都成了炮灰了，还用下什么再等一个月的命令啊？

这边刚下完令，朱元璋又下令徐达和常遇春带领军队，赶回应天，以防万一，并调集舰队从水路前往洪都增援。七月初六，朱元璋亲自率军援救洪都，而在这一个月的时间里就得争取时间，不能让洪都失守。因为洪都的战略意义就是现在的中东位置，一旦失守，朱元璋的妻儿老小、朱元璋旗下的百姓将彻底被划拉到陈友谅脚下，那时候还能有活路吗？朱元璋没有乱了阵脚，而是冷静地派自己的侄儿和心腹大将邓愈一起守卫洪都，历史的重担落在了他们二人身上。

还得再说一下这个朱文正，这个朱元璋的亲侄子。然而，朱文正的表现却让人难以相信他会是一名优秀的将领，在洪都城内，朱文正是终日花天酒地，不务正业，下属都对他很不满，但碍于他是朱元璋的侄子，没有人敢出声。那时候的人都不是傻子，明白人家朱文正靠山硬得很，自己何必非得拿鸡蛋撞大山找死呢？

但是，你知道吗？每个人都有两面，一般人在人面前只露一面，就很容易让人误解他是一个什么样的人，而忽略了另一面。朱文正就是这样一个人。在朱文正接到朱元璋给洪都方面下达的命令"誓死保卫洪都，等待大军来援！"以后，平日只知道青楼女子姓甚名谁的他，此时突然变成了另外一个人。他迅速召开紧急军事会议，以一个最高长官的身份用坚定的口吻对每一个将士说："城亡与亡，我等誓死保卫洪都城！"很有大将风度吧？所以说人不可貌相！随后，立即分配兵力防守各个城门，接下来朱文正和洪都守军们将要面对的是60万大军——当时堪称世界上规模最庞大、战斗力最强的军队之一！而洪都保卫战也给世人制造了一个了解朱文正的契机，证明了朱文正绝对是一个不出世的军事天才、韬光养晦的真人。

陈友谅相中了看似容易进攻的抚州门，亲自指挥兵士进攻，并立于船上督战。洪都保卫战打响了，六十万汉军在陈友谅统一指挥下，对洪都城发动了一波又一波的猛攻，城楼上的守军与敌军展开了殊死的战斗！

城外，数十万敌军展开一次又一次疯狂的进攻，不分黑夜白昼。汉兵准备得很充分，每个人手里拿着一个簸箕状的竹盾牌，这样石头不能伤了你，再加上威力巨大的撞墙机，一下子就能把城墙撞毁二十余丈，很是吓人。眼看着敌人就要冲进城来，音乐骤然响起，邓愈出场了，邓愈守军一排人忽然从墙后钻出来，个个手持火铳，噼里啪啦一阵狂扫，枪声响处，冲在前排的汉兵全部被打倒。如果换做弓弩，威力即使比火铳大，也吓不住汉兵，毕竟大家见识过，也玩过，射个鸟，比个赛的。但现在眼见敌人手持喷火冒烟的怪家伙，并且声音震耳欲聋，汉兵一时懵了，这是什么东西，会响，打在身上还能要人命？登时胆怯，吓得屁滚尿流而去。那这火铳究竟是什么东西呢？就是现在的手枪了。火铳之物，发明制作于元朝中后期，战争中使用得并不多。不过，火器早在南宋对完颜之水军作战时就第一次使用了。只是汉军平时不看新闻也不读报纸，所以不知道这是什么，还觉得是什么神物呢！宋元更迭之际，忽必烈把这些东西发扬光大。江南人心灵手巧，朱元璋属下大将邓愈脑子活，先人一步，把这些"玩物"用在战争之中，果然效果惊人，着实让邓愈在人前彻底威武了一把。

一顿狂轰后，陈友谅督战队斩杀汉兵数人，剩下的活人咬咬牙，又重新冲向城边。没办法啊，前进也是死，后退也是死，还是前进死得光荣点。守城兵士在城门处和城墙倒塌处立了好多的木栅栏，权当是暂时的围墙。

但是战争还是很惨烈的，英勇的守军还在日日夜夜地拼死抵抗。成千上万的箭离开战士们的弓疾速地射向敌军阵中，箭阵如黑云般遮盖了整个天空。

一个个将士倒下了，又一批将士从后面扑上来，踏上战友的尸体，挥舞大刀砍向敌军。一个接一个的头颅骨碌碌从城楼上掉下来，整座城墙都变红了，护城河的水可以拿来给布上色了，只不过舀水的时候会比较费劲，因为河面上漂浮着的都是无数将士的尸体。

人在有信仰的时候，往往会变得天下无敌似的，仿佛身上有使不完的劲，现在守城的将士就好像被打了兴奋剂一样地充满了力量，他们没有一个后退一步，他们坚信援军会到来，他们坚信自己可以守得住这座城市。

— 89 —

这个时候，一定要有一个能够调动大家气势的人出现，能忽悠住大家，能把大家心里潜藏的实力拉出来，这是很重要的。这当然要交给朱文正了。朱文正能在青楼里混得如鱼得水，除了有钱，还得能忽悠，有好的口才，女人除了爱钱，也爱能花言巧语的男人。为了鼓舞将士，朱文正亲自统率自己的亲兵，登上城楼，现场一顿说，把将士的士气调动起来，随后与战友们站在一起，用大刀，用自己的血肉之躯，抵挡60万敌军一番又一番的猛攻！渐渐地守城将士占据了主动，在洪都守军强硬反击之下，汉军只能退出城外。朱文正忙派人修补城墙。

由于洪都将士奋战死守，陈友谅60万大军围攻85天，长达3个月，都未能攻破洪都城。这在历史上也是有名的能守城的著名将士啊！怪不得陈友谅赞叹道："朱元璋座下猛将如云，竟还有朱文正此等军事奇才，若能效力于我，势必如虎添翼！"只可惜历史没给陈友谅这样假设的机会。守城将士最终坚守到朱元璋的大军到来。

此时的陈友谅在力战85天后，也是精疲力尽，现在听闻朱元璋大军赶到，马上撤军，双方被赶到历史的拐角点——鄱阳湖一决雌雄。

临时会议振人心

陈友谅仓惶退出洪都城，可以说是气急败坏、恼羞成怒，本来还指望着能靠着攻下洪都城火一把呢，这下可好，全叫朱文正给扒了。

但是此时的朱元璋确实冷静异常，本来救小明王就是一个错误，再加上自己一意孤行要攻打庐州，现在一定要好好思量，三思而后行，不能再犯这样的低级错误，否则，一定会在阴沟里翻了船，让自己的前途毁于一旦。

再说陈友谅兵败应天城下，又丢了都城江州，只得仓惶逃往武昌，不仅元气大伤，而且内心也实在沮丧得很。虽然武昌城暂时还在他陈友谅的手中，但徐达等人的大军已经开始进逼武昌，如果武昌再度丢失，他陈友谅就几乎无处可逃了。所以，在很长一段日子里，陈友谅整天战战兢兢的，也不知道该怎么办才好，似乎只有在武昌等死了。可就在这当口，朱元璋的内部接二连三地发生降将叛乱事件，刘福通的北方红巾军又发生了重大变故，朱元璋便暂停了对武昌的军事行动。这样一来，陈友谅就获得了一个喘息的机会。

陈友谅当然不会只在武昌城里喘息，他要找朱元璋报仇。他的实力本来比朱元璋强大，被贫农朱元璋逼迫到这步田地，他实在是不甘心，

在他心里自己一直是真正的真命天子,他朱元璋就是一个贫农,凭什么和自己斗法?所以,武昌城的危机刚一解,他就迫不及待地着手做了两件事情。一件事情是,把大汉政权统辖下的所有官兵和青壮百姓统统集中到武昌来,组成一支庞大的军队,由他陈友谅亲自指挥。另一件事情是,建造巨型战船。说到这个造船,陈友谅还真是有两把刷子。上次建造的船,其实相对来说就已经非常的厉害了,现在他还在原来的基础上再加固一层,让人很容易就联想到《加勒比海盗》里的"黑珍珠"号,禁得住各种打击。有了这样的战舰,犹如已经掌握了战争时机,陈友谅的心不再是每天打鼓一样。

另外,陈友谅总共征集了数十万军队。但是需要指出的是,陈友谅的军队人数虽然多,但半数以上都是没有受过什么训练的普通老百姓。这样的军队即使在数量上占到了便宜,却往往不会取胜。为什么呢?首先因为没有经过训练,老百姓就容易在作战时被打晕了,而忘记了该如何继续巧妙应敌;其次,把没有受过训练的老百姓拉来充当军士,很有点赶鸭子上架、仓促迎战的嫌疑,既然是赶鸭子上架,就会存在不情愿的逆反心理,这样在道义上就没有得到百姓的支持,在战斗的时候就容易发生投诚倒戈的事。

找了个黄道吉日,陈友谅就带军出征了。陈友谅此次出征,是抱着"必胜"或"必死"的决心的,有"不成功便成仁"的准备。朱元璋,今天我就要让你知道,我马王爷有几只眼!我要杀了你,昭告天下,我才是真命天子!来吧,朱元璋!

朱元璋得知情报后,与众将如此这般如此那般地商量了一番,决计在江西境内与陈友谅展开决战,他心中隐隐地感到剿灭陈友谅的时机也许成熟了,他的皇帝之梦应该又靠前了一步。这一夜,朱元璋百感交集,回首自己的来时路,深一脚浅一脚,有过艰辛也有过安慰,尝过失败的滋味,也知道胜利的感觉。无论当初是因为什么选择了这条路,现在已经义无反顾地开始走了,并且,已经取得了很大的成绩。现在,胜利的钟声即将敲响,没有什么能够阻挡我要取胜的决心了,我要力战到底!

于是,朱元璋在自己的丞相府召开了一次紧急战前大会。参加大会的有好几百人。应天城内有一定级别的文官武将都参加了这次会议。一开始，朱元璋就直接了当地道："明天，我们就要开赴江西了，可有的人对我们这次能否战胜陈友谅好像没有多大信心，更有一些人，认为陈友谅兵多，战船大，心中害怕。但我要告诉这些人，你们不要怀疑，更不要害怕。你们都不会忘记吧？几年前，陈友谅来进犯应天的时候，兵马也多，战船也大，可结果呢？不还是被我们打得哭爹叫娘、只恨爹娘少生一条腿吗？"

有人轻轻笑起来。凝重的会议气氛开始逐渐松弛。朱元璋接着道："我不是在这里说大话。我说能够打败陈友谅是有充足的根据的。下面，就请李先生和刘先生把这种根据给大家讲一讲，大家掌声欢迎。"热烈的掌声中朱元璋坐了下去，李善长站了起来。李善长微微一笑，言道："各位大人、各位将军，大家好，我这里只讲一点我们能够打败陈友谅的理由，那就是，陈友谅虽然号称有六十万兵马，但实际上，我们的兵马比陈友谅多！"

台下有人不自觉地小声嘀咕起来。是呀，二十万军队，怎么会比六十万军队多呢？只见李善长一捋颌下微微的胡须，不慌不忙地说道："陈友谅的身边的确有几十万兵马，我们姑且就算作是六十万吧，可是，他那六十万人马里面，至少有一半是临时抓来的老百姓。临时抓来的老百姓，没有经过严格的训练，能打仗吗？不能。这样一来，陈友谅的兵马就至少要减去一半。一半是多少？三十万。也就是说，陈友谅能用来同我们打仗的兵马，顶多只有三十万。"众人都屏气凝神谛听李善长的下文。因为，三十万还是比二十万多。就听李善长接着言道："众所周知，陈友谅一贯暴戾成性、唯我独尊，手下将官貌合神离、各行其事。这样的军队，其战斗力至少要折扣一半。换句话说，陈友谅真正有战斗力能同我们打仗的军队，至多不超过十五万。陈友谅是十五万军队，而我们是二十万。二十万对十五万，孰多孰少、孰强孰弱，各位大人和将军，还不是一目了然吗？"

李善长的这番话，虽然有狡辩的嫌疑，但听起来还是很有道理的，至少，它能起到鼓舞士气的作用。于是会场上开始有人轻笑，会议的气氛也渐趋活跃。

李善长稳稳地坐了下去。朱元璋再次站起来，说道："同志们，李先生讲得好不好？"底下将士齐声喊"好！"随后，那刘基不紧不慢地站了起来。刘基先是扫了众人一眼，然后清了清嗓子，抑扬顿挫地说："各位，刚才李先生所言，是两军交战中最重要的一点，那就是人和。俗话说，天时地利人和，那是相当关键的。人和能干成一切事情！我们在朱大人的英明统率下，精诚团结如一人，而陈友谅内部，却勾心斗角、离心离德。实际上，我们不仅占有人和，天时地利也在我们这一边。我这里不想多说，我只想说一点，那就是，陈友谅跑到我们的地盘里来同我们开战，他能讨得了便宜吗？我的地盘听我的，强龙还怕地头蛇呢，何况我们可是比地头蛇厉害一百倍！另外，不说别的，光粮草问题，就够陈友谅头疼的了。我们只要在洪都一带把陈友谅拖住，并切断他与湖南、湖北的联系，那我现在就可以断言：陈友谅必将不战自溃！"

　　台下有人低低地欢呼起来，众人都知道刘基足智多谋，刘基说陈友谅必败，那陈友谅只有必败无疑了。而细想起来，刘基的话也确实很对。洪都在江西的中心，四周都是朱元璋的地盘，陈友谅的几十万大军陷在洪都一带，到什么地方去弄吃的喝的？

　　当然了，在战略上藐视敌人是一回事，而在战术上重视敌人则又是另一回事。虽然朱元璋对此次出征江西充满了必胜的信心，但在具体的军事布署上，却也不敢有丝毫的大意。有了前几次的前车之鉴，老朱变得更加地思维缜密，办事无懈可击，再加上他本就是天生的军事家，所以对于调兵遣将是得心应手。在人员安排上，除去周德兴、汤和等人留守应天外，其他能征惯战的大将，像徐达、常遇春、康茂才、廖永忠、俞通海等人，朱元璋统统带在了身边。武将如此，文官也不例外。李善长、刘基自不必说，就是那个曾向朱元璋提出过"高筑墙、广积粮、缓称王"的老儒朱升，也出现在朱元璋远征江西的队伍中。很显然，那陈友谅倾巢倾"国"而来，朱元璋也摆出了生死决战的架式而去。

　　这是一场实实在在的硬仗，没人敢在这里面有什么疏忽，因为这里面堵得是N多万人的性命和一个人人趋之若鹜的皇位，为了这个，即使断头、即使牺牲也值得一搏！

　　在那个年代的人们，对于能够当上皇帝那是连做梦都想，历代皇帝奢靡的生活，君临臣下的权威，妻妾成群的后宫，享用不尽的富贵荣华，相信没有人能够抵挡住诱惑。而对于那个从小受尽人家白眼，一直期望着能够出人头地的陈友谅和饱尝了生活的艰苦人间的辛酸的朱元璋来说，得到皇位更是期待又期待啊！

实际上，朱元璋的正妻马氏本来是想随朱元璋一同出征的。马氏是个聪慧的女人，她知道此战对朱元璋来说意义非比寻常，她提出与朱元璋一同出征，是含有与朱元璋"同生死共患难"的意思。朱元璋自然明了马氏的心意，但最终没有同意。朱元璋对马氏道："我走了，应天城就空了，剩着三弟、四弟在这里，也许会需要你帮衬的。"朱元璋既然这么说了，马氏只好点头应允。其实，朱元璋不同意马氏一起出征，主要的原因是，此次前去同陈友谅开战，规模大大超过以往，其战斗的激烈程度是可想而知的。如果马氏一同去了，那朱元璋就平添了一层顾虑，要是马氏再出个什么三长两短，那朱元璋就很难原谅自己了。马氏对于朱元璋的帮助是非常大的，这在后面我们会说到。

前面我们也已经说到了，陈友谅的老婆，那个有着真皇后气质的张凤道，一直是陈友谅的军师级的人物，陈友谅前几次胜仗的取胜都是因为张凤道在自己的枕边吹了几阵有用的小风，这些小风就是谋略，依靠这些，陈友谅取得了很多次胜利。但是这次出征鄱阳湖，陈友谅觉得前几次都是听媳妇儿的，这次就听自己一次，于是着急忙活地召集兵马，不够的就强拉百姓顶替，向朱元璋大军冲杀过来了。但是偏偏就是这次，战争规模如此之大，陈友谅是彻底溃败。

惊心动魄鄱阳湖

60万对20万，这是历史上又一次有名的战争，这次战争算得上是决战，谁战胜对方，谁就可能称王，而另一方必然连称臣的机会都没有，因为早已经被杀掉而后快。这就是胜者成王败者成寇啊！人生有时候就是这样的残忍。

既然是福不是祸，是祸躲不过，那就不如早早动手吧！就让暴风雨来得更猛烈些吧！

当时，仅从水军的阵容看上去，汉军占有明显优势，其巨舰高大威猛，铁皮闪烁黑光，虎虎逼人。

朱元璋仔细观察后，对众将领说："这船如同赤壁之战里曹操的战舰，首尾相连，进退不便，我们一定可以破了他们！"于是，老朱下令自己的小船分成二十个小队，中间用小船载着火器弓弩，告诫众将说："接近敌船后，先发火器，再发弓弩，舟船相接后，就可以开打了！"

由此，鄱阳湖大战彻底拉开了序幕。

其实朱元璋在一定程度上比陈友谅厉害是因为自己手下有一批能征善战的勇士，这些人跟随在朱元璋身边奋勇杀敌，舍生忘死，全然不顾自己，把身家性命全都交给了朱元璋，这次鄱阳湖大战也正是因为他们的存在才得以取得最后的胜利。

徐达、常遇春、廖永忠等人先发，驱船直逼敌人巨舰。先锋部队都是厉害角色，相信不会让大家失望。徐达，又是徐达表现得最出色，他身先士卒，击败汉军前锋，杀敌一千五百人，并俘获汉军巨舰一艘，使得军威大震。

首战告捷，对于朱元璋一方军士的心理来讲起了真正的鼓舞作用。大将俞通海乘风发射火炮，又一举焚毁汉军巨舰二十艘，汉兵被杀被溺死一万多人，不少兵将身上被点着了火，在水中不停地扑腾，看得朱军是哈哈大笑。

当然，汉军也不是吃素的，他们并不示弱，尽管遭受了一点小挫折，那谁不是一边受伤一边学成长呢？他们调整状态，以巨舟逼近，箭弩齐发，朱元璋手下两位元帅当即战死。而且，汉兵船高，先施火攻，居高临下扔火把，连徐达的指挥船也被烧着了。徐达身为前锋临危不惧，边扑火边指挥，奋战拼搏。

我们可能很纳闷，陈友谅这样一个不仁不义不智，专业的自杀型选手，和高明过他十倍，手下猛将如云、谋臣如雨的朱重八PK（对战，竞争），怎么可能混了这么久不死？

答案很简单，因为他有一个朋友，此人就是——张定边。

元末将星云集，光彩照人者比比皆是。但要论谁最牛，汉军的张定边认第二的话，恐怕没人敢认第一。

他是朱元璋的大将们最痛恨和最尊敬的对手。

张定边是陈友谅的发小，他在湖北黄蓬镇与陈友谅、张必先结拜为兄弟，生死与共，风雨同舟，共谋前程！终陈老大一生，只有对张定边的忠诚，陈友谅从来没有怀疑过。

而张定边，做为陈友谅的朋友，用他神奇的武功和智慧，给了陈友谅至死不渝的回报。

张定边文武双全，还懂阴阳，通医术，善谋略，是元末众将唯一的全能明星。当他看见朱元璋的指挥舰居中，高明地定下分兵引开朱军主力，全力追杀朱元璋的正确战术。这在中国叫"擒贼先擒王"，美国叫"斩首行动"，以色列叫"定点清除"，世界杯叫"两翼齐飞，中场突

— 97 —

破"。朱军开始时并未在意，谁知他意在追杀朱元璋啊？朱元璋一看顿时有点慌了，掉头逃避时慌不择路，在离岸边近的地方就搁浅了。汉军一看，传说中的朱元璋居然被我们逼到了死角上，这不是明摆着让我们吃唐僧肉吗？于是汉军众将士一拥而上，数艘巨舰及几千兵士就把朱元璋他们包围了起来。

危急时刻，才能看出谁对你忠心不二。值得庆幸的是，朱元璋身边这样的人比比皆是。朱元璋手下猛将程国胜和陈兆先见此情景拼死抵抗，情急之下，牙将韩成跪告朱元璋说："古人言杀身成仁，臣不敢爱其死"，言毕，他穿上朱元璋本人的冠服，面对密麻麻进攻的汉军大叫一声，投水而死。

好一个忠肝义胆！

汉军见"朱元璋"投水自杀，那怎一个兴奋了得？消息一传十，十传百，马上几乎所有的汉军都得知这个朱元璋是如此的不堪一击，已经招架不住攻势，跳水自杀了！于是围攻之势由原来的水泄不通变得可以过火车了，不少兵将开始把注意力放在打捞"朱元璋"的尸体方面，准备捞上后剁成数块向陈友谅请功。现在这架势就更像《西游记》里的小妖捕获唐僧时的情景了，只不过汉军是为了邀功，小妖们是为了长生不老。

混战之间，朱元璋指挥舰上大将陈兆先和宋贵也战死了。

朱军知道真正的朱元璋还没死，那只不过是骗小朋友的小把戏，虽然让这群智商如此之低的孩子们玩得这么开心，但是朱元璋还处在危险中，这在朱元璋身边的大将是心知肚明。

危急时刻，还得靠常遇春啊！常遇春的射箭水平是和花荣不相上下的。他指挥船队逼近敌将张定边巨舰，一箭射中正站在前甲板指挥的张定边，使得他本人的指挥舰不得不后撤。俞通海听说朱元璋被包围，也急红了眼，他从水战中抽出数艘船，一直冲向朱元璋的指挥舰，连挤带撞，总算是把大船从沙中撞动，重新返入深水之中，老朱因此躲过一大劫。

俞通海救了朱元璋后，心里一阵舒畅，心想，居然敢围困我家大帅，真是不想活了，看我怎么收拾你！于是与廖永忠一起乘轻舸小船追击败走的张定边，边追边放箭，致使张定边身上中箭无数，完全成了一个刺猬，倒在甲板之上。

如果你还没有忘记，一定还记得前边为征战而死的花云壮士，他就是被张定边射成了蜂窝煤，今日张定边有这样的遭遇，应该也算是种什么样的因结什么样的果了！

天色渐晚，暮色四合，朱元璋定定心神，鸣金收兵，召集众将领坐到一起，总结当天的作战经验。这边的战事正酣，也不能不管家里边的情况，为防止张士诚乘虚入寇，朱元璋命令徐达率一支部队回防应天。

第二日，朱元璋亲自布阵，与陈友谅再交手。

这样的大战拼得不仅仅是实力，还有耐心。陈友谅急红了眼，下令把所有巨舰连接在一起，形成一个水中巨阵，壮观是非常壮观，但是老陈犯了一个致命的低级错误，他肯定是不怎么看历史书，否则不会做出这样的决定。不过按说他还是个小公务员呢，连这个都不知道，看来真的像一些政府官员一样，只知道上班唠嗑、打牌、睡觉混日子，一点不理公务！那就是他忘了"火烧赤壁"的故事。三国故事在元末已经成型，四处开讲，比现在《百家讲坛》可是热火多了，陈友谅以前应该在哪个场子中听哪位说书的白话过，不过应该不是听的单田芳那版的。

战事紧急，老陈很可能早就把这些评书丢到了爪哇国。虽然他忘了，可是朱元璋没忘。

本来面对水中这样的庞然大物，朱元璋的船短小简陋，虽然机动灵活，堵船的时候大船过不去，你小船可以轻松自在地过去，但是现在如果大船恶意向你进攻，那你无异于面对着铜墙铁壁。朱元璋见久攻之下，像是给大船挠痒痒，在这样的情势下，朱军十几名队长退下阵来，朱元璋看在眼里，气在心里，立刻下令斩杀退却的队长十多名，但仍然挡不住退势。

朱元璋的船在此期间几次搁浅，被敌人包围，险些丧命，差点失败。长此下去也不是办法啊，一定要想一个万全之策，打败这个陈友谅！

正当朱元璋声嘶力竭下令杀人的当口儿，大将郭兴进言："不是我们的将士不拼命，只是敌人的巨舰太庞大，我认为只有用火攻才能解决

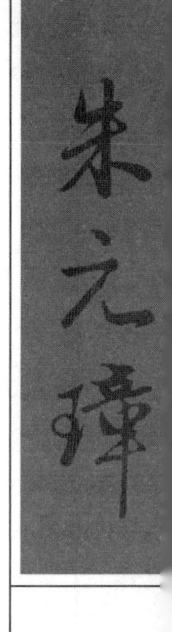

根本问题。"

真是一语惊醒梦中人！听君一席话，胜读十年书啊！

一拍大腿，我怎么没想到呢？

既然当年周瑜和诸葛亮用此计打败了曹操的大军，那我为何不能效法呢？

朱元璋马上命常遇春等人分别调集七艘渔船，载满芦苇秆柴，以火药填充其间，等待时机投入战场。

老天爷应该一直在观战，看到陈友谅用那么庞大的船欺负朱元璋的小破船，心里很是为朱元璋愤愤不平，心里话，我要暗中帮朱元璋一把才行！

于是在关键时刻，刮起了东北风。

这让我想起了彻彻底底的三国故事，万事俱备，只欠东风。东风一来，好消息也就飞过来了！

东北风起了，时机成熟了！

朱元璋命士兵捆扎稻草人在七艘渔船上直立，给它们穿上将士的战衣，戴上头盔，把矛拿在手上，伪装成兵士的样子。然后，他又让一些将士作为敢死队悄悄伏在船中划船。就这样慢慢悠悠地划着，陈友谅的军士以为来船是普通战船，也就没有太多防备。

当时正值黄昏，七艘渔船竟然趁乱驶入汉军巨舰近前。敢死队的将士趁着东风把稻草人点着，风急火烈，一会儿的功夫就已经冲撞到汉军舰队内，陈友谅的战船大，不利进退，朱元璋的战船比较小，很轻快、轻便，反成了优势，再加上这一场风，一场火，陈友谅反变为劣势，火猛烈燃烧起来。火苗越窜越高，风助火势，火借风力，数百艘船眨眼间一齐着了起来。

这一把大火把汉军烧得非常狼狈，陈友谅的弟弟陈友仁等被烧死，陈友仁号称"五王"，是个独眼龙，非常凶悍，他一死，陈友谅部队的士气自然大受挫折。

但是不幸的是，朱元璋的军队也在混战中丧失了普郎等数员大将。

有人死，有人亡，这就是战争，战争从来不会因为一些将士的死亡而停止，只有一种情况能让战争停下来，那就是一方的首领死了或者被擒了，现在陈友谅和朱元璋都毫发无伤，所以战争还是要继续。

战争进入第三个比赛日，双方都还没有拿到赛点，只好继续拼抢了。

汉军虽然损失惨重，战斗力仍旧不弱于朱元璋军，双方在湖上继续殊死搏斗。

朱元璋在作战当中所坐的船，帆樯是白颜色。陈友谅军队的探子侦查到了这个情报，就马上报告给陈友谅，陈友谅下令所有战船集中攻打这支白帆、白樯的船。朱元璋一看形势不好，知道自己的目标暴露了，第二天把所有战船的帆樯全部涂成白色。这样一来，陈友谅的军队一时失去了目标。

刘基在朱元璋船上东走西望，一直不闲着，忽然他大叫一声"难星过，马上换船！"拉起老朱就跳上另外一艘船，还没坐定，只听轰的一声，朱元璋的坐舰被打得粉碎。这个刘基也是装神弄鬼，大白天哪里能见到什么"难星"，无非是观察到有敌船的大炮在向帅舰瞄准而已。但是如此一来，无疑起到催化剂的作用，给所有的将士来了一个精神暗示，朱元璋及其手下都觉得现在有刘基这个"诸葛亮"在船上，那还有什么可怕的？顿时勇气倍增。

陈友谅这边见朱元璋指挥舰被击碎，高兴得哈哈大笑，认为朱元璋必死无疑了。但不一会儿，朱元璋的大旗又再次高悬起来，朱元璋又出现在船头指挥，汉军的脸色比猪肝还要难看，陈友谅不禁也是大惊失色。

朱元璋大难不死，化愤怒为力量，马上调整兵力，调动船只，从后面包抄陈友谅的船只。打仗打的就是精气神，精神原子弹一爆发，想不胜也难。就这样，朱元璋军队以小打大，无数小船围着汉军的庞然大物，身手赶得上铁道游击队扒火车，都飞到了船上。甲板上的汉军全部被杀光了，底层摇橹的兵士却茫然不知，仍旧一个劲儿喊号子卖力摇橹。此时，我们就看出陈友谅船的弊端来了，底下摇橹的将士都不知道自己的将士已经以身殉国了，还在一个劲地傻摇，以为自己在桃花源呢？朱元璋见这群傻人傻到了极致，图省事，把火种留在船上后，就纷纷跳回自己的小船上，摇橹的汉兵一个没留，全被烧死了。陈友谅士气

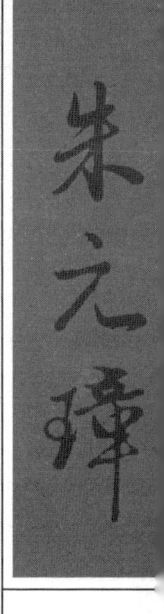

顿时大减，从此"敛兵自守"。什么叫"敛兵自守"呢？就是收兵了，不进攻了，守住现有阵地，好像乌龟钻到乌龟壳里，任凭你怎么拨拉我也不出来，双方陷入了僵持之中。朱元璋想挑动对方，你来打吧，我们决战。但对方就是不响应。

这种情况下，仗还怎么打？

朱元璋部下有人想，既然人家不应战，仗打不了，我们干脆撤军吧，趁此机会也好休养士卒。但朱元璋不同意，说在这个时候我们要撤退，那前面的仗不是都白打了吗？前面死的将士不白死了？但是就这样僵持下去也是于事无补啊。

后来老朱依据计策撤离了此地，封锁湖口，截断陈友谅的归路。现在的陈友谅很有点当时江东桥一战的形势，那次是被引进瓮中，这次是被关在门里，只不过，很不幸是和狗一起关在了门里。

朱元璋的所有船只向湖口集结，封锁了鄱阳湖湖口。这一次是决胜之战，能不能取胜，全看这次了。

陈友谅看到朱元璋撤离，不但没有退出战斗，反而封锁了湖口，截断了自己的归路。此时汉军因为长时间远途作战，粮食已经用完了，陈友谅派出几十只船四处筹粮，你想，朱元璋正是要将陈友谅困死在湖口里面，怎么可能让这些船顺利筹到粮食？这些船只被朱元璋的军队烧毁。没有粮食，又被断了归路，汉军士气大大低落，陈友谅陷入困境。此时的陈友谅绝望到了极点，是什么让自以为是的真命天子走到这一步？这是他百思不得其解的事。

面对大势已去的陈友谅，朱元璋没有忘了使用文攻的策略。这时候他给陈友谅写了一封信，信中言道："吾欲与公约从，各安一方，以俟天命。"翻译成现代文就是：我的本意是想跟陈将军您达成友好的约定，你控制你的那一方，我控制我的那一方，各自保存各自的地盘，我们谁都不要称帝，大家一齐等着真命天子现身，然后我们都归顺于真命天子。"公失计，肆毒于我"，可是你不听我的话，你错打了算盘，是你先起了杀心，想把我的部队赶尽杀绝。"我师轻出，奄有公龙兴十一郡"，我的军队兵有勇、将有谋，稍微一反击，一下子就夺取了你的十一个郡，你还不知道自己反悔，还要继续兴兵打我，于是你被我"困于洪都"，遭到失败，如今又在鄱阳湖被我打得惨败，下场如何呢？结果是"骨肉将士重罹涂炭"，你看你的那些家属，你的将士们都被杀了，非常惨啊。"公即倖生还"，如果你现在要是能够保一条命，好好地回到你的老家的话，请你赶快除去你的帝号，你不要再惦记着当什么皇帝了，"坐待真主"，等着真命天子出来吧。这话是什么意思？真命天子是谁？朱元璋显然说自己将来是真命天子，我还没有做皇帝，你就去做皇帝。如果你要不听我的话，将会"丧家灭姓"，到那时候"悔之晚矣"。

短短的一封信，里面却两次出现"以俟天命"、"坐待真主"的话，实际上明白无误地宣称了朱元璋要当皇帝的强烈欲望。即使陈友谅不来进攻，朱元璋早晚也会除掉陈友谅。因为陈友谅已经提前宣布自己做皇帝，朱元璋心里想：这个皇帝的称号，是你可以随便用的吗？留给将来我用吧。

这封信算是彻底点燃了陈友谅的怒火，因为这个心胸狭窄的人一直觉得自己才是真正的真命天子，而现在这个八辈贫农朱元璋却一口一个自己是真命天子的暗示，这叫我如何受得了？啊！疯了！

书信的侮辱，使陈友谅心绪不宁。一怒之下，下令尽杀交战中生俘的朱元璋的士兵几千人。朱元璋却一反其道，下令把所有汉军俘虏全部放掉，伤员发药疗伤，仁义得不行，又下令公祭敌死难者。

如此，人心向背，不言而明。而陈友谅至死也想不到自己是真的输在这样的仁义道德上。

而且，陈友谅当机立断决定，冒死突围。但是面对着被朱元璋打得七零八落的战舰和已经饥肠辘辘的将士，陈友谅知道此举凶多吉少，但是又耐不住自己内心愤怒之火的燃烧，只好拼死一搏。但是所有大势已去的人即使放手一搏也不过就是回光返照似的结局。

朱元璋的军队尾随陈军之后，用点着火的木筏攻击陈军，当时水面是一片火海。此情此景真的如王勃所言：秋水共长天一色了，这耀眼的红色燃烧尽了陈友谅最后一点勇气，没办法，只有逃跑了！朱元璋从小受尽生活的磨难，现在有机会翻身农奴把歌唱，怎么会放虎归山，给自己留下这样的后患呢？朱元璋的军队对陈友谅的舰船是穷追不舍，一直

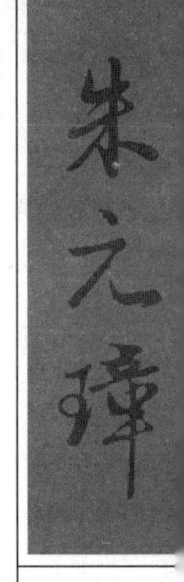

追了几十里，大有宜将剩勇追穷寇的架势。这时，乱军之中飞来一支箭射中了陈友谅的眼睛，穿过了这一代枭雄的头颅，陈友谅一命呜呼。倒下的那一刻，我想陈友谅一定还在想，是什么让我这个真命天子没有终成大业，而让这个贫农抢了先？

朱元璋军士闻听陈友谅已经被射死，高兴得活蹦乱跳，更加地斗志昂扬，激战中又活捉了老陈的"太子"陈善见。群龙无首，陈军无心恋战，大败。汉军土崩瓦解，五万多人投降了朱元璋。

一切到此基本画上了句点。

所谓基本，是因为还有一点小故事要讲述。

但是事情总是会有转机的地方，那个被常遇春射了一箭的张定边真不是一般的命大，都赶得上 X 战警金刚狼了。前面说过，张定边对于自己的哥哥是忠心不二，于是他趁天黑，乘小船装载陈友谅的尸体及其另外一个儿子陈理奔还武昌。回武昌后，张定边拥立小孩子陈理为帝，改元德寿。这也算是对死去的陈友谅最好的安慰了。

这样的小孩其实不应该被杀死，但是这个孩子是陈友谅的骨肉，留下就等于是给自己以后的基业种下祸根。但是我们要在此夸一下老朱同志，是如此地高风亮节，在这样的时候，依然毅然决然地留给陈友谅的孩子一条活路。结局我们下面会讲到。

于是在朱元璋回金陵休整后不久，他又率大军亲征武昌。在城下安排围城事宜后，老朱分兵徇汉阳、德安州郡，"湖北诸郡皆来降"。见形势大好，朱元璋留诸将围城，自己率护卫军返回金陵。

进围武昌四个月，城坚不下。1364 年春，朱元璋从建康出发，再次亲自临敌指挥。其间，汉军"丞相"张必先自岳州率军来赶援，乘其立足未稳，朱元璋派常遇春突然中道攻袭，活擒了这位外号"泼张"的骁将。

常遇春押着张必先来到城下，向上喊话：你们睁开眼睛看看，我现在擒着的可是你们外号'泼张'的张丞相，丞相都被人抓住了，还有什么好抵抗的啊？哈哈！"

张必先就是一个厌人，居然仰头向上，沮丧地对对张定边喊话："我现在被人家活捉了，事情已经到了不可收拾的地步了，快快投降才

— 104 —

是上策啊。"这就是没胆的人说的话，枉他还是一国的丞相，有这样的丞相早晚也是要亡国的。

其实常遇春之所以说那番话主要是为了气张定边，为什么？常遇春见着张定边的一刹那还以为见着鬼了，前边已经说了，张定边被射成了刺猬，大家以为他早已归西，这个大家当然也包括常遇春了，现在居然又见着守城的张定边能不吓一跳吗？又看见那厮居然活蹦乱跳的，就知道肯定是没死，这实在是让人匪夷所思啊。

这边张定边听了张必先的话是气得浑身哆嗦，快赶上脑血栓了，见谁都哆嗦，嗓子眼里觉得闷闷的，说不出话来。也难怪他这样，本来就在水战中中箭百余，快成蜂窝煤了，弄得老张是一身箭伤，现在是在咬牙坚持，张必先这个不长眼的居然又来这么一套说辞，能不生气继而难受吗？

常遇春见气张定边火候差不多了，就奉大帅的命令派旧臣罗复仁入城劝降，让罗复仁这样说："太君说了，如果陈理投降了，那么荣华富贵是大大的。"

罗复仁听命入城，与陈理是抱头大哭，张定边也在一旁大哭。第二天大清早，陈理口衔玉璧，袒露着上身，率张定边等人出城，所有的人放弃抵抗，全部投降。至于为什么要这样衔着玉璧袒着上身就不知道了，不过从蔺相如负荆请罪也差不多能知道答案，这样可能是显得比较有诚意。陈理毕竟还是小孩子，怕得不行，匍匐在地上一直哆哆嗦嗦的，不敢仰视朱元璋。朱元璋恻隐之心大动，见其弱幼，觉得十分可怜，于是亲自扶起陈理，握着他的手说："我不会定你的罪的。"

回到应天以后，朱元璋果然没有食言，任命陈理为归德侯，同时任命陈友谅的老爹陈普才为伯爵，封陈友谅两个弟弟为伯爵。朱元璋这样做也真的很不简单，毕竟都是以置自己为敌的人的家人，完全可以一刀了结了他们的。但是老朱选择了这条路。不过明朝建立以后，陈理逐渐长大成人，朱元璋开始有些不放心了，就把陈理远远地指派到高丽，命高丽王严加看视，又把陈友谅两个弟弟迁往滁阳软禁，但都未加以杀害。老陈僭号称帝四年，未料想后代子孙天天倒去高丽吃泡菜度日，当然应该还有烧酒可以喝，如果他们愿意还能做做整容，变得阴柔一点，

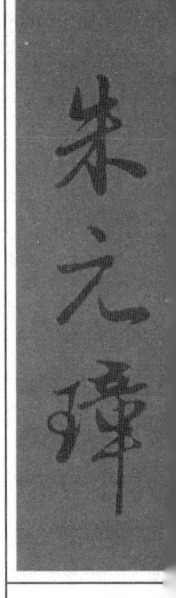

— 105 —

朱元璋

【第三章】朱元璋的1号敌人——陈友谅

没准能迷倒一拨小女生。

鄱阳湖大战结束了，朱元璋对陈友谅取得了彻底的胜利。这是一场生死决战，朱元璋拼死战斗，既是为了生存，也是为了消灭竞争对手。鄱阳湖大战彻底打败了陈友谅，扫平了朱元璋通往皇帝道路上的最大障碍。另外，那些陈友谅的残余势力也得到了有效的安排，自此再也没有人可以在中原土地上对抗朱元璋了。

朱元璋称帝后，每每回忆起自己亲征击灭陈友谅一事津津乐道：

朕遭时丧乱，初起乡土，本图自全（起初压根没有坐大的打算）。及渡江以来，观群雄所为，徒为生民之患，而张士诚、陈友谅尤为巨蠹。（张）士诚恃富，（陈）友谅恃强，朕独无所恃。惟不嗜杀人，布信义，行节俭，与卿等同心共济。初与二寇相恃，士诚尤逼近。或谓宜先击之。朕以友谅志骄，士诚器小，志骄则好生事，器小则无远图，故先攻友谅。鄱阳之役，士诚卒不能出姑苏一步以为之援。向使先攻士诚，浙西负固坚守，友谅必空国而来，吾腹背受敌矣。二寇既除，北定中原。

这是史书上的原文，不难理解，字里行间充满了骄傲和自豪。当然，鄱阳湖大战胜利后，朱元璋也知道自己胜的侥幸，他经常对刘基说："我不该亲自去安丰救韩林儿。假使那时陈友谅乘我不在应天，顺流而下直捣应天，我进无所成，退无所归，那时候就真的玩完了！但他陈友谅不攻打应天，却围攻洪都，实在出乎人所料，他能出此下策，我不亡他谁亡他？！"

渔贩子出身的陈友谅，毕竟打不过种田娃出身的朱元璋。性格决定命运，老陈的冒险轻躁，也决定了他最终失败的结局。

鄱阳湖大战毕竟意义非凡，所以很多人写回忆录也是必然，刘基也曾回想过这次战争，并且写过一首诗，他描述说："将军金甲箭攒猬，战士铁衣汗如雨。火龙熺焰冲天衢，燧象陷烟煎地府。"意思就是将军身上穿的那些金甲，扎满了敌人射来的箭，就像刺猬一样。战士们穿着铠甲，浑身流着汗，像下雨一样。火龙炮火连天，冲到天上去，把天都照亮了。大火把湖水都染红了，把湖水都搅动起来，战斗的激烈壮观可想而知。

那片足以照耀世人眼球的红色也在历史上留下了永远耀人的光芒。

朱元璋的2号敌人——张士诚

第四章

　　消灭了陈友谅，接下来朱元璋将要面对的就是张士诚了。传说中的张士诚胸无大志，而且曾经接受过朝廷的招安，很是为人不齿。他是靠着十八条扁担集结一帮兄弟走上起义之路的，说起来也算悲壮。但是占据着富裕的江南一带，张士诚却倒行逆施，耽于享乐，最后，在平江的攻城战中，被抓为俘虏，不卑不亢，演绎了最后的悲壮。

张士诚非等闲辈

张士诚是泰州人，也就是现在的江苏省大丰县人，典型的南方人，料想应该长得比较细皮嫩肉的，个子不是很高的那种。有个小名，叫九四，俗话说赖命好养活，估计当时张士诚的爸妈也知道这个常识，所以几个孩子都有类似的小名儿，兄弟之间是要排着点的。他有三个兄弟，分别是，张士义、张士德和张士信，小名我估计应该是九六、九八和九十，后面两个是猜测，只有张士义的名字能在史书上找到根据，但我觉得差不多，看来他爸妈还把等差数列学得不错。

家里有四个男孩子，可想而知这家的日子能过成什么样。虽然说男孩子干活比女孩子强，但是轮到吃饭，那男孩子这家的父母就知道什么叫能吃了。而且，真的像猪八戒在高老庄时候一样，你看这家人，后悔不后悔？所以啊，男孩女孩一个样，不能歧视女孩子。很多时候女孩子还是比男孩子有点多那么一点点的……最起码吃得少啊。

泰州，古时候称为海陵，地理位置非常的优越，属于苏北咽喉要地，能叫海陵也是基于离海比较近的缘故。张士诚逐渐长大，不能一直在家里玩了，要有点老大的样子，撑起这个家。所以他爸妈就寻思着给他找个事干，当然皇城脚下机会可能多一点，做个兼职什么的也好找，可是这里离京城比较远，也只能作罢。没办法只能靠山吃山、靠海吃海了。

因当地盐业发达，是中国历代盐税的主要来源之一，到南唐烈祖升元元年（公元937年），统治者将海陵由县升为州，名泰州，取国泰民安之意。

正在二老为让儿子做什么而发愁的时候，突然一拍大腿，直骂自己真是老糊涂，自己家所在的附近就是自古以来东南沿海主要的盐产地之一。

现在，泰州滨海有36处盐场，隶属于两淮盐运使司，张家二老当机立断就决定让自己的孩子去盐场上班了。但是想要进盐场这样的国企也是要有门路的，好在张家的邻居是盐场的一个小头目。于是，自己再打点一下，儿子也就进了这么一个国企，要不是有后来的变故，估计这个铁饭碗可以端一辈子。很快张士诚就被分在了白驹场。那年张士诚只有10岁，没办法，穷人的孩子早当家。

过了一段时间，张士诚可能觉得自己在盐场待得感觉不错，就托门子扒窗户，把自己的三个弟弟都弄得干起了跟盐有关的行当——操舟运盐。为什么这么快就把另外三个孩子带进来上班，是因为这四个孩子相差的岁数很小。这可不是一般的厉害，你想家里一共就四个孩子，两对都有了工作，成功实现了就业，而且基本赶得上是国企，因为盐是日常用品，所以运盐也会一直存在。这也算是一种荣耀啊，在当时的父母心中跟现在的父母一样，千百年来没变过，就是希望自己的孩子能一辈子稳定下来，有个铁饭碗，挣钱多少不说，最起码不会饿着，没饭吃。只不过这二老没福气享儿子的福，在四个孩子都进了盐场这个国企后，前脚后脚地就撒手人寰了。

在国企虽然是铁饭碗，但是大家都知道，国企有一个通病，那就是很腐败，工作很是千篇一律，而且初来乍到的都赚不到什么钱，这个东西要靠时间的淬炼，只有禁得住熬，你才能由人变成神。可是，张士诚那时候年轻气盛，怎么可能在这样一成不变而且没有任何油水可捞的地方做这枯燥乏味的工作呢？

之所以赚不到钱，除了是因为初来乍到，没有什么资历，还有一点

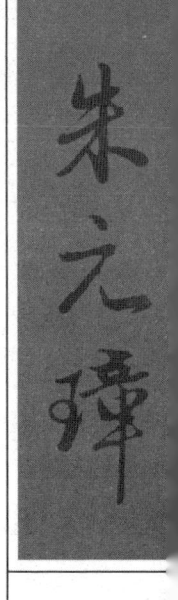

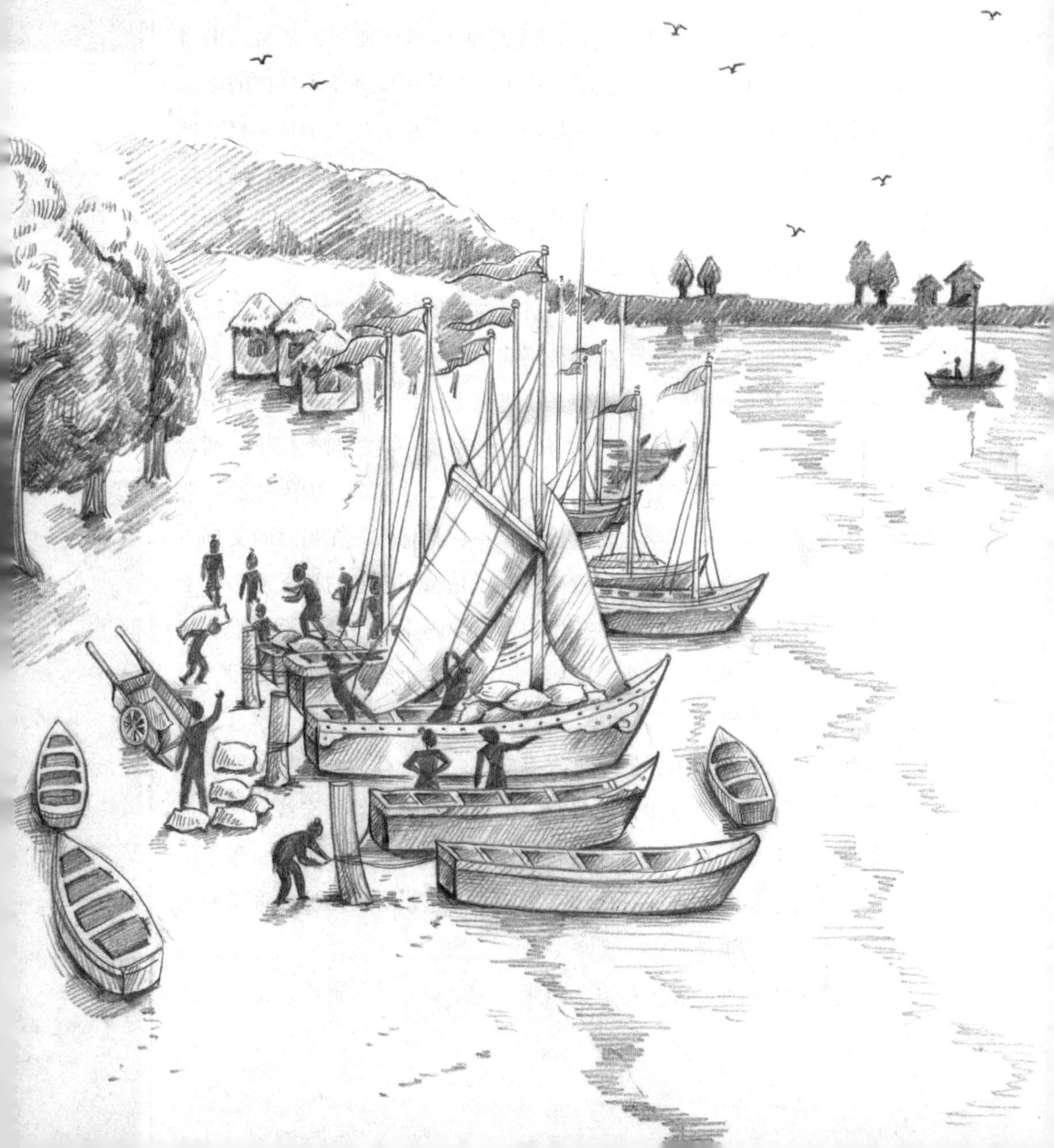

就是和当时的朝廷有关。当时是元朝末年，朝政腐败，财政收入入不敷出。统治者为了填补不断扩大的政府开销和军费支出，这是说得好听，说得不好听就是为了给官员灯红酒绿的生活埋单，顺便继续为以后的声色犬马投资。于是大量增发盐引，不断提高盐价，不出任何意外地盐业成为国家财政最主要的收入来源。史书上有明确的记载，从1276年到1315年四十年间，盐价上涨了十六倍。

虽然盐价是提高了不少，但是东南沿海的盐民的日子却没有得到什么实质性的改变，依然是生活无着。而且，生活在海边的人都知道，这种地方很容易遭遇台风，何况江苏那边基本就是台风最喜欢光顾的地方。每到盛夏，台风一来侵袭，就会使得海潮倒灌。海水走了以后，原本的千顷良田就都变成了盐碱地，当地农民是苦不堪言。种庄稼就得看土壤的肥力，你甭说海边了，就是平原地区一种粮食反复种几次都可能让肥力降低呢，就更别说盐碱地了。学中国地理的时候，专门有一章讲怎么治理盐碱地，现在已经摸索出比较切实可行的方法了，但是在元朝时候的老百姓不知道啊。所以只能继续在年复一年的台风来袭后，饱尝盐碱地之苦。

庄稼颗粒无收，也要想想办法挣钱啊，要不只能等死了。所以盐场附近的老百姓只能在官府运盐的纲船上撑船运盐，依靠卖苦力挣来的一点钱养家过活。这样的辛苦钱能有多少，可想而知。腐败的元朝是不会让你挣到钱的。

"斥卤茫茫草尽枯，灶底无柴空积卤，借贷无门生计疏，十家村落逃之五"，这首《盐丁叹》就形象地刻画了盐民生存艰难的境况。

所以啊，这些后来有了点成就的人都是饱尝了人间疾苦的孩子，都很不容易。朱元璋基本就是家破人亡，当小和尚、流浪乞讨，最后起义。张士诚也是卖苦力，只不过他比较胆儿肥，他敢太岁头上动土地当盐贩子。

说起张士诚当盐贩子，我们就要夸张士诚心眼多了，从小时候进了盐场，基本混了个脸熟之后，干帮闲记帐一类的杂差时就很能损公肥私。更何况他有三个弟弟干上了操舟运盐的营生，可谓是三个臭皮匠赛过诸葛亮，这四个人怎么着也能顶1.3个诸葛亮了，所以肯定能想出更

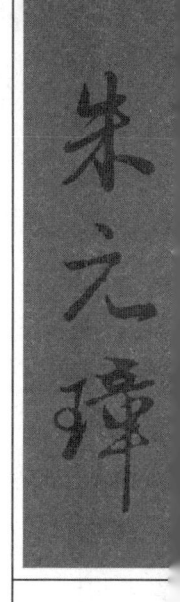

好的挣钱的方法，摆脱这种挣不着钱空熬日子的生活。于是某晚张士诚辗转反侧地睡不着时，突然灵光一闪，想出了这么个妙计——走私贩盐。就是在给官府运盐的同时，随身夹带一部分食盐，卖给当地的富户。这性质与现在个别派出所所长让亲戚开歌舞厅按脚房一样，不算什么大恶，却无什么职业"道德"可言。但是，撑死胆大的，饿死胆小的，张士诚就是看中了盐铁在封建社会一直是国家严管专卖产品。因此，利润会非常地丰厚。所以，即使是被处死，也要一直干下去，由此可以知道，这个张士诚真的是颇有胆量的。改革开放初期，就是因为有一部分人勇于做第一个吃螃蟹的人，做一些别人不敢做的尝试，才有了那么多新兴且生命力旺盛的职业，这就是证据。如果张士诚活在现在，一定可以挖掘很多的经济增长点来，并且把它做大做强。

手中有了钱，张士诚自然轻财好施，很像是《水浒传》中的"及时雨"宋江，虽然不是什么商家，但是经常举办什么Party，办一些优惠活动，设个比赛奖金丰厚，实际上就是以这种名义给老百姓送钱花。不像现在的某些真的商家，虽然名义上是在打特价搞优惠，其实是因为自己起价比较高，在老百姓乐颠颠地来购物的时候，自己数钱时偷着乐。而且每当乡亲们遇到困难的时候，他总是慷慨解囊，有求必应。不过也是，无商不奸，无奸不商，商人也不能违背这个或许放之四海而皆准的真理。这样的仗义疏财，肯定很得当地老百姓欢心。渐渐地，张士诚在当地盐民中树立起很高的威信。从这里就可以看出张士诚的人品，张士诚的为人是元末群雄中数一数二的"好人"，不奸险，能容人，乐善好施。

但是也正是因为这样的善良才决定了他不能有大的成就，因为一国之君要治理国家不能完全依靠仁政，虽然孟子喊了一辈子要施行仁政，但是在战国时期仁政的下场就是被歼灭，就是国将不国，家将不家。所以啊，孟子的理论没有太多的市场，只能用在国家刚刚建立初期，百姓遭受了太多的战乱之苦，需要休养生息的时候。其他时候则需要严厉和仁慈相结合来治理。

而且虽然张士诚在后面会礼待读书人，但乱世大伪，既然他没有杀妻灭子的"气魄"，也就从侧面证实了他根本就熬不到"最后胜利"的那一天，这个皇帝只能是由朱元璋来当，没办法，这些人天资都没有他优越。

十八条扁担起义

　　自从张氏四兄弟干起这操舟运盐的营生，生活水平比原先提高了一点，而且，有张士诚这个老大在盐场做内线，也算是比较有人脉吧，但是一直都不能把生活来个大的改变。就像现在某些明星一样，不太红也不太不红，不温不火的。后来虽然张士诚也辞去公职不干了，但是依然没有什么起色。为什么呢？当时的历史给了我们答案。从周代开始，食盐的生产和经营就一直由官府垄断经营，《周礼·天官》中有记载："盐人掌盐之政令，供百事之盐"。由于食盐专卖关乎国家安全，历朝历代的统治者对民间私自贩卖食盐的行为都要进行严厉的打击，到了元朝，相关的法律就更加全面了。据《元史·刑法志三·食货》记载，元朝对待私盐贩子的惩罚措施是"杖七十，徒二年，财产一半没官，于没物内一半付告人充赏"。

　　正是因为白驹场的富户们有这样的法律意识，所以他们常常以举报官府相要挟，不仅不给张士诚盐钱，而且对他非打即骂。人在屋檐下，不得不低头，由于身份低微，而且贩私盐本来就是违法行为，张士诚兄弟四个虽然心里把这些富户的八辈祖宗都骂到了，也不能有什么过激的表现，只得忍气吞声。兄弟四人是受尽了凌侮，很多时候都是白干活挣

不到钱。

这还不算什么，元朝政府也知道虽然自己已经制定了严厉的刑法惩治私自贩盐的行为，但是肯定会有不怕死的人继续贩盐，这就是屡有贩盐商人被抓的原因所在。为了稽查私盐贩子，元朝廷在各处盐场都设置了盐警，希望可以对贩盐的情况有所遏制。白驹场当地有一个盐警名叫邱义，负责监督盐民出工、缉拿私盐贩子。这个邱义就是那种拿着鸡毛当令箭的主儿，不但常常克扣白驹场盐民的劳动所得，而且盐民们每月还要向他上贡，俨然一个土皇帝，一旦盐民有什么疏漏，就对他们非打即骂。张士诚和盐民们慑于他的淫威，只能暗气暗憋。而且这厮很是不喜欢张士诚，经常对张士诚进行侮辱、谩骂，所谓士可杀不可辱，活人不能一直憋着气，这样总有一天会被气死，所以张士诚终于有一天憋不住了。

张士诚为什么憋不住了？是因为元朝末年，各地反抗元朝暴政的武装起义如雨后春笋般涌现出来。农民起义领袖方国珍在台州发动起义；刘福通在颖州率红巾军起义；濠州的郭子兴、孙德崖随后响应。起义大军是四处开花，而且各地农民义军反对元朝统治的斗争是节节胜利，这些消息使得张士诚备受鼓舞。

张士诚想，人家为什么就能这样利索地翻身农奴把歌唱，还取得了那么多的胜利？我为什么不可以？

我也要反抗！

张士诚的反抗在某种意义上其实反映了一种现象，那就是中国人的随大流心态。很多时候一件事发生时，如果没有人出头，那基本上大家都会处于观望状态，一旦有人出头，那估计就有可能是势不可挡的架势了。所以说，万事开头难，没有人愿意做第一个吃螃蟹的人，万一螃蟹里有毒怎么办？不过还好，张士诚没赶上那拨儿，他是第好几个吃螃蟹的人了。

1353年正月，张士诚和他三个弟弟，以及一个名叫李伯升的好汉，加上另外十三名胆大的盐民，积极筹备武装暴动。起事时，他们并无远大理想，只是杀人泄愤而已。但是事关重大，万万不可走漏了风声，否则肯定是杀头的死罪。张士诚他们为了防止秘密泄露，就把起义的地点选在了白驹场附近的草堰场，目的是为了掩人耳目。

说干就干，动作就要利索！

这天夜里，张士诚兄弟四人和十四名热血盐民在草堰场的北极殿中歃血为盟，抄起挑盐用的扁担，在这个月黑风高的夜里，头上套着丝袜，在寒风中悄悄摸进盐警邱义的家中。有冲锋的，有打掩护的，总之是成功的把这个平日里为害乡邻的恶霸用乱刀剁死。既然能剁死就可以知道这拨人对邱义的恨有多深了，这不同于《新龙门客栈》里的张曼玉，她剁人是为了做人肉馅的包子卖给人吃，有点残忍，好人坏人全都剁。这个邱义狗仗人势，实在是该被剁死。

随后，十八个人又冲进当地其他富户家中，所谓天下乌鸦一般黑，这些富户除了一毛不拔的共性外还全都对人苛刻，对当地的老百姓是想尽馊招儿地极尽鱼肉之能事。张士诚他们打开仓库，把粮食和钱财分发给当地的老百姓，充分发挥了自己乐善好施的本性，接着一把火把房屋烧了个干净。

由于当时盐场工人生活极其艰辛，自己的庄稼地不长粮食，在盐场干活也捞不着什么大钱，还总被富户剥削，跟这些富户算是有着不共戴天之仇了。你不叫我过好日子，我也不让你继续作威作福了。这些群众见张士诚等人带头挑事，这些人被极大地鼓舞和激励，是一呼百应，纷纷踊跃报名参加，并且一致推举张士诚为主。百十号人聚集一起，人多力量大，一个人能掰断一根筷子，但是掰不断一百根筷子，一百个人就可以了。这些人在张士诚等人的带领下，一下子就"攻克"了泰州。不到一个月的时间，张士诚领导的盐民起义军就达到了上万人的规模，成为元末反元起义军中的主力军之一。

可见当时的元朝是多么地不得人心，在短短的一个月时间里，就能聚集上万人，老百姓的生活苦啊！

老百姓其实是最容易满足的，能种点地，衣食无忧，再有点余钱，就不至于闹起来反起来，很多人这样的日子一过就是一辈子，也没见有什么反抗。只是那时候的元朝，尽管曾有过让人望洋兴叹的辽阔疆域，闻风丧胆的名号，那又怎么样？当时的元顺帝根本没有了先祖弯弓射雕的兴致，只顾躲在宫中摆弄着木工、音乐、歌舞等玩意儿，外面的事

【第四章】朱元璋的2号敌人——张士诚

情,他已不大在意了,真有点"我死后哪管它洪水滔天"的味道。所以说富不过三代是很有道理的,前辈的功高盖世,使得后辈子孙坐享其成,不思进取,结果落得国破家亡的下场,只有居安思危才能让自己的基业一辈辈延续下去,唯有如此,再无他法。

  遗憾的是,成吉思汗的子孙没有那么高的远见性,所以只好败家了,这正是历史赋予朱元璋的机会,一统天下的机会。

  当然,老朱最后能一统天下也要感谢张士诚,没有老张,靠着朱元璋一个人一点一点地打下去,不累死也会被烦死。感谢张士诚在起义军中力量逐渐强大,能让老朱有机会打败老张之后,直接收复了他的营地和他的士兵,省了很多时间。

  这不,张士诚就开始自己建功立业了,如果他当初知道自己现在拿命换来的成就是为了给朱元璋作嫁衣裳,不知道会是什么滋味。但是张士诚当时并没有想到这些,这也足见其真的没有什么高瞻远瞩,而且是个心急的人,而心急是吃不了热豆腐的,历史会给我们证明。

高邮大捷少胜多

一些人习惯在别人开始有所行动的时候，低估对方的实力，觉得别人不过就是一群乌合之众，小打小闹而已，不必放在心里，于是继续安安稳稳地过自己的日子。殊不知，在你觉得高枕无忧的时候，别人已经攻到了你的城门下，就差没有破门而入了。元朝的领导人无疑就是这样认为张士诚的。

好在在张士诚没有攻到城门下的时候，他们睡醒了，看到张士诚义军的声势不断壮大，攻城陷地，先在丁溪消灭了大土豪刘子仁领导的地方武装，又攻陷了淮东重镇泰州城。一路攻城略地势如破竹，使得元朝统治者不得不重新重视起这支新兴力量，采取武装镇压和招抚并行的措施。

在武力镇压起义军失败后，元朝当局采取怀柔政策，企图以高官厚禄收买起义军领袖。泰州失陷后，元淮南行省迫于无奈，派出高邮知府李齐前往泰州招降张士诚。张士诚跟元朝领导人的仇那叫一个深，这点小恩小惠就想收买我？太低估我了！当年梁山好汉的遭遇不就是活生生的证明吗？可不能像他们似的，被招了安，结果最后死无全尸的，不能接受，死都不能接受！而且，张士诚就算没有什么凌云壮志，估计也不会就这么满足于元朝可怜的施舍上，于是他严辞拒绝了元朝廷的招降，

并扣押了李齐。

当然了，元朝领导人也不是吃素长大的，见软的不行，就来硬的呗！招降不成，再生一计，派地方军队继续围剿起义军。安逸生活习惯了，士兵就不会有很强的战斗力，用脚趾头都能想明白的道理。更何况兵荒马乱的年代，没有什么好的领导人，上战场没准就是一个死，还不如上了战场钻个空子。于是，当年五月，张士诚的义军先后就把兴化和高邮两座城池攻占了。

在这里要先介绍一下高邮这座城。高邮隶属于后来的扬州，这样说你就明白了吧？扬州等于是京杭大运河的咽喉。中国历史课上介绍过京杭大运河的重要性。张士诚占了扬州，就切断了大运河的漕运。元廷在江南一带征收的粮食，主要就是通过大运河往大都（今北京市）等地调发的，大运河一被切断，整个元朝北方，包括大都在内，随时都面临着缺粮的危险。运河一旦不通了，也就是元朝领导人得了动脉硬化，离死也就不远了。

所以，元朝统治者慌了手脚，第二次派遣淮南行省照磨盛昭为特使前往高邮城二度招降，赦免其造反的重罪，并许诺只要张士诚肯投降，就赐予他"水军万户"的官爵。水军万户在元朝已经是很高的职务。在元朝，随着造船业和航海技术的发展，元朝水军已经具有相当大的规模，并且已经具备了远航南洋甚至非洲海岸的能力。所以说人家张士诚就是个汉子，面对这样的高官厚禄，依然丝毫不为所动，毅然拒绝了元朝廷的诱降，并扣押了前来招降的使者。实在是让人佩服！此后，元朝廷当然不会就这么轻易地放弃，又多次派兵围剿张士诚，但都是伤兵损将，无功而返。

1354年正月，张士诚趁着春节的喜庆劲儿还没过去，就在高邮建立了临时政权，国号大周，改元"天祐"，张士诚自称"诚王"。

王是当上了，狼也招来了。

高邮政权初立，元朝廷想趁张士诚脚步还不稳，派重兵讨伐张士诚，妄图把新兴政权扼杀在襁褓之中。

想了就要做！

当年二月，元朝廷任命湖广行省平章政事苟儿为淮南行省平章政事，率兵攻高邮；同年六月，派遣达识帖木尔攻张士诚；随后又命令江浙行省参知政事佛家闾会同达识帖木尔攻张士诚。张士诚也不是好惹的，率领起义军民奋起反抗，元朝廷的地方讨伐军以失败告终。张士诚乘胜追击，扩大了盐民义军在江苏地区的疆土，并牢牢控制了运河，扼断了元朝粮食和赋税北运大都的通道。张士诚算是因祸得福了。

但是自古就有一句话，枪打出头鸟，木秀于林，风必摧之。在这点上，张士诚就没有朱元璋有头脑，即使这个好计策不是他自己想出来的。人家甘心窝在小明王的羽翼下，不张扬，不跋扈，只是埋头造反，所以人家造反路上遇到的元朝的攻击不多。这个张士诚就不一样了。虽然他的反元斗争有声有色，但其他各地的起义军在元朝正规军和地主武装的强大攻势下，节节败退，原先占领的城池大部分被元朝军队收复。汉水流域的徐寿辉被迫进入山区隐藏；刘福通的红巾军则被元军封锁在河南境内……全国范围的农民起义斗争暂时进入低潮。

全国各地的义军被镇压下去，而江浙地区又是元朝廷的主要财源，张士诚这个时候非常突兀地撞在元朝领导人的眼眶上，他和他的盐民义军也就很自然地成为元朝统治者的下一个目标。

这一点也不奇怪。树大了自然招风！

1354年九月，元顺帝钦命右丞相脱脱亲自挂帅征讨张士诚。脱脱是元朝统治者绞杀农民起义军的主要将领。这个脱脱也是个杀人不眨眼的主儿。1352年八月，脱脱率军攻打徐州芝麻李的红巾军，破城之后，在徐州进行了灭绝人性的大屠杀，红巾军领袖芝麻李罹难。这次脱脱接到元顺帝的任命后，招集全国各行省的主力军队，并从西域调来大批军队，共计40万人马，号称"百万"，浩浩荡荡杀奔高邮，一路上"旌旗累千里，金鼓震野，出师之盛，未有过之者"。

面对元朝正规军的疯狂进攻，张士诚的起义军遭到了前所未有的重创，几次出兵阻击全部失败，只得退守高邮城，脱脱的元军趁机把高邮团团围住。脱脱就是狠，为了防止附近的起义军救援高邮，他又派兵攻占了六合、盐城和兴化等地，高邮城内的张士诚顿时陷入孤军作战的境地。张士诚的心当时估计就窄死了，你想当时的张士诚才多少人？就是元朝的士兵人肉战术，坐也能把张士诚的人坐死啊！此时的张士诚，叫天不灵，呼地不应，悔得肠子都青了，连扇自己嘴巴，怪自己招摇惹事。最惨的是，他想投降都不行，脱脱这次铁定了心攻下高邮，然后像

南京大屠杀一样屠杀当地兵民，用来杀鸡儆猴，在江南树威示警，让你们不老实，看看张士诚的下场，看你们还反不反？

怎么办？怎么办？

打，40万人的力量不是开玩笑的，到头来就是一个死；不打，死守着，大军迟早也会攻进城来，到时候估计死得更惨。打也不是，不打也不是，真是不知道该怎么办才好。

但是，别忘了，兔子急了咬人，狗急了跳墙，张士诚急了，反抗！

这明显是效仿了陈胜吴广的战术，王侯将相宁有种乎？拿命来！

反了！

面对脱脱指挥大军夜以继日地攻打高邮，张士诚和盐民义军带领高邮百姓拼死抵抗，双方展开了拉锯大战。但是力量差距毕竟不是一般的悬殊，随着时间一天天过去，高邮城中盐民义军只剩下几千人，粮食越来越少，弓箭等守城的器械使用殆尽。

张士诚的焦虑一天大过一天，嘴上的泡也是层出不穷。

在这千钧一发之际，命悬一线之时，柳暗花明又一村，运气来了，元朝的后院起火了！

从来有能力的忠臣在朝中都是吃不开的，皇帝再英明神武，也架不住耳朵边天天有说你不是的人存在啊！脱脱也是有这样遭遇的一个冤主儿。朝中奸臣看他不爽大发了，就开始算计他。责备脱脱劳师费财，毫无功效，削去了脱脱的兵权。昏庸的元顺帝一纸诏书把他就地解职押往吐蕃，半路毒酒赐死。可怜了一代忠臣啊！

继而，元顺帝任命河南行省左丞相太不花、中书平章政事月阔察儿和知枢密院事雪雪为前线指挥，率军继续攻打高邮城。临阵易帅向来是兵家大忌，脱脱的去职直接造成各省军队群龙无首，调度不灵，元朝军队立时阵脚大乱，将士们想家想得厉害，于是纷纷回家找妈去了。这可美坏了张士诚，他见元军不战而溃，立刻率领城中仅剩的几千名盐民义军杀出城来，大败元军。

这真是上天保佑啊！看来年号取得真好！真有先见之明！

高邮大战之后，元朝又先后两次派使者招降义军，均被张士诚拒之城外，舞台就暂时交给张士诚了。

胸无大志安一方

高邮大捷，为张士诚以后的发展进步卯足了后劲，奠定了基础。人都是这样，做对了一道想了很久的数学题马上就会觉得数学题有趣味了，就会兴奋得开始做下一道。

高邮大捷之后，张士诚是扬名立万。你想元朝40万大军我都不惧了，还怕什么？江浙一带的农民武装觉得终于看到明主了，纷纷前来投奔。张士诚的事业一路顺风顺水地发展下去，1356年三月，张士诚率领主力军进驻平江，把平江改名为隆平府。

平江就是苏州，历史上的粮仓、衣仓、钱仓，真正的大富之地。有了钱一切都好办了，可以买武器，可以给兵将改善生活，所以张士诚的势力发展极为迅速，湖州、杭州、诸全（诸暨）、绍兴、宜兴、常州、高邮、淮安、徐州、宿州、泗州以及朱皇帝的老家濠州，全部被其所占领。随后，张士诚定都隆平府，把承天寺改建成王宫，并设立了省、院、六部等行政机构，任命李行素为丞相，张士德为平章，蒋辉为右丞，潘元明为左丞，史文炳为枢密院同知，周仁为隆平太守。至此，代表广大下层盐民利益的大周政权初具规模。

到此时，张士诚基本实现了有房有车的小康生活，全国最富的几个

地方几乎被他全部占领,这时候的张士诚身价赶得上比尔·盖茨,不知道是多少少女的梦中情人。

这里,有一点我们要大加赞赏张士诚,因为张士诚出身盐民,所以十分了解下层百姓生活的艰辛,因此,在他执政前期,是励精图治,致力于革除元朝的弊政。

前面说了,元朝末年,统治者的土地多得无法想象,老百姓却连锥子大小的站立的地方都没有。而且,江南地区的农民虽然地处富裕地带,但是赶不上元朝领导人们名目繁多的收费标准啊!除了各样赋税,每年还要向田主缴纳额外的附加粮和丝绸,甚至要代替田主服徭役。当然是白干活没钱拿。历史证明,少数民族的地主和汉族地主勾结起来的力量是十分强大的,在蒙汉地主的层层盘剥下,下层百姓的生活已经到了揭不开锅的份儿上了。

张士诚就不一样了,他们家八辈贫农,知道穷日子不好过,于是在大周政权初创之时,张士诚就下令废除元朝施加在农民和盐民头上的苛捐杂税。随后又颁布了《州县务农桑令》,就是为了促进农业发展。

为了发展教育,整饬民风,四月,张士诚又颁布了《州县兴学校令》。

张士诚历史一定学得不错,知道当时的情况下,改革才是立身之本。于是,在定都隆平府后,张士诚又在统治区内继续推行经济和文教改革。

在经济方面,张士诚派军队与当地农民一起,开垦隆平府城外的南园和北园两片荒地,全部种植粮食作物,并减免当地农民一年的赋税;大周政权取消了农民拖欠元政府的所有赋税,并把当年四成赋税返还给农民,把地主和富户的粮食衣物赐给贫民和老年人;在郡和县两级行政区分别设立劝农使和劝农尉,带领当地百姓兴修水利,发展农桑;在隆平府,张士诚命人把承天寺的铜佛融化,铸造"天佑通宝",取代元顺帝发行的至正钞在江浙地区流通,有效地稳定了江浙地区的物价和市场。张士诚的一系列鼓励农桑的措施使江浙地区的经济得到了恢复和发展,各地流民纷纷返乡,重建家园。至正十八年(公元1358年),南宋最后一个丞相陆秀夫的五世裔孙陆仲达,从山东回到老家盐城,一路上看到"张士诚起兵,招纳流移,安抚百姓,盐城流民大半归家"。

在文教方面,张士诚在隆平府设立学士员,开办弘文馆,招纳"将吏子弟、民间俊秀",入学者的日常饮食和津贴都由大周政权提供;至正二十二年、二十五年,张士诚在江浙地区先后两次举行乡试,遴选了一批优秀的读书人入仕;设立礼贤馆,广徕四方文士,江浙一带的知识分子纷纷前来投靠,施耐庵、罗贯中、陈基、陈维先等元末名士都曾在张士诚帐下任职,为其出谋划策。

在发展经济和文化教育的同时,为了抵御元军和朱元璋军队的进攻,张士诚加紧巩固各地城防,重修了无锡、常熟、湖州等地的城墙,并在隆平府城外修筑了外城,隆平府在当时号称"天下第一坚城"。

总的说来,张士诚统治前期的江浙地区可谓是政通人和,百废俱兴。在他的统治下,老百姓得以休养生息,安居乐业。为了感激张士诚的"德政",每年七月三十,老百姓都会到街上烧香叩拜,直到今天,苏州某些地方的民间还保留着烧"狗屎香"的习俗。

【第四章】朱元璋的2号敌人——张士诚

降元朝倒行逆施

在张士诚成了钻石级的人物的同时，朱元璋也是一路狂飙突进，不断壮大自己的实力，在成功剿灭了陈友谅后，已经没有什么人能跟朱元璋相抗衡。朱元璋的目标很快就转移到了张士诚身上。这次不同于上次的树大招风，而是他挡住朱元璋的去路了，所以必须接受朱元璋的挑战，这是历史赋予他们的战争，一山是永远不能容二虎的。

朱元璋、张士诚二人的冲突，源于1356年。本来降附朱元璋的"黄包军"（注意了，这可不是指拉黄包车的，而是这些人以黄帕包头，估计是怕冷）头目陈保二忽然倒戈，逮捕朱元璋派来的将领，向张士诚投降。当时老朱正忙于和陈友谅作战，起先还不敢与张士诚闹翻，派人送信一封，以"隗嚣称雄"的字眼奉承张士诚，希望两家"毋生边衅"，"睦邻守国，保境息民"。张士诚左右文人不少，再加上他自己也读书，深恨朱元璋信中以"隗嚣"比拟自己，如此，朱元璋就是"汉光武"刘秀了。另外，此时的张士诚已经占据了中国最富庶的江浙地区，经过几年的精心治理，已经初现繁荣。财大气粗的张士诚根本瞧不起要饭出身的朱元璋，心想，你就一贫农凭什么跟我百万富翁和睦相处？就因这几句话，张士诚把老朱的来使扣押，不肯讲和，而且派兵攻打朱元璋占领的镇江。

朱元璋看张士诚敬酒不吃吃罚酒，不知道他朱王爷有几只眼，奋起抵抗，朱元璋派大将徐达进攻常州，张士诚派弟弟张九六来援。徐达设下埋伏，活捉了张九六。不久，华云龙等将又在旧馆大败张士诚另外一个弟弟张士信。连败之下，张士诚与朱元璋书信，表示愿意送黄金五百两，白银三百斤以及粮食二十万石，双方讲和。由此也可以看出，人家张士诚确实是有钱。但是谁叫他不得罪别人偏要得罪老朱。而且前面老朱已经作出让步要讲和你不答应，现在答应？晚了！老朱得理不饶人，回信列举张士诚罪状N条，要对方放人让他。结果，和议不了了之。

朱元璋此举不但击退了镇江之敌，而且派兵攻占了张士诚治下的常州、长兴、江阴、常熟等地。张士诚伤兵损将，元气大伤。

祸很少能够单行，你倒霉的时候，喝凉水也是会塞牙的。就在这个时候，已经投降元朝的方国珍率领部队攻占了昆山和太仓，张士诚成了三明治里的夹心，腹背受敌。

战场上接连失败，使得大周政权岌岌可危，大周政权内部人心浮动。其实张士诚走到今天也是咎由自取。在张士诚起义的过程中，不断有大批元朝旧臣和地主投降义军，并得到张士诚的重用。建立政权后，张士诚虽然广揽人才，却不能知人善任。史书上说，张士诚对待投奔他的文人是不问贤不贤，只要来了就给你好房，生活用品，一应俱全，另外，赠送多多的银子，反正我有的是钱。如此用人必然会造成盐民义军中鱼龙混杂，既有对元朝刻骨仇恨的穷苦百姓，也有投机农民革命的地主知识分子。当看到张士诚战事不利，元朝降臣就纷纷鼓动张士诚投降元朝，张士诚没了主意。

这件事就足以证明张士诚是个很没主见的人，没有什么深谋远虑，这样的人迟早会被淹没在历史的洪流中，他所建立的功业就是为他人作嫁衣裳。

没有主意也要想个办法啊，这样耗下去还不是等死？1357年七月，被朱元璋俘虏的张士德派人偷偷送来书信，劝说大哥张士诚投降元朝。张士诚开始还觉得这是一件侮辱人格的事，但是接下来的日子里架不住别人的劝说，一个月后，张士诚正式向元朝廷请降，并把隆平府改名平

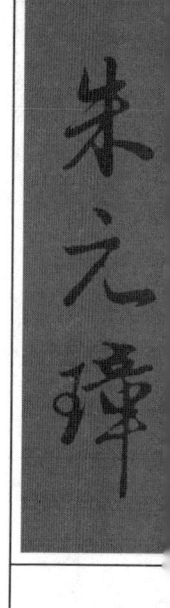

江。已经疲惫不堪的元朝廷本来已经放弃希望，见张士诚如此决定，大喜过望，马上册封他为太尉，义军将领也都得到了相应的封赏。

张士诚投降后，立刻成为元朝廷镇压江南农民起义军的急先锋。他与元朝军队兵合一处，大举进攻朱元璋控制的地区。从1358年到至1363年秋，双方在江浙地区进行了大小数十次战斗，但是始终没有分出胜负。同时，张士诚又趁刘福通和韩林儿的宋政权三路北伐之机，攻占了苏北和鲁南的大片土地，把自己的势力范围向北扩张到了济宁。

投降元朝后，张士诚集团已经从农民军彻底转变成江南地主豪绅的代言人，不仅到处镇压农民起义军，而且大肆追求物质享乐。金钱开始腐蚀他们的灵魂了。

张士诚手下的将领多数出身贫寒，在占领江南地区后，义军将领把主要的精力放在了追逐江南财富上面。这些将领将农民阶级的局限性暴露得淋漓尽致。吃、喝、嫖、赌是样样精通，整天泡在三里屯，青楼妓院那是常客，动辄宝马，住辄豪宅，身边的美女一天一换，吃饭，五星级的都不愿意去，出去玩必是总统套房。尤其是张士诚的四弟张士信可称得上是这方面的绝对典范，他召集了数百名歌伎，在家里练魔舞，连园中采莲的舟楫，都是用檀香木做成的。

张士诚不仅对将领的糜烂生活视而不见，他自己也过起了帝王般的日子，每天在家里饮宴作乐，不理政务。一次，张士诚率船队外出游玩，跟随的船队用新漆油漆金花舟，船上挂着锦帆，张士诚的船上美人无数，众妓女列队唱《寻香采芳曲》，元末诗人高启作诗讽刺张士诚政权"水绕荒城柳半枯，锦帆去后故宫芜。穷奢毕竟输渔父，长保秋风一幅蒲"。

张士诚如此穷奢极欲、不思进取，必然让有识之士不满，于是被告发。但谁知道，这封劝谏书引起了张士诚的不满，他下令诛杀上书之人，幸亏王妃刘氏极力劝阻，才作罢。

张士诚在那之后，变本加厉，在其统治地区加大了对农民的盘剥，比元朝政府有过之而无不及。使得刚刚摆脱元朝统治的江浙人民，又陷入到水深火热之中。

天作孽犹可恕，人作孽，不可活啊！张士诚是在自寻灭亡！！

杀刘福通称吴王

有句话说得好，冤家宜结不宜解。这话用在朱元璋和张士诚身上是再恰当不过了。1358年春，朱元璋又派大将廖永安、俞通海、桑世荣等人大张旗鼓去"讨伐"张士诚，并派出邓愈、李文忠、胡大海等人从徽州显岭关攻取了张士诚的建德路。

此时的张士诚目空一切，声色犬马的生活让他变得狂妄至极。张士诚肝火大动，随后遣兵反攻常州、常熟，但是很不幸均失败而归。这就是声色犬马对于军队战斗力的"积极"影响，使得兵士没有心思打仗，人的心思是固定的，这边用的多了，那边能用的自然就少了。

当然，张士诚是不会如此轻易认输的。东边损失西边补，这年秋天，张士诚设计杀掉元朝的苗军元帅杨完者展开大战。杨完者是谁？这个人的由来源于元朝政府，是元的领导人为了平息江南叛乱从湖广召来的少数民族部队的首领。这部苗军烧杀抢掠，极其惨毒。有时还用上了湘西的巫蛊和赶尸。如果给在所有江南一带打仗的军队纪律组织性打分的话，无疑"天完"政权纪律成绩最好，其下依次是刘福通红巾军、张士诚军、朱元璋军、元朝政府军、陈友谅军，而杨完者的"苗军"是最差的，连及格线都没到。这样的人自然不能融于张士诚的眼，所以

元朝江南行省的达识帖木尔才与张士诚暗中约定联手做掉这个骄横滥杀的"苗帅"。

但是历史证明，人与人之间的互相利用是没有限度和标准的。杀掉杨完者，张士诚很快占据杭州和嘉兴两处要地，更加的肆无忌惮，再也不把元朝的官员达识帖木尔放在眼里。原来，张士诚的用意在此，可怜的杨完者不过是颗棋子。不过张士诚杀掉杨完者，不仅是为民除害，为元除了害，同时也给朱元璋除了害，老朱算是捡了个大便宜。

此时的张士诚是意气风发，元朝军队算什么？我张士诚什么都不怕。于是在兴头上派兵攻常州，但无奈被汤和击败，顺便又丢了宜兴。

但是朱元璋手下水帅大将廖永安乘胜入太湖，深入追击，反而被张士诚大将吕珍候个正着，生俘了廖永安。老朱手下大将被俘，爱才如子的老朱自然不会坐视不理，朱元璋想以俘获的三千张士诚兵将换廖永安一个人，可张士诚不答应，为什么？张士诚的弟弟还在朱元璋的手里，不知道那个死老朱有没有虐待他，张士诚心里一直惦记着。现在有机会交换人质，当然要将自己的弟弟换过来了。于是，他提出要以廖永安换自己弟弟张九六（张士德），但此时朱元璋又不答应。张九六是个重要人质，关键时候还能派上大用场。但是后来考虑到张九六可能趁机逃出为张士诚平添羽翼，老朱先下手为强，先宰了张九六。

老张痛失自己的弟弟，心里对朱元璋的恨又增加了100倍不止。

这边老朱也不会轻易就放过张士诚的，梁子结大了！1359年，胡大海、李文忠又攻下老张的重镇诸暨州。张士诚急忙调兵遣将攻打江阴，被守将吴良打得大败而去。张士诚上金州、焦州再也不敢从江阴这过了，算是把人家老张打怵了。

张士诚的骄傲容得下现在这么多的失败吗？答案当然是否定的。这几次败仗下来，1359年秋天，他重蹈覆辙，仍旧派人攻常州，不幸又失败了；1360年派兵侵诸全，杀了守将，小成功了一把；又派大将吕珍攻打长兴，很不幸也以失败告终。1361年，朱元璋遣胡大海进攻绍兴，没有得到什么胜利的消息。同年冬天，张士诚大将李伯升率精兵十余万进攻长兴，水陆并进，先胜后败，最终遭朱元璋守将耿炳文和常遇春内外夹击，狼狈而去。相信此时的老朱心里一定非常痛快。为什么？

— 128 —

这个张士诚真是顽固，攻了一百次都没有成功还要发动第101次战争，还真是执着，不过执着也要讲究对象，好比谈恋爱，人家姑娘死活不愿意跟你谈，你这么死缠烂打的估计也不会有什么好的效果。现在的老朱应该已经烦死张士诚这个人了。不过好在终于痛打了他，让他暂时不敢再兴起这个念头了。

当然了，上帝一直是公平的，不能一直让张士诚失败，否极也会有小泰来。1362年，守金华的朱元璋大将胡大海被属将蒋英、刘震杀掉。这蒋刘二人本来是苗帅杨完者的部下，张士诚杀了杨完者后，二人向朱元璋投降。胡大海觉得这二人骁勇善战，是可用之才，于是留在自己麾下，以疑人不用用人不疑的态度对待这二人。但胡大海死就死在这疑人不用用人不疑上，因为他根本没看清楚这二人的本来面目。这么容易就投降别人的部下，再加上那么好的组织纪律性，可想而知他们的心思有多么地活泛，这样的人多半是见竿就爬，有奶就是娘的那种。事实胜于雄辩，果不其然，二人日子一长就想来点刺激的，于是约定几个苗将，准备起事。

但是怎么把胡大海邀出来呢？二人颇费了一番心思。他们邀胡大海到金华八咏楼观射弩。老胡是个很务实的人，觉得这样的机会可以让自己看到别人的长处，趁机可以学习一下，自然很高兴，早到了大概半小时，想视察将士操弩演兵。

这样的高兴自然会使老胡放松警惕了，蒋刘二人也正是赌的这个，趁胡大海还未下马，蒋英突然从袖中拿出铁锤，把胡大海脑袋击碎，铁锤跟人脑袋比还是铁锤更硬点，胡大海又一次证明了这样的真理。杀了胡大海还有他儿子啊，一定要将父债子尝这样的可能性扼杀在萌芽状态。于是，蒋刘二人又杀胡大海儿子胡关住及金华数位文武官员。起事后，几个人心中也是战战兢兢的，忙派人向张士诚投降，临走还不忘在金华搜刮一下，实行了多年之后日本鬼子最擅长的"三光"政策，大掠金华而去。

金华发生这样的意外，使得老朱一时被震住了，趁金华的混乱，张士诚派其弟张士信和大将吕珍率十万兵马包围诸全。朱元璋气愤至极，你张士诚真是小人，就会干这胜之不武的事。派遣守将谢再兴与朱元璋

【第四章】朱元璋的2号敌人——张士诚

外甥朱文忠设计使吕珍分兵，又以炮铳等火器相攻，以少胜多，打得张士信仓皇逃走，算是解了老朱心头之恨了。

时间很快就到了1363年，气急败坏的张士诚派大将吕珍集十万大兵进围安丰，这时候老朱正在和陈友谅有一搭没一搭的打着呢，最擅长小人之为的张士诚跑到安丰，把个小明王架空了。再说张士诚这边逮住了小明王，杀掉了红巾军"革命领袖"刘福通。要说刘福通跟张士诚他们真的都是大好人，人家老刘辛苦数年，为老朱除残去秽。张士诚杀刘福通，其实也是为朱皇帝做事前的"驱除"工作。这样就省得老朱亲自动手了，虽然老朱没有领情，还是来救小明王了。

为什么这么说？因为前面说了陈友谅那厮趁机攻打了江都，在背后给了老朱一刀，幸亏这刀砍在后脚跟上，没有攻打应天，算是没有切中要害，否则老朱真的玩完了。

这中间还要穿插一件大事，就是在1363这年，张士诚称了帝。

张士诚不是傻子，要不是因为军事上受到朱元璋的威胁，他也不会降元。张士诚降元要按年纳粮，由沿海的方国珍用船海运到大都。元朝招降张士诚，也有他们的打算，主要是解决大都的缺粮问题。谁叫张士诚占的是粮仓的宝地呢！这一点，张士诚应该心知肚明。

张士诚表面上作元朝的官，实际上搞的是假投降，内心有自己的打算。投降元朝后，张士诚暂时找到了可以依靠的组织，不用自己出头，安心地壮大自己的实力就好了，于是在降元的这几年的时间里，张士诚的实力已经不容小觑。他南侵江浙，占了杭州、绍兴，北取江、淮，直到山东济宁一带，西略汝、颖、濠、泗诸州，东到大海，疆域二千余里。另外我们前边也讲了，这几年的时间里，不光张士诚，他的手下也是享尽了荣华富贵，什么好玩玩什么，什么刺激玩什么，根本不在乎钱，十足的纨绔子弟的架势。

但是，张士诚本来就不是什么贪生怕死的人，不然，他也不会揭竿而起，因为连阿Q都知道，这可是杀头的罪呀。说到他的投降，有意思的是，张士诚虽然多次在危急的时候想到降元，但不同的是，就是到死，他也决不曾向朱元璋低过头，这在后面我们会讲到。兵不厌诈，自古而然。投降元朝，讲究的是斗争的策略，不屈元璋，保全的是做人的节操。凭此一点，也不能看扁了张士诚。

1363年，张士诚认为危机已经消除，时机成熟了，便重整旗鼓，再树王旗，自称吴王。从此元朝征粮，再也不肯答应了。

而且趁着老朱正在前线指挥军队与陈友谅在江都干仗，没时间料理这边的事情，张士诚侥幸得到了比较宽松的喘息时间。1364年秋，张士诚又逼元朝江浙行省长官达识帖木尔自杀后基本上独立，不过年号仍用元朝的"至正"。

在张士诚为称帝欢欣鼓舞的时候，老朱这段时间有点儿背，坏消息是一个接一个，又一个大坏消息传来：诸全守将谢再兴，也就是朱元璋亲侄朱文正的岳父投降了张士诚。

其实谢再兴的叛变也是有点情有可原的，因为老朱待人有点很苛刻的样子。俗话说人为财死鸟为食亡，老谢也是人，而且是个很爱财的人。老谢人脑子活泛，为了赚钱，暗中不时派军士偷着带银两往张士诚所占据的杭州买东西，买点杭州的丝绸手帕、天堂伞之类的，低价买回来高价卖出去，中间赚个差价。

朱元璋听说后大怒，你谢再兴真是不懂事，沾亲带故的怎么好意思跟我玩这个？不重罚你叫我怎么领导众人？于是严责了谢再兴，并下令把他召回金陵，让别人代替了他的职务。老谢心里的火也是快窜到房上了。另外，谢再兴的二女儿在应天，老朱连个招呼也不打，就擅自做主将她许配给了自己的爱将徐达，老朱这边成就百年之好，老谢那边并不领情，他觉得朱元璋这样做就像在分配军需物品，我是我女儿的父亲，我还没说话，你做什么主？老谢因此直接把上了房的火点着了。但是谢再兴深知老朱杀人不眨眼，就是投降也是心惊胆战的。惶惧之下，他杀掉知州栾凤，率诸全守军去绍兴向张士诚投降了。不久就率领更改了衣服颜色的"吴"军攻击东阳。不过好在李文忠听说后从严州十万火急地赶到，诸全这边才没出什么大漏子。

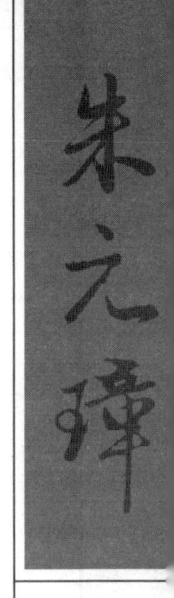

杀明王老朱称王

　　这边张士诚虽然称了帝，但是朱元璋在这一年同样迎来了一件更大的盛事，那就是陈友谅被铲除了。朱元璋心里明白，在各路豪杰中再也没有有能力和他抗衡的势力了。一直以来他按照谋臣给设计好的策略不争王争霸，本本分分地待在小明王的羽翼下，虽然一直是他在保护明王，但是给世人一种错觉就是朱元璋没有培养自己的力量，也正是因为这个给他赢得了先机准备，算是绝好的谋略。不过随着讨伐陈友谅成功的来临，朱元璋觉得自己已经具备了充足的称王条件。而且东边的张士诚占据了一块巴掌大的地方，很早以前就称王了，朱元璋的心里一直不平。他不甘心再继续做吴国公了，他也要称王，反正现在小明王除了能下个空头的"圣旨"外，什么也管不了他。

　　但是还存在一个比较棘手的问题就是小明王的存在，虽然小明王被朱元璋从安丰成功救出，但是一直没有什么实权。尽管这样，朱元璋称王也有点欺君犯上的嫌疑，更何况这与当初他一意孤行要救小明王是万分得冲突，如何给世人一个比较公正的说法是朱元璋此时遇到的问题的关键所在。

　　在讨论这个问题如何解决之前我们要先认识一个人，因为这个人和小明王的死关系很大，他就是廖永忠。

廖永忠是安徽人，深谙水性，应该是那个年代的浪里白条，横游竖游长江应该都不在话下，关键是人家不光游泳没问题，就算是在水里打仗也都是小菜一碟。当时鄱阳湖大战的时候多亏了他这个水军统帅，虽然开始时是他哥哥做，后来哥哥战死就是他的了，反正不管怎么说，能当上就是因为有这个才能。朱元璋的眼光还是不错的。

并且，因为在鄱阳湖大战中表现卓著，朱元璋特别称赞他是"奇男子"，堪称水军的灵魂人物。朱元璋曾经亲书"功超群将，智迈雄师"八个大字，制成匾额，挂在廖永忠宅第大门上，以示嘉奖。这是何等的荣耀啊！

现在回过头来再说朱元璋要如何解决小明王的问题。朱元璋想了一计，当时的小明王在滁州，没跟朱元璋在一块，这正好为朱元璋整死小明王布好了一个局，所谓当时的无心插柳使得现在柳成荫了。某天，朱元璋突然命大将廖永忠返回应天，随身携带着小明王。当时的天阴得很沉，狂风呼呼地吹，小明王有点畏惧这样的天气里出行，万一有个大浪被风吹起来，直接把船压底下了，这船又不是泰坦尼克兰，还不直接玩完。但是无奈自己没有什么实权，说话就像是刮风，根本没人听，所以只好跟随廖永忠其后，一起上船了。而历史证明小明王的预感是没有错的，船走到江苏一个叫瓜步的地方，突然大风像是有人导演一样就鬼哭神嚎地越吹越大，小明王晃晃悠悠坐在船上，大家也知道，朱元璋一直是以节俭闻名的，所以可以想象小明王所坐的船会是什么级别的。正在小明王担心自己马上就要沉于江底的时候，忽地一阵大风，直接把船吹翻了，小明王依靠自己敏锐的男人的直觉永远地告别了这个世界。但是可惜的是，泰坦尼克号上杰克沉于海底前还有一个露丝为之拼命，表达爱意，小明王孤家寡人的就去了，可悲可叹！

后来，廖永忠等人安然地回到了应天跟朱元璋报告此事，朱元璋表现得异常伤心，命人将小明王的尸体打捞出来，好好安葬，也算是告慰小明王的在天之灵了。对外也没有追究廖永忠他们的责任，毕竟算是死于天灾，跟人没有什么直接的关系。到此事情基本算是解决了，称王也算是没有任何实质上的障碍了，一切顺风顺水。

小明王被除，再也没有什么能挡住朱元璋称帝了。于是在1364这年，朱元璋称吴王。

朱元璋为什么要当"吴王"？因为他所在的地方——应天，在古代属于吴。兴许是为了告慰小明王，朱元璋没有建立自己的年号，还是使用大宋龙凤年号。反正日后也是要统一整个中国的，现在是用什么年号都是暂时的，所以也无需太过计较。

朱元璋当了吴王后，自然也要按照当时的国家建制制定自己的一套人事安排，人家麻雀虽小还五脏俱全呢。他在自己辖区的行政管理机构——行中书省，设置了左右相国，以李善长为右相国，徐达为左相国，也就是左丞相和右丞相，这可是皇帝的左右手啊。常遇春、俞通海、汤和、邓愈等这些大将也都安排了相应的官职。

但是当时的年代，天下大乱，各路豪杰趁机而起，一些人自己称王称帝，当起了皇帝，过了把皇帝瘾，也算这辈子没白活；另一些人则打着元朝的旗号抢占地盘，这很容易让人想起近现代张作霖等人存在的时候，看来历史总是有各种各样的巧合，那时候的元朝也基本和军阀混战的时候一样。元朝皇室即使再声色犬马、不务正业也会垂死挣扎，不会轻易退出历史舞台，只有这样才能保证他们继续拥有这样声色犬马、灯红酒绿的日子啊！所以这些军阀的存在就有了市场，有需求就会促进生产，军阀的存在也是这样。各地混战使得元朝的官员皇帝玩的时候都不省心，就让这些军阀镇压红巾军和各路反元势力，好处就是授以官职，保证他们也能享受一点次三里屯的待遇，但是人都是贪婪的，虽然有人出钱给玩，但是毕竟是有限的，要是自己当了皇帝，那还不是可以一辈子玩下去？这个道理街口的二傻都知道，所以这些军阀各怀鬼胎，野心不断地膨胀，朝廷对此也只能睁一只眼闭一只眼。

既然深藏不露很沉得住气的朱元璋也在金陵称王了，那以后怎么发展，那是秃子头上的虱子——明摆着的。

那先帮老朱数一下都有些什么人需要对付。首先，刚才也说了，元朝不会轻易退出历史舞台，所以元朝是一个。在河北有孛罗帖木尔，此人是一个能征善战的军事家，在元朝末年腐朽统治政府中，也是一个有才能的政治家，只是生不逢时，而且军队纪律散漫；河南有扩廓帖木尔，也就是传说中的王保保，此人也是元朝将领中极有魅力的一个人，军队虽然有纪律但是士气不振；关中有李思齐、张良弼。他们所在的地区比较偏僻，远离经济中心，道路不通、粮饷不济。算是山高皇帝远；偏远的地方一般都是高山峻岭，那种地方自然风光非常之好，李思齐和张良弼有眼光，如果朱元璋任他们发展先去，估计会为国家旅游业做出很多贡献的。

朱元璋对形势进行了如此系统的分析之后，他判断：河北、河南以及关中的各路兵马都是软柿子，不值得一捏。现在首要任务是，集中力量消灭面前的对手，那就是地处江南的张士诚周政权。

【第四章】朱元璋的2号敌人——张士诚

势如破竹朱元璋

时间已经把他们挤到了历史的拐角处,这一战在所难免。

为了这一天,朱元璋可谓费尽了心思。如果拿一篇文章打个比方,你不能不叹服朱元璋不愧是个文章高手,他把这篇文章的起承转合安排得有条不紊。

元朝末年,群雄蜂起,在给元朝造成沉重打击的同时,各支义军之间也发生着利益的争斗。随着斗争的进展,刘福通被张士诚杀死,徐寿辉又死在陈友谅手中,除朱元璋外,只剩下陈友谅和张士诚力量较为强大,是朱元璋统一天下的最大障碍。朱元璋审时度势,听取了谋士刘基的建议,定下了先打陈友谅,次打张士诚,然后北伐中原、统一天下的策略。现在陈友谅已经死了,下一个进攻目标,便是吴王张士诚了。

以后,朱元璋不慌不忙,从容布置,一直等到1365年十月,才向张士诚下手。

朱元璋对张士诚的攻势,谋划分作三个步骤:第一步,从1365年十月开始,先夺江阴,割断他长江以北的领土,再令徐达、常遇春等率大军水陆并进,尽取通州、兴化、盐城、泰州、高邮、淮安、徐州诸州县,夺取张士诚在苏北和淮河地区的全部占领区,使其军力局促于长江以南。

第二步，从1366年八月开始，令徐达为大将军，常遇春为副将军，进取湖州、杭州，切断其左右两臂，吞并太湖以南，以造成北西南三面合围平江的态势。

前两步完成以后，剩下第三步——攻打孤城平江。

张士诚这个人虽然有值得我们赞赏的地方，但是不得不说他真的没什么大志，所以也不会有什么更大的作为，除了占山为王之外。从前陈友谅邀张士诚一起夹击朱元璋，老张不出手。现在，老陈已败亡，张士诚反倒来了精神。1365年春，他派大将李伯升与朱元璋叛将谢再兴一起，率陆军、水军二十余万人，跨逾浦江，包围诸全新城，造庐室，建仓库，还想设置州县官属，大有做持久战扳倒朱元璋之势。结果，朱元璋外甥李文忠与大将朱亮祖等人以少胜多，把东吴军杀得丢盔弃甲，李伯升等人只身逃出阵营。

朱元璋指挥若定，挥兵又攻克了泰州，数月后又击下张士诚白手起家之地高邮。

1366年，徐达与常遇春会师攻打淮安，攻克了兴化，朱元璋之军所到之处势如破竹，淮地全部被攻克。五月份，又攻下了对于老朱来讲最有象征意义的"龙兴之地"濠州老家。

老朱亲自到濠州，给坟头培培土，顺便专程宴请一下父老乡亲。宴请父老乡亲是真，省陵墓嘛，纯属瞎掰。他一家老小几乎全部葬在乱坟岗里，席烂土浅的，"龙凤"之尸恐怕早就被野狗吞食了，上哪儿找什么坟头啊？

大好形势下，朱元璋集团内部仍有不少人高估张士诚势力，身为文臣之首的李善长就表示说，张士诚虽然吃了几次败仗，但是兵力依然强势，沃野千里，粮仓是满的，口袋也是满的，恐怕不好打败，说得朱元璋一阵翻白眼。

在这方面徐达比李善长心眼多，知道朱元璋心里怎么想的，爱听什么话。说张士诚不能顺应天意，现在自己进攻他是上天在帮助他们，一定可以将他们制服。

这样的话正说到朱元璋的心坎上，老朱高兴得心花怒放，立刻命令

徐达出师讨伐张士诚。

1366年9月,朱元璋以徐达为大将军,常遇春为副将军,率二十万精兵,集中主力消灭张士诚。

当然在出兵之前,朱元璋还想到了一点就是,如此讨伐张士诚似乎出师无名,要给天下一个说法,于是老朱心生一计,对外发表了一篇檄文,历数张士诚的八宗罪,昭告天下,我朱元璋是在为民除害,行的是正义之事。

既然已经师出有名,接下来的事就是激战了。老朱既有运筹帷幄的本领,又相信将帅的指挥能力,他命徐常二人不要先攻苏州,而是直击湖州,从而使张士诚疲于奔命,两翼拖垮张士诚,然后移兵姑苏,一定能够将他打败!有这样伟大的战略家,想不胜估计都很难。

二人按照朱元璋的计谋,徐达等率领诸将直击龙江,另外派遣李文忠奔赴杭州,华云龙赶赴嘉兴,用来牵制张士诚的兵力。诸将是一阵苦战。在湖州周围,东吴兵大败,大将吕珍和外号"五太子"的张士诚养子等骁勇大将全都兵败如山倒地投降了,朱元璋收附其手下六万精兵。湖州城中的李伯升本来想把自己弄得让人崇敬一点,自杀殉职,但左右那些人真是没什么眼力价,死死地抱住李伯升,就是不让他死,李伯升不得已也投降了。

到了这年年底,在朱亮祖大军逼迫下,杭州守将谢五,也就是叛徒谢再兴的弟弟也被迫开城门投降。到现在为止,老朱的战斗进程基本是按照自己预先设计好的路线一路发展下去,很是顺利,张士诚到现在左右膀臂都失去了,平江便成了一座孤城,南边西边北边全都是朱元璋的人了,老张心里想,自己现在也变成一只乌龟了。

坚城平江终陷落

平江已经成了一座孤城，但是朱元璋一直打了十个月，才最终攻克。

为什么？因为张士诚这几年窝在家里，陈友谅的邀请也不接受，陈友谅被打死也不关心，自己的地盘被朱元璋一点点蚕食，他唯一的反应就是修城，所以平江有"天下第一坚城之美誉"。

1366年围平江后，朱元璋听取了谋士叶兑的意见，采用锁城法，分兵驻守各门，城四周筑长垒围困之，架木塔监视城中动静，塔上布弓弩火铳，又用火炮日夜攻击。张士诚则依仗城坚死命坚守。

1367年元年，这时候朱元璋已经围城三月了，虽然火力够强劲，但是丝毫没有什么进展。朱元璋心想这城还真不是一般的坚固。不过朱元璋也不着急，反正张士诚已经是瓮中之鳖，还能跑得了？于是从应天发来最高指示：将在外军令有所不受，你们遇到突发状况可以见机行事，随机应变，不必拘泥于我的话。这不但说明朱元璋相当有帅才，而且非常信任他的将领，让他们充分发挥自己的才能。

事实证明这些话是非常有效的，徐达接到书信是感动得差点热泪盈眶，以后变得更加细心和卖命。

朱元璋见张士诚龟缩平江，志在必得，但也怕这样攻击下去人死的太多。他原本就是想一直这样围困张士诚，觉得你张士诚总有体力不支的一天，总会出来投降的。但谁成想，这个张士诚这么能扛？所以老朱改用糖衣炮弹轰炸他，承诺给他富贵荣华、高官厚爵。可谁知，张士诚始终就是一副很不屑的样子，拒绝朱元璋。

由于围城日久，城中最后已经是弹尽粮绝。当时城中一只老鼠能卖百文钱，皮靴、马鞍等都被煮食用来充饥。

城中粮食越来越少，张士诚又是厚道好人，干不出什么杀人为食的恶事，便率绰号"十条龙"的上万亲军冒险突围。但是平江被围得水泄不通，连只蚂蚁估计都过不去，张士诚出城后，看见朱元璋的兵士列队整齐，心里更是犯虚，便转至舟门，向常遇春营垒杀来。张士诚不知道这步棋走得是最差的一步。这下他可是遇到了煞星，常遇春有勇有谋，百战良将，见张士诚终于露出了头，这个机会怎容错过？于是挥兵直前，与张士诚激烈厮杀。同时，他又指挥善舞双刀的猛将王弼从另外一条路绕出，夹击张士诚，把张士诚一万多扈卫精兵都挤逼到沙盆潭中，杀掉十分之三，溺死十分之七，张士诚本人坐骑几次受惊，最后连人带马掉在了水里，差一点毙命。亲兵冒死把他救起，扛麻袋一样扛在肩膀上，逃回城中。

过了十来天，缓过劲来，张士诚咬咬牙，又亲自率兵从胥门突围。出于玩命心理，张士诚军锐不可当，打得正面拦击的常遇春部招架不住。如此天赐良机，本来能突围，站在城头上的张士诚的弟弟张士信不知是哪根神经坏了，大呼："军士打累了，可以歇一会了"，马上鸣金收兵。

张士诚等人嘴巴张得可以放进去一只蛤蟆，这也太搞笑了吧？常遇春精神大振，掉头进击，把还在愣怔的张士诚打得大败，从这之后张士诚彻底将突围的想法扼杀了。

总有吃凉不管酸的人。形势危急如此，张士信这个倒霉蛋丝毫不知愁，总是没事人一样在城楼子上大摆盛宴，遍摆银椅，与亲信左右喝美酒，吃佳肴。风度是大将的，计策是无脑的。仆从向他进献了一个大水蜜桃，张士信越看越爱，欣赏半天刚张嘴要吃，忽然城下打来巨炮，恰恰打中张士信，可怜了这位爷的脑袋被击烂，脑浆与桃汁一起四溅飞迸。

兵败弟死，张士诚却仍然顽强地不肯投降，带领士兵巷战。城中兵民誓死抵抗，竟也杀伤不少朱元璋的兵马。

但是这本来就是一场没有悬念的战争。

十月，徐达展开总攻，百道攻城，张士诚最终支撑不住了，城池陷落。

时值日暮。大英雄张士诚是日暮途穷，独自呆坐室中良久，望着自己的妻妾自焚的大火若有所思。然后，他投带上梁，准备上吊自杀。也该着他倒霉，连自杀也没有成功，被朱元璋的将士救了起来。

徐达押张士诚上船，由水路送往应天。其间，张士诚一直躺在船上，拒绝进食。

被押送到应天中书省后，朱元璋派李善长"劝降"，张士诚大骂，两个人几乎大打出手。

当天晚上，趁人不备，张士诚最终上吊自杀。往昔张士诚拥强兵得胜利的时候，张士诚小安即满，坐失良机；但当他被抓成为俘虏时，不屈不挠，自始至终颗粒未进，也不失为一个大丈夫。

张士诚从不忍欺压揭竿而起，到最后坚强不屈自杀身亡，前后共计十四年，走完了他轰轰烈烈的一生。这一年，张士诚四十七岁。

当然，张士诚到底是一个失败的英雄。在我们为这位草莽英雄一掬同情之泪时，不能不让人深思。成者王侯败者寇，胜利了的朱元璋水到渠成地当了皇帝，败了的张士诚便只好自认倒霉，不仅现有地位不保，还把性命也搭了进去。这个在刀尖上讨生活的人究竟输在哪里？

首先，不得不说张士诚有点小家子气了。他从来就不曾有过统一中国、君临天下的打算，也就不会有刘基那样的宏图大略，能创下一点基业已经不错。所以打下高邮以后，就想在那里好好做个诚王算了，从不曾有过南取金陵，建功立业的想法，结果不但使自己过早吸引了元朝的眼球，成了进攻的目标，还让朱元璋抢了先，把金陵占了去，为自己的覆亡埋下了伏笔。后来朱元璋势力逐渐庞大，依然看不出，猜不透老朱的心思，在这一点上就决定了他必输无疑。

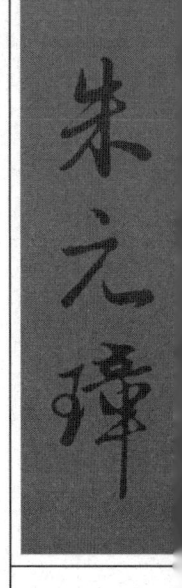

另外张士诚太妇人之仁。

身为军中主帅，最怕赏罚不明。张士诚这个人，为人很不错，讲义气，待人宽大，很关心体贴人。徐义是张士诚的谋臣，深得老张的信任，命其掌领亲军，高邮危急时，老张命他前去援救，徐义怕死，屯兵太仓三月未进，损兵折将，事后士诚不但不予惩罚，回来照样让他带兵作官。史文炳与张士诚一起举事，有勇有谋，战功卓著，仅因徐义的几句与朱元璋有染的谗言，就草率地逮捕杀害了。

为人义气，待人厚道，本是好事，可到了不分青红皂白的地步，就有点"妇人之仁"了。这种"妇人之仁"，使他赏罚失度，不仅失去臂膀，更重要的是导致了自己的覆灭。

最后要说张士诚用人不当。

历来历史上就有养士的说法。朱元璋肚中没多少墨汁，但他深知养士的好处，很尊敬有学问的读书人，每占领一个新地方，必定访求当地的儒士，软的硬的办法都用，总之是非来不可，惟恐其少，不厌其多。宋濂、刘基、李善长、章溢等都是朱元璋费了很大劲才争取过来的，他们对朱元璋取天下起到了不可估量的作用。

张士诚待读书人也很客气，自己争取来的名人也不少，但根本的问题在于如何用人上。朱元璋用人不疑，疑人不用。正因此，他得人心，进而得天下。

张士诚也用人，但他用人却不知人，且有任人唯亲的嫌疑。四弟就是一典型的纨绔子弟，贪污无能，荒淫骄纵，但他让四弟张士信作丞相，执掌军政大权。老百姓的眼睛是雪亮的，有民谣为证："丞相做事业，转凭黄蔡叶，一朝西风起，干瘪！"其后还真应了验。

张士诚随着历史的巨浪灰飞烟灭，现在的朱元璋可以说是已经给自己的一统事业趟平了道路，接下来他要面对的主要是那个跟他有着国仇家恨的大敌人——元朝政府。

朱元璋的3号敌人——元朝

第五章

　　两个首要敌人都已经被消灭掉，朱元璋最后要对付的是跟自己有着不共戴天之仇的元朝政府。但是开始的时候还没等朱元璋动手，元朝内部就开始了自己人之间的厮杀。朱元璋猴戏看了个过瘾，还得了很多的渔翁之利。在跟元朝名将王保保对决之后，将他们赶到了遥远的北方，不敢再轻易南下中原，也算是不大不小的胜利吧。

仇恨就这样诞生

这个敌人——元朝，对于朱元璋来说不是一般的仇深，你一定还记得前面我们讲过的朱元璋的悲惨遭遇，家破人亡、流浪、讨饭、在寺庙里受气，还有瘟疫、满目疮痍、雨夜抬着父亲的尸体寻找埋葬的地方、没有亲人、漫无边际的孤单折磨着他幼小的心灵。这些，相信朱元璋这一生都忘不了。

而这一切都是谁带给他的？

元朝！

这样的仇恨是刻骨的，是永生难忘的。

而这样的仇恨也决定了无论是谁也一定会在某一天奋起反抗，即使不能推翻元朝的统治，也一定会痛击统治者。

当然，因为他是朱元璋，就决定了他一定会不断壮大自己的实力，从而伺机报复。

既然早就有这样的打算，运筹帷幄才能决胜千里。朱元璋听从了自己手下谋士的建议，一直用小明王的羽翼为自己作掩护，这样元朝就看不到朱元璋的实力壮大，以为不过就是一介贫农，不必放在心上。而朱元璋就是胜在这样的先见之明上，他用这个作掩护，打败了自己最强大的敌人——陈友谅，继而又打败了张士诚。而此时的元朝一直美哉美哉地坐在墙头上看鹬蚌相争，以为自己是那个得利的渔翁。最后可以满载而归，继续保持自己已经摇摇欲坠的王朝。但是它错了，它小看了这个成分是八辈贫农的家伙，人虽然长得丑点，但是脑子非常活泛，正是这个其貌不扬的人推翻了元朝的统治，建立了大明朝，当然，这是后话。

而这时候的朱元璋已经完全具备了打击元朝的力量，他手下有很多的谋士，这些人的智商加起来可以消灭世界上任何一个强大的敌人；他手下有的是愿意为他出生入死的猛将，个个骁勇善战，有勇有谋；更何况朱元璋本人善用谋略，懂得如何用人，将自己的部下收拾得服服贴贴。这样的人如果还不能建功立业，那就是历史出现了倒退。

上帝也是爱才的，在一场南北对峙的大战拉开序幕前，他提前给北边的选手制造了一点小麻烦，让他失去原有的抵抗力。这样机会就更垂青南边的人了。无疑，朱元璋就捡到了这个上帝给他的好彩头。

另外我们还要说的就是朱元璋的脑瓜非常聪明，在他不断壮大自己实力的同时，其他起义的人已经不断地和元朝开始了决战，元朝的实力不断地被削弱，等到他的实力足够强大，元朝也被削弱得快只剩骨头架子了。

老朱坐山观虎斗

　　元末农民起义,刘福通是第一个吃螃蟹的人,1351年五月刘福通就去海边挖螃蟹了,其实浙江的方国珍还要早,只是孤军,影响不大,被世人很强悍地抹掉了。刘福通为了给大家一个好彩头,就让大家在脑袋上戴上红头巾,当然要扎的艺术一点,所以叫红巾军。红巾军在河南颍川举起大旗,义旗一举,天下的百姓觉得终于有人挑头先反抗了,等这一天等到花儿都谢了,于是纷纷揭竿而起——徐寿辉在湖北罗田反了,芝麻李在江苏徐州举起义旗,张士诚拿着扁担在江苏泰州杠上了,郭子兴在安徽濠州聚集人马,明玉珍在湖北随州当上了山大王……

　　再结实的朝廷也禁不起这么反啊,更何况元朝当时已经有点金玉其外,败絮其中,这么多精兵强将不间断地冲锋,元朝很容易就变得脆弱无力了。几年的时间过去了,元朝南边的防线快被打成筛子底儿了。

　　到1356年,黄河以南基本上已是汉人的天下:刘福通散布传言,说韩童山是皇帝后裔,他死后韩林儿就自然要子承父业,于是拥韩林儿为帝,并且拥有安徽、江苏、河南、山东等大片领土,还不断向北方和西北进攻;徐寿辉这个帅哥在武昌当了土皇帝,拥有湖北、湖南、江西等地,估计普通话不怎么好;张士诚拿起扁担反抗的身姿眩晕了大家的双眼，纷纷臣服，他在苏州称王，并且拥有江苏、浙江等地；明玉珍则杀入四川、云南，享受亚热带风光美景，并且打算不走了，要在那里称帝。这四支队伍将南方的土地割占得差不多了，每人一块，互不干扰，一起致力于消灭元朝的军队，可以说那时候大家的目的很是单纯，所以反抗元朝取得了不少的成效。那时候的朱元璋还是一个实力基本不可以和人家相提并论的小兵，通过自己不断地打拼，继承了已死的郭子兴队伍的朱元璋，兵力不过区区二三万，范围不过就是安徽中部滁县、和州的一小块地方。

朱元璋放眼四望，天下都快被瓜分完了。除非自己愿意投靠谁，否则不赶紧抓住时机抢地盘，就等着喝西北风吧。那会儿的老朱有点力量了，也想自己当老板，自己调遣别人，被人支来支去的，还不够窝火的。于是放弃投靠人的打算，要在这乱世当中，碰碰大运。话总是说得容易，要在乱世中闯，就得有地盘和人马。老朱回头望望自己的地盘，不禁黯然，而且穷得快吃不上饭了，就这地方，鸟都不拉屎，怎么扩充人马呀？然而抢地盘，又向哪儿抢：北面是义军中势力最大的刘福通，黑压压地横亘在中原，元朝军队全靠他挡住，根本没有也不可能有自己施展的地方；东面沿海一带倒是好，交通便利啊，做个船吹个海风真是爽，可那是张士诚的地盘，你愿意人家也能愿意？西面是帅哥徐寿辉，人长得再帅，不见得脾气能好到坐在他头上拉屎他都愿意，以自己现在这点力量，跟谁抢呀！老朱连着几天是吃不下睡不着。

但是朱元璋不愧是有眼光的，经过几日思考，他发现元朝的势力最弱的在南方，而南方现在还有一块不大不小的地方残留在元朝手里：那就是张士诚和徐寿辉势力中间的江苏中西部直到浙江中西部的一长溜地方（一口气说完，看你累不累）。老朱也是不得已而为之，谁叫大家都把好地方占着了，我只能占这中间地带了。不过好在这块地方，人口众多，物产丰饶，而且其中还有一个虎踞龙盘的历史名城建康，拿下这块地方，自己的势力立刻就能倍增，和人抢天下的资本也就大大增加喽。

老朱是个行动派，说干卷起袖子就干。朱元璋立即发兵，由采石矶偷渡长江。攻下南京后，又继续向南进攻。用四年时间，一直打到浙江的金华、衢州。

老朱很快如愿地占领了自己想占领的地方，剩下的时间老朱很大一段都是在壮大自己的实力，养精蓄锐，"老老实实"地呆在小明王的羽翼下，神不知鬼不觉地发展起来了。他抗元是在自己有了足够大的实力但是敌人依然没有张开慧眼看到的时候，当然这是后话。

朱元璋在南方抢地盘的几年间，淮河以北刘福通领导的红巾军的势力有了极大的发展。刘福通从动手到现在已经4年的时间，早在1355年拥立韩林儿在安徽亳州建国，名曰宋，年号龙凤。然后他发挥自己的演讲才能，忽悠中原的抗元势力，在北方分四路大举向元朝进攻。他自己在中路，战绩不错，打下了河南全部，并迁都开封，估计也是觉得开封是个人杰地灵的好地方；北路也很厉害，以关先生为首，沿山西一直打到元朝的大都，直捣黄龙了；东路以毛贵为首，打下了山东，煎饼估计吃了不少；西路以白不信、李喜喜为首，一直打到陕西凤翔。一时间，红巾军号称百万雄狮，几乎掀翻了元朝。

奇人导演大翻盘

战乱纷争的年代,很容易诞生一些奇人,因为任何一个朝代的建立都不是像说的那样容易,那是集雄韬伟略于一身的人最耀眼的光芒汇聚。同样的,一个朝代的统治也不是一朝一夕就可以推翻的,肯定会在其他人反抗的同时,诞生一些奇人来拯救国家。

蒙古人就在这时候诞生了这么一位奇人。

本来,按照刘福通力量的不断壮大,完全有可能彻底推翻元朝。但一方面,刘福通的战略大有问题,这给了元朝喘息的机会。他没有集中兵力猛攻大都,却是兵分四路,四面出击。结果是分散了自己的力量,让元军得以各个击破。老刘没学过哲学,不知道眉毛胡子一把抓是要不得的。另一方面,几乎与红巾军发展的同时,元朝出了一个奇人。这个奇人出身布衣,没上过大学,又没参加过什么专业培训,但是天资聪颖,精通军事。在短短十年间,他依靠自己建立起来的军事力量,在北方全力对抗红巾军,并终于打败了百万红巾军,维持了元朝摇摇欲坠的半壁江山。所以说学历不是最重要的,关键是要有能力。

这个奇人是谁呢?他就是察罕帖木尔。史书上说他虽然参加过进士考试,但显然没被录取,所以是一布衣。虽然是一介布衣,却饱读诗

书，又有浩然凌云之志，这样的人一般都很有名气。现在很多家长教育孩子还是这样：你看人家察罕帖木尔，小小年纪把家里的书都看了个遍，多踏实，你也跟人家学学，况且那个年代饱读诗书的人一般都很受人尊敬，所以察罕帖木尔年轻时的知名度就不一般。果然，时势一乱，察罕帖木尔就显露出他的过人之才来了。饱读诗书的人终究有一天会有自己施展才华的机会，只要你善于把握。书什么时候都是好东西！

"至正十一年，盗发汝、颍，焚城邑，杀长吏，所过残破。"1351年，刘福通在河南颍川起事，把个元朝打得落花流水，元朝这样的失败是很丢人的，这种情况下，一般会有有志之士站起来为自己的国家挣回面子。第二年在元军征讨全部失败的情况下，作为色目地主阶级的一员，察罕帖木尔深感自身利益就要受到威胁，便与信阳罗山人李思齐合兵，同设奇计攻破了罗山。他治军有方，作战勇敢，所率地主武装迅速成为当时规模最大、装备精良的地方武装力量。朝廷听说了这件事，任命他为中顺大夫、汝宁府达鲁花赤。他率领的军队、很快被元朝廷改编为官军，成为支撑元朝统治的柱石。

这是察罕帖木尔首次在历史上显名，而且出手不凡，屡战皆胜，以自己的军功获得官职。给天下所有没有什么文凭的人开了一个好头，让大家知道，即使没有文凭也是可以建功立业的。

1356年，在河南与起义军转战数年的察罕帖木尔，以自己的战功已经升到中书兵部尚书。恰好在这一年，白不信、李喜喜率领的义军向陕西、山西大举进攻，一直打到长安城下，威胁了皇帝的宝座。察罕帖木尔与李思齐心想，真是太岁头上动土，活的不耐烦了，于是调兵遣将前往收复陕西。经一年战斗，起义军几乎无所作为，察罕帖木尔几乎全歼这支义军，收复了陕西、山西的全部失地。李喜喜率领剩下的残部，留下一句："我还会回来的。"流窜去四川了。元朝廷因此拜察罕帖木尔为陕西行省平章政事兼同知枢密院事。

以后几年，察罕帖木尔继续在北方与刘福通部作战。兵锋所及，自陕西、宁夏、山西到河北、河南，并创造了几乎百战百胜的奇迹，在他身上我们看到了成吉思汗的影子。终于察罕帖木尔攻破了刘福通的首都河南开封，把韩林儿从刚坐热乎的皇帝宝座上赶了下来。刘福通一看，保命要紧，无奈之下仅仅带着韩林儿和几千人马南逃，后来就到了安丰，惨死在张士诚的刀下。

这边察罕帖木尔一路越战越勇，把元朝的失地纷纷收复，有这样的良将不胜利都难。

趁着大好势头，两年后，察罕帖木尔又挥师东向，从北、中、南三路进入山东。毛贵正和手下人研究煎饼的新吃法，察罕帖木尔就杀了进来，克东昌、下济宁、破济南，势如破竹，一直打到东海。短短一年时间内，就收复了除益都一座孤城以外的山东全境，毛贵的煎饼也吃到头了。

到现在为止，百万红巾军基本全部被歼。从陕西直到山东一线以北的整个中国北部地区，又重回元朝手中。可怜了那么多起事的百姓，肯定难逃一死啊！

察罕帖木尔屡建奇功，自然要大大地封赏，他被视为大元朝的力挽狂澜的救世英雄，立即被封为中书平章政事，也就是副宰相。

一介布衣，没权没势，就凭着自己的实力，在短短十年间，打败了号称百万的农民起义军，升到了副宰相，真是历史上不世出的奇人。现在万事俱备，只欠东风。只等他扫平山东，然后挥师南下，平定南方了。

本来按照察罕帖木尔的雄才大略和骄人的战绩，如果不出意外，收复南方，恢复元朝统治，应该是顺理成章的事。但是历史没有假设，往往一件小事就可以扭转局势，而现在就发生了这样一件小事。

几家欢喜几家愁

察罕帖木儿的辉煌战绩不光让朝野震撼，也震动了朱元璋。朱元璋虽然至今亦是战绩彪炳，但仍然处于陈友谅和张士诚的夹缝中。而且红巾军溃败后，没有了刘福通这件棉外衣的抵挡，朱元璋就裸露在敌人的视线里了了。现在的朱元璋在安徽的领地，直接处于察罕帖木儿的威胁之下，等于是光着屁股等人家打。如果察罕帖木儿挥师南下，首当其冲的就是朱元璋。而以朱元璋当时的实力和南方四分五裂的局面，没有衣服挨打，那是多疼的事啊？这是绝对无法忍受的。

老朱没办法只好为自己想好后路，但是一方面老朱觉得察罕帖木儿是个汉子，出于惺惺相惜的心理，很是佩服他，另一方面也出于为自己留后路的考虑，主动派出使者和察罕帖木儿通好，说自己就是一八辈贫农，不想称王也不想称帝，不会不长眼地与英明的元朝为敌。不久，察罕帖木儿回书说：看在你很有眼力价的份上，已经报告朝廷了，准备弄一个省长给你当当。

由此可以看出，当时的元朝根本没有看出朱元璋的野心，太低估朱元璋了。如果没有后来的意外，也许元朝真的会放朱元璋一条生路，而到那时候就是真的放虎归山了。当然，在红巾军溃败和察罕帖木儿神话般的战绩下，朱元璋的反元意志似乎也已经动摇。如果察罕帖木儿真的挥师南下，朱元璋估计会和张士诚一样，投降元朝，弄个省长玩玩了。

幸运的是，有两件意外的事，帮助了朱元璋，给了他绝好的条件，使他有了后来的发展并最终当上了皇帝，建立了明朝。

其中一件是元朝军队内部的冲突，与这个冲突有直接关系的一个人是答失八都鲁。他是元朝贵族出身，世袭万户。1356—1358年间，察罕帖木儿在陕西一带和红巾军作战时，答失八都鲁也在河南一带和刘福通作战。并且答失八都鲁在河南和刘福通作战的时候，战绩也不算差。但是，为基本上快大势已去的元朝卖命，你的命运时时刻刻被捏在别人手里，一句谗言或者一个小计就可能让你身败名裂。刘福通使用了反间计，就成功导致朝廷对答失八都鲁产生怀疑。答失八都鲁心里这个气啊，我辛辛苦苦忠心不二地为朝廷做事，现在竟然如此不信任我，我情何以堪？最后竟因此忧惧而死。答失八都鲁死后，当然是子承父业，他带领的军队自然而然地归他的儿子博罗帖木儿指挥。

但是由于朝廷对这支军队已经有所不信任，又由于当时红巾军的关先生所部已经打到元朝的上都，直接威胁到蒙古人的老巢。所以元朝正好可以借此机会将博罗帖木儿调往上都方向，这样一来既将潜在的威胁调往别处，还可以保卫上都的安全，岂不是一举两得？同时，将河南方向交给了察罕帖木儿。

博罗帖木儿也是一员悍将，在上都很快打退红巾军（百万红巾军，除这一部外，其余基本上是察罕帖木儿消灭的），然后驻扎在山西、河北的北部及今天的内蒙古一带。

但是这中间是存在问题的，那就是出身问题。元朝的等级制度非常的严格分明，博罗帖木儿是正宗的贵族出身，这样的贵族有相当一部分非常看不起布衣百姓，博罗帖木儿也是其中一个。他觉得察罕帖木儿这样布衣出身的人就应该对他们三拜九叩，打心眼里瞧不起人家。而如此出身的人，竟然在短短数年间，升到了和自己平起平坐的位置，并且还有超越自己的意思，心中又嫉妒又愤恨，何况现在自己这支军队本来在中原好好的，却被调到苦寒的北方，放眼望去都没多少人影，哪比得上中原地带繁华，酒吧、电影院、公园，人是大大的多，现在想找个人唠

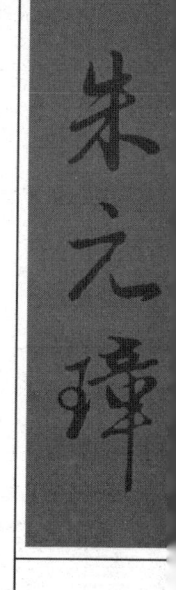

嗑都难。看看自己形单影只，望望荒凉的草原，博罗帖木尔心中越发地悲凉、愤恨，凭什么我就得在这受这个洋罪？都是你，都是你察罕帖木尔，没有你我不会走到今天的下场，没有你我一定还在中原地区原来的位置上待着，我一定要报仇！就这样，仇恨开始在博罗帖木尔同样荒凉的心里生根发芽。

妒忌这个东西只要稍微给一点生存条件就会很快的枝繁叶茂起来，它是无土栽培的东西，只要有肉体，有妒忌的心理可以依附，它就会一直生长下去。

这样的妒忌在博罗帖木尔身上一直猛烈地生长，使得他不顾国家处于危急存亡之秋，竟然提兵向察罕帖木尔的军队进攻。我一直在为朝廷做事，本本分分的，你父亲原来的位置被我占领也不是我要篡夺的，关我什么事？察罕帖木尔也不甘示弱，于是双方军队在山西、河北不断发生摩擦。这种摩擦在察罕帖木尔在世时还不算很厉害，但年轻气盛的下一代却不一定能够这样不温不火地相处下去了。

另外一件更致命的意外，就是察罕帖木尔的突然死亡。

原来察罕帖木尔在进攻山东东平时，东平守将不是别人，正是原来元朝投降红巾军的田丰和王士诚。这二人都是见风使舵的主儿，生怕吃了眼前亏，二人见察罕帖木尔大军到来，又墙头草地投降了元军。

一个人想要真的有伟大的成就，一定要保证自己身边的人都能归顺自己，不会在你完全没有防备的时候在你背后捅你一刀。察罕帖木尔就吃了这样的亏。察罕帖木尔扫平山东，只剩益都一座孤城一时打不下时，田丰和王士诚又颠三倒四地起了叛心。他们努力在察罕帖木尔面前表现，让他非常地信任自己。然后趁此机会，安排好陷阱，请察罕帖木尔来视察。当时察罕帖木尔的部下已经察觉到危险的气息，于是力劝察罕帖木尔不要去，察罕帖木尔却毫不怀疑地带了十一名随从前往，结果被二人杀死！时为1362年六月。当时，善观天象的妥欢帖木尔此前曾预言"山东必失一良将"，朝廷即驰诏察罕帖木尔不要轻举妄动。但使者还没到山东，元朝的一员骁勇善战的猛将就这样把性命输在了自己的草率行事上。可悲，可叹！

察罕帖木尔的死，有人欢喜有人愁。愁的是蒙古人，这是他们的一个大不幸，少了这员虎将，自己的国家还能保住多久？喜的是汉民族，没有了察罕帖木尔，抗击元朝的战斗又顺利不少。更是朱元璋的绝对大幸，朱元璋听到察罕帖木尔的死信，不由得跳起来大喊："天下无人矣！"前面说了朱元璋正担心自己光屁股被察罕帖木尔打呢，现在要打自己的人先自己而去，危机也就借此解除了。但是这五个字又表达了朱元璋的一种别样心理，既是对察罕帖木尔这样不世出的英雄这样的死法感到可惜，又为自己大感庆幸，表现出朱元璋对察罕帖木尔的重视、佩服、害怕，矛盾而又复杂。

可以说，察罕帖木尔是元末挽救元朝的唯一希望，他一死，元朝的灭亡已经无可挽回了。虽然说他还有自己的儿子可以为元朝效忠，但是他的儿子关心的更多的却不是这个，而是元朝内部的争斗。

蒙古人同室操戈

　　察罕帖木尔一死，朱元璋是浑身轻松，腰不酸了，腿不疼了，走路有劲儿，眼睛有神儿，吃得饱，睡得着，再没有后顾之忧，于是倾全力和南方各支汉人武装大打出手。1363年与陈友谅大战于鄱阳湖，把陈鬼子全部消灭，为自己除去一个大患。次年攻下武昌，占领湖北，所有的武昌鱼都在自己的管辖范围内，好吃！1365年平定湖南、广东，四年后张士诚和方国珍也成为自己的阶下囚。南方基本成为朱元璋的天下。

　　察罕帖木尔死后的这五年间，朱元璋在南方取得了如此巨大的胜利，而几乎与此同时，北方元朝蒙古人的各支军队不是赶紧调兵遣将消灭起义军，而是在自己的窝里互相攻打，打来打去，没有一支军队取得绝对优势，白白浪费自己的时间。同时给了朱元璋最好的"恩赐"，没有在朱元璋忙着和起义军争斗的同时对他下黑手，使得元朝陷于一片混乱，日趋衰弱。这也说明了元朝统治者完全没有什么大局观念，不知道孰重孰轻，不知道轻重缓急，也看不清形势，非要等到起义军力量可以和自己抗衡的时候才知道要消灭它，这样的朝代此时不亡更待何时？

　　察罕帖木尔死后，他的职位和军队全部由他的养子王保保继承。王保保就是金庸小说《倚天屠龙记》中赵敏的哥哥，汉名王保保。为了打字方便，我们也偷懒地叫他王保保吧。王保保带领军队，在四个月后，终于打下父亲留下的历史遗留问题——孤城益都，彻底收复了山东。但王保保的功绩也就到此为止了。因为他既没有他老爸那样胸怀祖国、放眼世界的宽阔胸怀、犀利眼光和雄才大略，又没有老爸的彪炳战绩和光荣履历。他老爸如此优秀，尚且不被人放在眼里，更何况是他！很快就有矛头指向了他，所以王保保连将目光转向南方一下都来不及，就忙于应付后院的火烧了。

这时候就得说博罗帖木尔了，他对察罕帖木尔的由妒忌转化成的愤恨是与日俱增。虽然察罕帖木尔已经死了，但是博罗帖木尔的恨却没有随之消失，因为察罕帖木尔的一切转交到他儿子王保保身上，自己原来的一切还是没有回来，叫我怎么不恨他！既然王保保继承了这一切，那就连恨一块接收吧，这就叫父债子偿！

这回博罗帖木尔联合一个叫张良弼的将军，听说察罕帖木尔的死信后，觉得大好时机不容错过，立即一个从山西，一个从河北，开始向王保保的防地进攻，并占领了不少地盘。王保保本来想，你们欺负我，我就告诉皇上，让他来给我们评理，于是屡次上书。元朝末代皇帝孛尔只斤——脱欢帖木尔，也就是元顺帝，他倒是想让二人团结起来，共同对付汉人的反抗，重新恢复元朝的统治。但是哪知道自己的命令就是刮风，还是微风，根本没人听。王保保见对方连皇帝的话都不听，心里想，反了你的，发誓一定要严加惩处他。于是也不管天下兴亡与否，不甘示弱地出兵应战。到此，大家都置南方半壁江山于不顾，打起了内战。

元朝的灭亡很大程度上即决定于这些为自己效力的人们。现在他们这样把自己的国家置于不顾，不灭亡还等什么？

不怕没好事，就怕没好人。那边打得像是一锅粥，偏偏这时候元朝又出了个叫绰斯戬的奸相，做了许多臭名昭著的事，在元朝这个垂死的巨人身上又狠狠地插上了一刀。元朝的气数就是该尽了！

首先，绰斯戬为了自己大权独揽，诬陷暗算了另一个还算有点贤明的宰相泰费音，也就是太平，将他罢免后又逼他自杀，真是要多狠有多

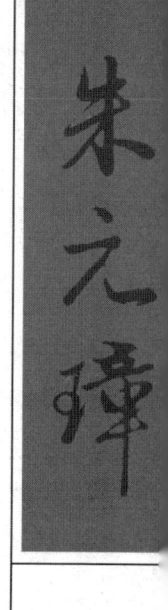

狠。同时，这个绰斯戬还是个钱串子，他拼命地捞钱。但凡这样的人都是利欲熏心的，绝对能见缝插针，想尽一切办法捞钱。身为丞相的他，就兴起雇人印假钞的主意，以大发横财。因为当时元朝流行的货币是纸钞。绰斯戬见纸钞印制方便，就叫人大量印制，换得金银，最后落入自己腰包。这样他自己是大发横财了，但是搞得财政混乱，民生凋敝。当然，宰相带头印假钞，恐怕也是全世界古往今来独一无二的了，估计可以申请吉尼斯世界记录了。不仅如此，他还趁皇帝叫他出面调解博罗帖木尔和王保保矛盾之机，拿着圣旨当收钱器，根据南北两家贿赂的多少决定将密旨告诉谁。南面送的钱多，就对南面说：皇帝有密旨叫你们去打北面；北面送的钱多，就对北面说：皇帝有密旨叫你们打南面。借调解之名行挑唆之事，拿国家大事当儿戏，当填充自己钱包的工具，这样的人应该拉出去枪毙十次，就是一典型的小人，钱串子！这样也使得博罗帖木尔和王保保的仇恨与日俱增，内战始终没有办法解决。

　　绰斯戬的胡作非为，激起了许多朝臣的不满，以御史大臣娄都尔苏为首的一批言官纷纷弹劾。看来元朝还是有忠臣的，但是有忠臣，必然有比你势力强过百倍的奸佞之臣，否则国家不会沦落到这个地步，一定是国泰民安、一派祥和。绰斯戬财大气粗，再加上自己很有权势，于是勾结皇太子，开始追查此事。娄都尔苏见事不妙，逃到博罗帖木尔处。可怜了博罗帖木尔，本来没有他什么事，只因为娄都尔苏到他这藏匿而被绰斯戬移怨于他，绰斯戬私传圣旨，下令罢免博罗帖木尔的一切官职。博罗帖木尔心里肯定觉得冤得慌，于是大怒，杀掉了使者，拒命不受，并带领军队杀向京城。当时京城并无军队，元顺帝只得按博罗帖木尔的意思罢免了绰斯戬等人的官，并将绰斯戬送到博罗帖木尔处。

　　博罗帖木尔见到绰斯戬，心想：你小子也有今天，终于落到我手里了，看我怎么整死你?！于是对绰斯戬说：当初一直是我拍你马屁，现在该你拍我牛屁了吧？至少当初偶送你的那串七宝数珠该还我了吧。绰斯戬心想人在屋檐下，不得不低头，只好叫人回去拿七宝数珠。但谁知他当初收人的东西太多，光是七宝数珠就有几十串，手下人不知该拿哪一串。先后拿来六串都不是，直到拿到第七串，博罗帖木尔才认定是当初自己送的那串。可见绰斯戬这个大贪相发的国难财有多少！博罗帖木

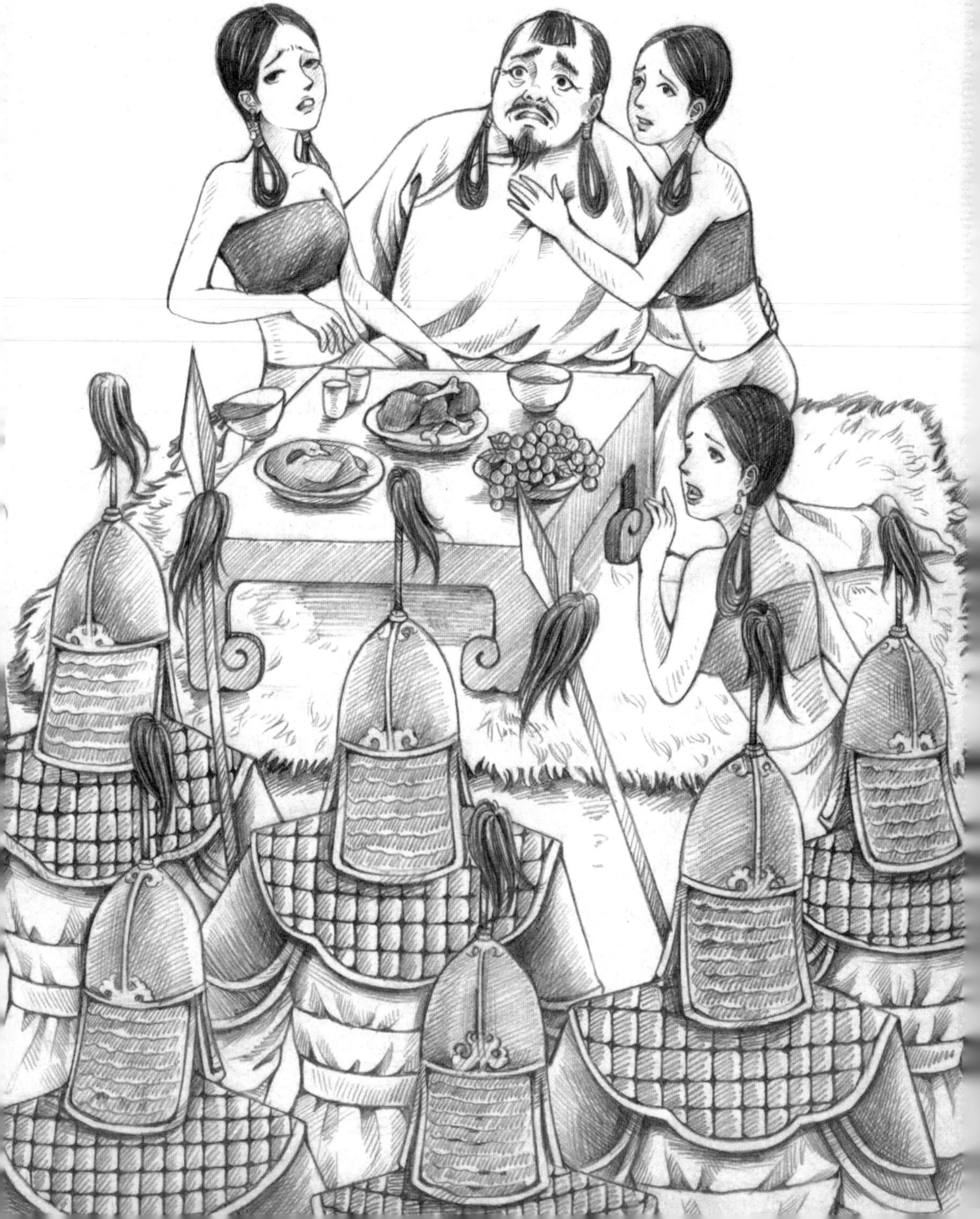

尔见此人在国家危亡，百姓吃块发霉的窝头都困难的时候居然贪了这么多的钱财，大怒说："在皇上旁边你还能贪污这么多的钱财，枪毙100次都是少的，我怎么可能容得下你！"于是愤恨地将绰斯戬处死了。

史书上评论绰斯戬的罪恶时说到："绰斯戬利欲熏心，为了自己独揽大权，矫杀了丞相泰费音，并且盗用制造钞票的模板，滥发纸币，弄得物价横飞，通货膨胀；另外，私自利用皇上的圣旨，按照自己的意志（其实是南北两方贿赂的多少）任情放选，使得国家内战不断；最重要的是卖官鬻狱，费耗国库钱财，做宰相前后十几年，使天下八省全部遭到沦陷，是一个误国的大奸臣，追究他的罪恶，像是天上的繁星数也数不清。"元朝的灭亡，在很大程度上，绰斯戬起了推波助澜的作用。

博罗帖木尔虽然杀了奸相绰斯戬，但他本人也不是什么好鸟，虽然没有像绰斯戬那样要将天下的钱财全部穿到肋骨上，但花姑娘也抢占了不少，糟蹋了不少；老百姓的家抄过不少，良宅白占过不少；花天酒地的生活天天在过，酒吧、夜店，处处有他的身影。他在京城的作为绝对称得上是荒淫无耻，胡作非为。同时他提兵进京的举动大大激化了各种矛盾。于是王保保联合皇太子纠集大军从南北两面向他发动进攻。元顺帝见形势越来越复杂，而且博罗帖木尔的作为也太不像话了，于是令人设计杀死了博罗帖木尔，随后任王保保为副宰相兼天下兵马大元帅，主持安定北方、收复南方的大事。到此，王保保跟博罗帖木尔的纠葛也就告一段落了。

但是，这世界上嫉贤妒能的人总是很多。王保保以一个年轻又没有大学文凭的身份当上副宰相兼天下兵马大元帅，更引起许多人的轻看。正宰相首先就与他不合，处处刁难他。王保保郁闷至极，心想自己刚刚摆脱了一个博罗帖木尔，怎么现在又冒出这么多的类博罗帖木尔，真是气愤！弄得自己是心力交瘁，无奈之下只得退出京城，想像老爸当年一样，以军功来赢得别人的承认。谁知军队也和朝廷一样，也是许多人看不起他。和他老爸当年一起起事的老战友，如今任陕西省长兼军区司令的李思齐首先反对他，说：这小子不过是只初出茅庐的菜鸟，想当初俺和他老爸起事时，他还在吃奶哩，现在居然来指挥我，凭什么命令我？于是联合了几个人一起出兵攻击他。

王保保郁闷又加上愤怒：奶奶的，这都是什么人啊？都说汉人好窝里斗，咱蒙古人咋好学不学尽学这哩！有能耐你们也被皇上封为宰相啊，一群臭狐狸！你们不管这大元朝，俺管个屁，要死，大伙一块死呗！于是也不顾一切地下令和对方开战。再加上皇太子一支势力，张良弼一支军队，大家互相拉扯，互相打斗。使得形势愈益纷乱险恶，内战无休止地延续下去……

【第五章】朱元璋的3号敌人——元朝

朱元璋收渔翁利

正所谓"物必先腐也，而后虫生之"。风雨飘摇的元朝末年，连续出了这样一些怪事，怎么能怪朱元璋在南方放开手脚，大施拳脚，顺利地统一了南方？

到1367年，基本上统一了南方的朱元璋，再回过头来看北方，发现形势倒了个个：原来四分五裂的南方，现在统一了；而原来统一的北方，现在虽然名义上仍然统一，实际上却是四分五裂，而且蒙古人的同室操戈正方兴未艾，丝毫没有终止的迹象。而身为最高统治者的元顺帝，眼见臣下都只顾一己私利，不听招呼，也懊恼起来，不高兴再管国事。于是日日躲在深宫，研究起建筑和木作来。他设计的龙船和房屋，精致美观，竟赢得一个"鲁班天子"的美称。

当年成吉思汗对手下说：我们蒙古人只要团结起来，定能无敌于天下。但是现在他的子孙后代一定不记得自己的祖先曾经拥有怎样的优良传统，忘记了自己的祖先使用十进制组织，使他们的军队变化多端，极为机动。

忘记了祖先为了克服行军作战通信不准确的局限性，军官们用韵律来发布自己的命令，这种韵律利用的是一种每个士兵都熟悉的标准系统。蒙古勇士利用一套固定的悦耳音调和诗歌式样，按照消息的含义，可临时编造出不同的词语。对士兵来说，听消息就如同是在学习一首歌。

忘记了他们擅长利用诡计，还擅长无情地使用宣传手段，在敌军中散布谣言，引发焦虑和恐惧。蒙古人散布虚假信息在敌军中造成忧虑的手法很高超多样。在所有的侦察、组织和宣传活动结束之后，在进攻最终来临的时候，蒙古军队会设法给敌人制造尽可能多的混乱和大破坏。最普遍的一种进攻形式是"乌鸦群集"或"流星"式攻击，类似于"灌木阵形"。用鼓作信号，或在夜间燃火，骑兵们就会立即从四面八方飞驰而至。他们从天而降，而后又像闪电一样，转瞬即逝。敌军被突袭和迅速消失的行动所扰，身心俱疲，伴随一波呼啸而来的嘈杂之后，紧接着的是一片死寂。在敌军还没来得及反应之前，蒙古人早已远去，留给敌军的是流血和困惑。完全没有规律性可循，防不胜防啊！

也忘记了他们的成功还源自于他们对首领坚定的忠诚。极端的忠诚，甚至胜过个人崇拜。

也忘记了就是因为这种种，使得曾经的蒙古帝国取得了异样的辉煌。他们征服了东蒙与华北，然后征服了阿姆河以北的地方与呼罗珊，还征服了突厥族地区，即不花剌、花剌子模和波斯，并且还侵入印度。他的帝国的疆土从里海一直沿伸到北京，南面伸展到印度洋和喜马拉雅山西面到阿斯特拉罕和嘉桑。他卒后这个帝国分为钦察汗国、伊儿汗国、察合台汗国、蒙古和中国；前三部分由汗分别统治；最后一部分作为帝国的主要部分，由大汗直接统治。成吉思汗创建了世界上版图最大的帝国。但是，看看，这样的丰功伟业竟沦落到现在这样不堪一击的份上！这叫九泉之下的成吉思汗如何闭得上眼！

难道是他们本来就不愿意过这种勉勉强强捏在一起、辛辛苦苦凌驾于别人之上、局促于狭小空间的生活，而宁愿回到大草原去过原来自由自在、引吭高歌、行云流水的日子？

总之，当1367年统一了南方的朱元璋有能力攻打元朝的时候，发现北方的统治者似乎早把南方忘记了，还在窝里斗得乐呵呵呢。朱元璋

明白这是个良机，不趁他们乱哄哄的时候搏一把，万一又出个成吉思汗、察罕帖木尔之类的杰出人物把蒙古人团结起来，那咱就永无出头之日喽！于是朱元璋下令北伐。

北伐战争正式拉开序幕。

铲除余党不放松

决战的时刻终于来了。这个从社会底层走来的英雄,即将向最高权力发起冲击。从投军那一刻起,十五年的时间没有一时不是为了今天做准备,没有一刻积累不是为了这一天;从出生那刻起,不足四十年,却仿佛过了一个世纪。此时的朱元璋已经成长为一个呼风唤雨的英雄,他运筹帷幄,决胜千里,千军万马指挥若定,伸出猿臂就能拥抱万里山河。

1367年十月,正式发起总攻,朱元璋派三支队伍同时出击。徐达、常遇春率大军二十五万,朝北方进发。

北部战场是主战场,北伐中原,夺取大都,最终推翻元朝的统治,是朱元璋最终的目的。这个战场当然是由朱元璋亲自指挥。朱元璋深知在中国历史上,由于地理和人文的原因,征服北方南方几乎从未胜过。东晋的北伐,南宋的北伐,无不以失败而告终。朱元璋深怕历史重演,因此再三叮嘱徐达,谨慎缓行,稳扎稳打,一见不妙就开溜。

同时朱元璋谨慎地制定作战计划,绝不轻敌。

朱元璋分析了一下当今天下的大势:山东有王宣父子,可是王宣父子狗偷鼠窃,没有什么长远目标;河南有王保保,但王保保名义上遵奉

元朝，实际上专横跋扈，最终是弄得上疑下叛。对上，他不受信任；对下，他的部下也不听他指挥；关陇地区，也就是西北，是李思齐、张思道的地盘，这两个人虽然是元朝的官员，可是他们之间彼此是面和心不和，互相猜疑，而且他们与王保保之间也矛盾重重。

朱元璋分析完形势，对部下说，为什么元朝注定要灭亡？就是因为这些人鼠窃狗偷、专横跋扈、互相猜疑造成的。现在我们要北伐中原，各位将军，你们有什么高见？尽管畅所欲言吧！看来老朱还真的是很民主的，这样的风格绝对值得大家永远学习下去！

大将常遇春沉不住气了，他的爆筒子性格一点都没有变，首先说，现在南方张士诚平了，陈友定的势力也不足挂齿，我们现在有足够的兵力，直捣大都，必可获胜。都城被我们占领了，就可以抓到元顺帝，到时候擒贼先擒了王，天下就在我们的控制之下了，正所谓高屋建瓴、提纲挈领啊！

朱元璋听常遇春这么说，赶紧掐断他的话，说了句："贤弟啊！死老虎要当活虎打，只有这样才能打败顺帝野心狼！"看来朱元璋比常遇春谋划得要深得多了。他认为，元朝从定都大都到现在，在中原统治了九十三年，如果从成吉思汗算起，大约有一百多年。一个建都百年的都城，其城池肯定是很坚固的，防守肯定严密。如果按照常遇春将军的话，直捣元都，能保证一举攻破吗？用肉搏就是撞烂了也撞不动什么啊！而且我们的后方很远，战线很长，一旦粮饷不济，敌人援兵四集，关门打狗，我们就彻底陷入进不得战、退无所据的境地了。进退无据，又怎么打胜仗啊？

一番话说得常遇春觉得自己的建议简直幼稚至极，眼巴巴的等着朱元璋说出自己的妙计。按照朱元璋的计划，第一步先打山东，不要直奔大都，打了山东就把大都的屏障撤掉了，打了山东再往西南走，把大都的翅膀切断，然后再西进，夺取潼关，控制西北地区，就等于是把大都的门堵死了。这时候的元朝大都，势孤援绝，可以不战而克。控制了山东、河南、西北、关陇地区，形成对大都的包围之势，逼迫大都投降。一旦我们拿到大都，再鼓行而西，大同、太原、关陇之地就可以像卷席子一样卷一个墨西哥鸡肉卷出来吃，西北也是一样。

大家听到这里，不禁拍手称赞："好！"

于是，朱元璋任命中书右丞相徐达为征虏大将军，中书平章鄂国公常遇春为征虏副将军，率领大军北伐中原。由淮河进入黄河以北，直取中原。临行的时候，朱元璋特别告诫诸将，你们这些将领不是不能战斗，但是持重稳定，军队有纪律，有大将风度的，谁也比不上大将军徐达。冲锋陷阵，所向披靡，谁也比不上副将军常遇春。我不担心常遇春不能打仗，我担心他轻敌。他作为一个大将，冲上前线与一个小兵拼命，这是我不希望看到的。他鼓励徐达充分发挥能动性，像前面攻击张士诚时一样，告诉徐达可以尽量发挥自己的才能。朱元璋针对每位将领的特点，一一具体指示。随后教育将士说，征伐的目的，不仅仅是略地攻城而已，在于平定祸乱，安抚百姓，得到百姓也就是得到天下了。因此所过之处和攻占城池，不要乱杀人，不要抢民财，不要毁坏民居，不要破坏农具，不要杀耕牛，不要掠人子女，如果军中有民间遗弃的孤幼，父母亲戚来认领，就要归还人家。这是积阴德的好事，大家都要做好。如此深明大义，天下必然回到朱元璋的手下。

最后朱元璋对大家说，伙计们，捋胳膊干吧！可不要叫我失望啊！

为了给自己的北伐战争找点充分的理由，并且，有口号喊出来才更能给大家鼓劲儿，1367年十月二十三日，朱元璋发布了著名的《奉天讨胡檄》，直指元朝。在檄文中他提出的口号是："驱逐鞑虏，恢复中华，立纲陈纪，救济斯民。"估计孙中山的"驱除鞑虏，恢复中华。建立民国，平均地权"的口号就是源于此。

这几句口号给了老朱干劲儿，没事的时候喊上几句，平添勇气。有了这些书面的理由，谁能拦住他的正义之师？老朱真是越来越聪明了。

对于自己的北伐战争，老朱也有自己的一套说辞。首先，北方少数民族入主中国，宋朝灭亡了。但是那个时候宋朝的君主是英明的，大臣是优秀的，能够维持对天下的统治。

元朝初年，虽然有元世祖忽必烈这样比较有为的君主，有很多忠良的大臣像郝经、刘秉忠这些人辅佐他，足以维持天下。但是就在元朝政治比较好的时候，也有不少人认为是冠履倒置，为什么这么说呢？这就得批评那些中原因循守旧的文人了，中国古代文人有一个观念，就是不

能够用夷变夏，而只能够用夏变夷。中原地区经济文化比较先进，北方少数民族入主中原，这就是冠履倒置。封建社会常见的不良现象等事情也很能激发起中原人对蒙古人的歧视转而变成驱逐的心理。这个理由看似牵强，但是很有市场。

不过后来的元朝皇帝不顾朝政，只顾当自己的建筑师，宰相私自印制钞票，大臣之间勾心斗角，不顾人民死活。各个衙门的官员趁机毒害百姓，发国难财。这种情况下也别怪老百姓要反你了。可以说朱元璋在这个时候提出要反抗元朝统治，是真的顺应了民意。老百姓正愁谁先第一个吃螃蟹，朱元璋挑起了头，正中下怀。一起反了！所以朱元璋注意充分发挥人民群众的舆论力量和群众基础，在战争中也可以享受到军民一家亲的鱼水之情，老百姓给送点水，做点饭，给你系个大红花，都是很有可能的。

朱元璋此时振臂高呼要反抗朝廷，是为挽救人民危亡而生的。

圣人就是我，我就是圣人！

对于广大人民群众来说，此时的朱元璋就是一个救世主。

当然，关键时刻老朱还是要谦虚一下的，预备！开始！我本是一介布衣，八辈贫农，家里穷得快揭不开锅了，大家不嫌我无能推举我当首领。跟着我风里来雨里去，有了一点地盘，取得了一点小小的成就：打败了陈友谅，歼灭了张士诚，南方这点土地现在基本算是我管（做哽咽状）。当然，现在百姓的生活比较富足了，有吃有穿也有喝，没事可以做点小生意，或者消遣娱乐一下。但是，我还是天天吃不好睡不着的，就是用蓝天六必治也不能吃嘛嘛香。为什么呢？我惦记北方的百姓啊，他们还在元朝的统治之下，没吃没喝没穿的，我怎么能安心得了？既然我现在有了一点点小资本，可以为大家提供一点生活上的保障（南方土地肥沃，人民生活基本是在喝油，可不是一般的富有，此时的老朱可以称得上是全国首富了），那我要继续努力，争取让北方的老百姓早点脱离虎口，得到解放。如果你在北方还有什么亲人、朋友，我们就一起联起手来推翻元朝统治。如果你没有亲戚朋友，那也没问题，我们吃得好也要他们过上像样一点的生活啊，我们都是一奶同胞的，对吧？而且，这样的整日征战，没准哪会家门口就放着个炸弹，这种日子不提心吊胆吗？是大家发挥自己的关爱之心的时候了，另外，推翻朝廷，我们去首都就方便多了，路上不会随便就遇见什么拦路虎的关卡，想做地铁坐地铁，想坐公交坐公交，私家车还是要少开，节能减排，保护环境嘛！

还有就是，朱元璋接着说，元朝政府很过分，把人还分得那么清楚，什么蒙古人、色目人、汉人、南人的，大家都是兄弟嘛！

如果我有幸在大家的帮助下推翻朝廷，我一定会跟大家和睦相处，很多个民族是一家。也不会让那些汉人和南人吃的比猪还差，干得比驴还多。人与人之间是平等的，我会平等对待他们，让他们过上安定的生活。但是前提是，他们愿意遵守法纪，愿意接受我们的管理，做一个安分的臣民。

到现在为止，朱元璋基本做好了个个方面的工作，群众方面、口号方面、作战策略方面、用人方面，几乎没有一处疏忽的。老朱这样做也不为过，因为毕竟是决死一战，胜了，老朱国仇家恨一起算清楚了；输了，老朱逃到天涯海角也不会被人家放过。关乎成败的大事，老朱不敢来得半点儿戏。

但是客观地讲，那时候的元朝实在是没有什么可打的，老朱的叮嘱也略显多余。明军一路行去，几乎兵不血刃。山东、河南、陕西等地的元军要么迎旗而降，要么闻风而逃。数得上的战斗，不过有数的几场。

老话说：兄弟阋于墙，共御外侮。蒙古人占领中原一百年，什么都学会了，就是这简单道理没学会。元朝军队几十万精锐，此时全部都对明军的进逼视若无睹，仍然一如既往的在自相厮杀！

连王保保也是一样，不长记性，眼看着国家要灭亡了，还将自己的主力军团拿去对付与他争权的李思齐，而只是将防守的任务交给了他的弟弟脱因帖木尔。尽管这个脱因帖木尔是个人才，但是如果参照物是徐达和常遇春就玩蛋了，因为压根他就上不了擂台。

在这场对抗中，他充分了解到什么叫实力，什么叫厉害，在他美哉美哉地准备应战的时候，居然奇迹般地发现自己已经身在战场外，而自己原来的领地上早已经高高地飘起朱元璋的大旗。

这是何等的奇耻大辱！

但是没办法，就是这么真实地发生了。

朱元璋

【第五章】朱元璋的3号敌人——元朝

无奈，脱因帖木尔只好收拾铺盖回家了。

徐达、常遇春继续按照既定的计划向河南方向前进。在洛阳遇见了守将阿鲁温，誓死抵抗，看来还有点气势。他急中生智，占据了比较好的优势，但是他以为徐达和常遇春会在他的五万兵马前犹豫不前，但是，常遇春用实际行动告诉他什么叫速度。这一招直打得阿鲁温目瞪口呆。

最后，他"荣幸"地做了俘虏。

但是有一个人还是不得不防的，他就是王保保。

顺时势荣登大宝

历史的车轮不会等待任何一个迟到的人，那些磨叽的人往往赶不上历史的脚步，从而被丢在时间的后面。

元朝皇帝还在专心地研究自己的建筑和木匠活儿，丝毫不知道今夕是何夕。但是即使他不研究建筑学也不加以实践，他依然不能阻止朱元璋——这个八辈贫农出身，流过浪，讨过饭，有过很凄凉生活背景的人，已经在一个大雪纷飞的日子里，建立了明朝——一个即将在中国历史上光耀200多年的朝代。

其实在这时候，徐达正带领北伐军队大踏步地前进，虽然还没有夺取大都，元顺帝还没有退位，可是那都是指日可待的事。朱元璋深切地感到，他即位的条件已经成熟了。他要立刻昭告天下，他朱元璋就是新的真命天子。

1368年正月初四，东方的霞光穿破云层，显露出云开雪霁的好天气，整个应天张灯结彩，处处洋溢着和谐的气息。这是一个好的开始。

在这一天，必是群臣跪拜劝皇帝登基，而朱元璋必然会是先惊讶，然后再三地推让。

不必奇怪，中国历代皇帝都是这样一个模子刻出来的。

在中国古代的君主宗法制社会当中，几乎任何一个皇帝都会在登基前表演这么一出戏，皇帝再三谦让，群臣力劝，甚至寻死觅活，非要把你劝上去。皇帝在勉为其难的前提下表情痛苦地接受劝谏，再登基，这是一出双簧，为的就是借此表现他登基的合法性，要借此机会宣布他的政权、他的皇位是上天授命给他的，是受臣民的拥戴的，是合理合法得到的。不是我非要，是你非得给，我没办法，只好接受。

当然，力劝的臣子也不会被亏待，因为在这场戏后他不会吃亏，他得到的是高官厚禄。这可是一举两得的事。

然后，朱元璋在大队仪仗的簇拥之下，浩浩荡荡前往郊祀坛。一路上跟围观的百姓不断地摇手致意，心里这个美啊！但是朱元璋不断地掐着自己的胳膊，告诉自己这是事实，十几年前自己不过就是在破庙里不断地受人欺负，吃个馒头还是有数的，多吃一个就要挨罚；家乡的瘟疫死了那么多的人，父亲死了自己连个埋他的地方都没有，最后还是借人家的坟地埋的；那时候我只有一个梦想就是能有一头自己的牛，有点田地，一辈子衣食无忧，生几个小重八，享受一下天伦之乐。后来参军，只想着自己能够填饱肚子，也没想过像今天一样登上皇位，这是真的吗？

但是历史将他一个放牛娃逼到了这个位置，这是上天的选择，也是上天给他的指引，作出的决定，朱元璋唯有接受，并且一直胜任下去。

当时的应天有一个郊祀坛，这个坛还不像后来天坛、地坛、日坛、月坛那样分开，而是天地合祀。到了郊祀坛，告知天地，朱元璋要登位了。将要行即位礼的时候，天空万里无云，连远方的星星都看得清清楚楚。天朗气清是显示上天批准朱元璋为生民主了。看来还真不是一般的受上天眷顾。众人无不欢欣庆幸。即位典礼顺利举行。朱元璋穿戴衮冕，带领丞相百官，在郊坛之南面北行礼，向上天报告新朝的国号叫大明，新皇帝的年号为洪武。

从此开始了一个新的朝代！

即位礼之后，朱元璋带领世子和诸子照例前往太庙，追尊四代祖父母、父亲、母亲。过去说，一人得道，鸡犬升天。朱元璋登上皇位以后，百官向朱元璋山呼万岁，他成为大明洪武皇帝，同时要追封他的四代先祖，高祖父母、曾祖父母、祖父母、父母，都要追封为皇帝、追封为皇后。

朱元璋是一个有深谋远虑的人，他深知虽然现在自己已经登上皇位，但是还有很多潜在的力量威胁着自己，元顺帝虽然不值一提，但是毕竟还在皇位上坐着，一山岂能容二虎？而且，那个骄傲的王保保还在，手中还是很有权力的，重兵在手，不容小觑，这都是能威胁自己的人。不行，一天都不能耽搁，必须将他们扼杀在萌芽状态。于是，才登上皇位没几天，朱元璋就下令，攻击大都，消灭王保保。

王保保终不能保

徐达和常遇春在朱元璋前面的告诫下,基于对大都都城厚度的无限考虑,是谨慎又谨慎地进攻,但是到了大都,蹑手蹑脚地进去才发现,元顺帝早就带着媳妇和自己的娃儿离开了北京,逃往蒙古大草原了,继续做他的皇帝。历史上称之为北元,元作为一个全国性政权的时代结束。

看来历代的皇帝都会这招,效仿的人太多了!慈禧老婆子就是跟他学的!

元这个朝代灭亡了,但对于朱元璋和他的将军们来说,挑战才刚刚开始。

因为皇帝没在,但是王保保还在啊,接下来的目标就是王保保了。

要说这时候的王保保已经痛定思痛了,因为前边的几场仗他低估了朱元璋的实力,以为不过就是个草寇,不足挂齿。但是朱元璋的胜利实实在在地就在眼前,而且现在他已经建立了明朝,当上了皇帝,这可不是小事儿,必须重视起来!

元顺帝回到草原后,更是一蹶不振,将自己的兵权全部交给了王保保,王保保此时终于得到自己梦寐以求的东西,瞬间觉得自己能够跟自己的父亲一样可以建功立业了，于是放弃勾心斗角，反正现在自己最大，没人斗得过自己。一心想着将朱元璋从没坐热乎的位置上推下来。

当时元军残余主力分为四部分：除了王保保，还有在山西大同一带驻扎着的忽答；占据今内蒙古哲里木盟一带的纳哈出；失剌军占据甘肃的武威等地。

这四个元军残余势力，人数不少，还拥有大批的牛羊、武器装备，战争潜力非常巨大。

朱元璋的处境可想而知了，自己睡觉估计都会不知什么时候被人把脑袋掐下来，睡的能踏实得了？

你们不让我睡好觉，就等着受死吧！

攻克大都后，刻不容缓，朱元璋命常遇春的主力立即南下保定、中山、真定做为取山西的北路军。徐达的部队则在漳德一带，作为南路军。作为徐达前锋的汤和部，自怀庆取泽州，形成孤军冒进的态势。王保保迅速派军南击汤和，在韩店大战，明军惨败。明将汤和自此败后被调到西部战场，也算太祖的小小惩罚吧。

韩店大战后，元顺帝一改往日的颓废状来了精神，仿佛又看到了希望，觉得自己还是有回天之力的，觉得自己离开灯红酒绿的首都实在是可惜至极，虽然自己不喜欢逛夜店，但是在北京可以买到很多建筑方面的材料，不像在这荒凉的草原上，别说木头，就是草都是枯黄的。越想越觉得自己亏大发了，于是命令王保保收复大都。王保保于是集合主力，北出雁门，经保安、居庸关，向北京攻击前进。

元顺帝不会知道自己的瞎指挥将韩店的胜利彻底破坏了。

王保保的行动迅速被徐达发现。徐达认为北平有孙都督据守，而且有坚城，不用太过担心。但是王保保倾巢而出，太原空虚，更有利的是，明军的主力都在太原东南部真定、漳德一带活动，离太原那是咫尺的距离，于是采用批亢捣虚的战术直捣太原。

这一招可是足够震惊王保保的，老巢快被端了，王保保慌忙回救太原，其部将豁鼻马约降。当时明军骑兵先到，步兵还没完成集结。常遇春向徐达建议："我们的骑兵虽然到了，但是步卒还没到，突然作战对我军是凶多吉少，最好的办法就是夜袭。"徐达也觉得这是一条妙计，

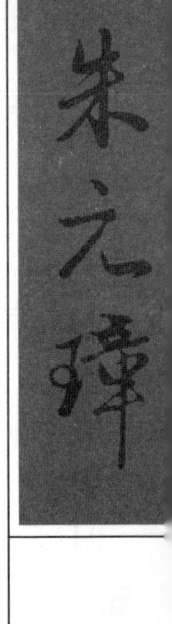

采用了常遇春的建议，选精骑夜袭王保保。王保保虽然勤奋地读书，但是众人皆睡他独醒有什么用？眼看着自己就要大输，王保保仓惶逃出来，匆忙中丢了一只鞋，只想，保住自己的青山，这样日后没准还有柴烧。

太原就这样被攻克了。

明军在平定山西后，即平定了陕西。然后用兵东部，保卫北平的侧翼。而北元则东有纳哈出，西有王保保，战争逐渐分为两个战场。

1369年六月，由常遇春率步骑九万出北平，经过会州、锦州、全宁（今内蒙古翁牛特旗地方），攻下了开平。元顺帝逃到开平以北的应昌，一代名将常遇春，在完成这次任务后，暴疾卒于回师途中，年仅40岁。代替常遇春应付东面战场的是李文忠。

王保保此时在西方，可能是作为对明军第一次北伐的牵制，王保保带军包围了明将张温据守的兰州。明军派出的援军被王保保全歼，援军首领于光也被杀死。

在这种情况下，明军立即于洪武三年一月三日开始了第二次北伐。在制定进攻方略时，包括名将徐达在内的所有将领都异口同声地建议大军直扑应昌，逼王保保从兰州撤兵。可见徐达等人都不太情愿直接与王保保交锋，毕竟这个王保保太厉害了。但朱元璋不同意，他命令明军兵分两路。西路由大将军徐达自潼关经西安救兰州，寻机歼灭王保保；东路由左副将军李文忠出居庸关，直捣应昌。这是使敌人"彼此自救，不暇应援"的方略。

战事进行到四月，东西两线都发生了惊天动地的大事变。东线是元顺帝于4月28日因病突然逝世，元顺帝孛儿只斤氏，讳妥欢帖木尔，蒙古文献称为乌哈图汗。在位37年，荒淫无度，任用奸党，戕害忠良，对南方的反叛也姑息任之。不过他也不是一无是处，他心灵手巧，自己发明创造了个宫漏，奇妙无比，还能观天象。不过可惜了成吉思汗打下的这大好江山就毁在了他手里。他死后，他儿子爱猷识理达腊即元昭宗即位，改元宣光。在元军国丧前后，明军这边也是有所表示的，只不过是喝的倒彩。李文忠已经先后夺取了应昌外围的重要据点兴和、察罕淖尔等地，5月13日，李文忠在离应昌百余里的地方从一俘虏的口中得知元顺帝死讯，督师急弛两日至应昌，攻克了应昌，东方战场以北元的惨败告终。

西线战场就比较复杂了。

当年正月，王保保率部攻打已被明军占领的兰州城，没有攻下，因为战事不利，粮草匮乏，军心涣散，兵众互相砍杀对方然后吃肉，王保保更是放纵军队，四处侵扰掠夺，南下占领了守备力量薄弱的安定州。盘踞在逸口关、车道岘，恃拥有十万之众和逸口关、车道岘沟壑纵横、山高路险的有利地势，时刻窥视金城重镇和陇右一带，严重威胁明王朝西部的安全。

西北地区的局势如此严峻，朱元璋决定给王保保点颜色看看。命徐达率征虏左副将军冯胜、右副将军汤和、副将军邓愈，督兵40万出西安北征，一路攻城夺县，望风披靡，于三月末直捣定西，逼扩郭西营。是时，王保保帖木尔已由兰州南下，屯兵十万于安定州沈儿峪、车道岘、逸口关、平西寨一带，扼险据守。徐达进兵沈儿峪口，隔深沟与元兵对垒。

这是历史上最大的一次战役，也是明朝灭元的最后一战。

空气中到处都弥漫着硝烟的味道，大战一触即发。

战斗极其惨烈，两军一日发生数次大战。一开始势均力敌，不分胜负。徐达想这样下去情势对自己很不利，只能不停地折磨王保保了。毛主席不是有句话说"敌进我退，敌追我跑，敌疲我打，敌倦我扰"，徐达用的就是最后一句。四月初五，徐达命令将士捡柴火，搭帐篷，要长期驻扎在此的样子，把个王保保弄得稀里糊涂。然后白天睡觉，晚上塔台唱戏，都是名家名段，轮番上阵，把个元军吵得恨不得花钱买他们不扰民，钱在这时候是最臭的，根本不起作用，而且你要是敢露头就会被逮个正着，元军只能日日呵欠连天地忍受着这样的折磨。

徐达这招精神上的折磨很有效，待到第七日夜晚，一点动静都没有了，元军一看今天没噪音污染了，真是天赐的睡觉的好时候，于是连枕头还没沾着就睡着了。一时之下，鼾声四起。徐达一看，时机到了。立刻打手势命令手下人劫袭王保保军营。

赶到元军阵营的时候，神经衰弱的先醒过来，吓得四散逃跑；睡得

沉的，压根就不知道徐达已经带兵冲进阵营了，睡梦中有的去了极乐世界，有的直接被抓做俘虏。元军顷刻间溃不成军。其实在这之前一天，王保保也曾选精干兵士千余人，走山间小道，从东山下偷袭徐达军东南大营，徐达手下的左丞胡德济麻痹大意没来得及防备，仓皇失措，不敌元兵，形势十分危急。好在徐达胸中有沟壑。看穿了王保保的诡计，知道他不过就是在诈降，及时赶到，给自己的士兵鼓舞了士气，一举将王保保的诡计扼杀在了萌芽状态。

第二天，残留的元军发起了最后的冲锋，两军大战于川北乱坟头间。我也不知道为什么要选在乱坟岗上，莫非是为了要增加点戏剧效果？还是死的时候正好有这么多的鬼魂陪着不孤单？

徐达攻破元军布在沈儿峪的第一道防线，继而进军平西寨，于车道岘结束战事，俘虏元剡王、文济王及国公思孝、平章韩扎尔、虎林赤、严奉献先、李景昌、察罕不花等文武僚属1865人，将士八万余人，夺获战马1528匹，骆驼杂畜超过一万头。可谓是收获颇丰。而王保保充分发挥了自己擅长逃跑的本领，但是这次比较狼狈，也很凄凉，他带着自己的妻儿老小，其他人均被明军逮住。保保同学北渡黄河，经宁夏，潜逃和林。王保保逃到和林不久，元昭宗也来到这里，对保保以国事任之。从此王保保开始了独撑将倾天下的重任。

到现在为止，元朝的军队基本被朱元璋的人马消灭掉，还有一部分残余势力，在遥远的北方，估计也不能成什么气候。最起码可以容工夫再消灭他们了。

王保保掌管国家事务后，老实了一段时间，之所以老实是因为自己元气大伤，要养精蓄锐，另外就是明朝的军队太厉害，一定要三思而后行，想好了对策再行动。

但是蒙古军队从来就有尚武的传统，他们不会甘于一直在北方的草原放羊、游牧的，他们一旦有了点实力就会卷土重来。

两年后，一直假装老实的元军终于熬不住了，慢慢向明朝伸出了触角，他们四面出击，趁明军后撤，他们又占领了东自吉林，西至甘肃、宁夏北部的广大地区，他们以这些要塞为老巢，不断向明军进攻，使用游击战术，深得兵法精髓。

朱元璋此时已是一国之君，怎么会允许别人如此讨厌的挑衅呢？于是1373年，朱元璋集结了15万军队，分三路第三次北伐。中路大将军徐达，由雁门直趋和林，摧毁元朝的指挥部；东路左副将军李文忠由居庸关至应昌，然后直扑土拉河，从西北面攻击和林（几乎是长春真人丘处机西游的路线）；西路征西将军冯胜出金兰取甘肃，各将兵五万。

东路军李文忠一直打到胪朐河，接着在土剌河击溃哈喇章等，进至拉鲁浑河畔的称海，被蒙古大军包围，李文忠勉强撤退。但损失惨重。

中路军徐达遇到的是劲敌王保保。这一次，在明与北元的大对决中，王保保巧妙而坚决地击败了明朝第一大将徐达。王保保用诱敌之计将明军逐渐引入其纵深。徐达的先锋是常遇春的小舅子、后来在洪武21年威震漠北的蓝玉，出雁门后，在野马川遇到胡寇，追至乱山，取得了小胜。接着到了土剌河，和王保保相遇，击败了王保保，保保逃走了。很明显，王保保是在诱敌深入。他亲自率领小部队且战且退，把敌人引向和林。而他手下的大将贺宗哲率领主力在和林以逸待劳。果然，王保保和贺宗哲会合，跟明军在岭北对峙起来。遭到王保保的突然袭击，结果明军将士死了一万多人。可见，王保保的诱敌之计使明军轻敌而惨败。

西路军冯胜却取得了意外的胜利。但由于失败的两路是当时有名的战将中的头两位，如果表彰了冯胜等于羞辱了徐达和李文忠，所以太祖借故没有给冯胜赏赐。至此，洪武五年的北伐以明军的惨败而告终。

双方就此进入僵持状态，这一僵局在十余年后才被打破，打破它的人正是在这次北伐中成长起来的蓝玉。

另外还有一件事要说说，那就是在基本统一了北方后，朱元璋总结自己的抗元过程，对于元顺帝的不战而逃表示感激，因此在宋濂写《元史》时，特别要他写上："大明皇帝以帝（指元朝末代皇帝）知顺天命，退避而去，特加其号曰顺帝。"着实地幽了元顺帝一默。

第六章 朱元璋的亲密伙伴

  一个好汉三个帮，单靠朱元璋自己的力量，想要建功立业是非常难的。在明朝建立的过程中，无论是台前还是幕后，处处可以看到这些精兵强将的身影，军功章上至少有他们三分之一的功劳。开国名将徐达、第一先锋常遇春、第一谋士刘基、难得糊涂的汤和、文武双全的李文忠……就是因为这些人朱元璋的建国之路走得才不那么艰难，也正是因为朱元璋慧眼识英雄，充分发挥他们的光和热，才使得大明朝昂首屹立于中原大地，傲视群雄。

开国名将徐达

太傅提兵出塞还，更因渝塞起渝关。
石驱到海南城堞，垒筑连云北倚山。
辽水至今来鞑靼，蓟门终古镇羼颜。
岁时伏腊犹祠庙，麟阁勋名孰与班？

一首赞颂徐达的诗，但凡了解一点朱元璋的成名史就会知道，徐达的丰功伟绩是真的数也数不清的，而徐达的为人更是可圈可点。

从贫苦农民到左相国

徐达，比朱元璋小四岁，五十几岁就去世了，算是年富力强的时候早逝的，他字天德，是朱元璋的同乡。也是穷苦人家的孩子，也就是世代贫农。小时候曾和朱元璋在一起放牛，称得上是朱元璋的发小。

1351年，刘福通在颍州发动农民起义，组织了红巾军反抗元朝。第二年，郭子兴在濠州起义响应，元朝政府一看慌了，急忙派兵镇压。

但这些官军腐败透顶，没事就知道声色犬马了，哪敢跟红巾军直接硬碰硬？但是长官有规定，是要上交俘虏人数的，这些兵也还算是聪明，就是有点没人性。他们四处烧杀掳掠，捉拿无辜百姓，冒充红巾军俘虏，押到官府去报功领赏，搞得民无宁日，怨声载道。

徐达八辈贫农，祖祖辈辈深受官府和地主压迫剥削之苦，心里早就忿恨不平，现在又亲眼见证了小时候老是听爷爷说的官军的暴行，更是恼火。于是决定自己要参军，打跑这群没人性的家伙。

刚巧，1353年六月，已是亲兵九夫长的朱元璋来家乡募兵，徐达听到消息，兴高采烈地参了军。他同朱元璋的出身、境遇和志向大体相同，两人一见面就谈得十分投机，大有相见恨晚的感觉。朱元璋决定把他留在身边，做自己的助手。徐达从此成了一名光荣的红巾军战士。

后来朱元璋和郭子兴闹翻，带着24个人独闯天下，徐达就是这24人之一。他们在定远收编了那3000人的地主武装，迅速攻占了滁州、和州等地。徐达在这些战役中，不仅作战勇敢，而且对朱元璋提供了不少很好的计策，开始崭露他出色的军事才能。朱元璋是爱才之人，为徐达向郭子兴请功，说他的智谋和才略皆在众人之上，建议把他提拔做军官，郭子兴便任命他为镇抚。小小的升迁哦。

在和州时，孙德崖的粮食不够吃，想向朱元璋借粮食，郭子兴刚好在朱元璋这实现下岗再就业，孙德崖前来让老郭看到了复仇的希望，于是在城里兴冲冲地拘捕孙德崖，但孙德崖的部众也在城外捉住了朱元璋。郭子兴提出以孙德崖交换朱元璋，但双方小肚鸡肠，谁也不肯先放，因为都知道对方信誉不怎么样。

关键时候，徐达挺身而出，冒着被杀的危险，主动要求到孙德崖的军中去做人质，徐达觉得朱元璋是自己的老乡，对自己又有知遇之恩，这个时候自己不上谁上？

徐达到了孙德崖处，倒是没受什么虐待，只不过是孙德崖手下气不过头儿被抓，给了徐达几巴掌。后来朱元璋回到城里，郭子兴也放回了孙德崖，孙德崖安全到达营地，徐达才被释放回城。

看着徐达脸上的血印子，朱元璋心里的暖流不停地奔涌，这样为自己牺牲的人不是值得一辈子信任和器重吗？

徐达有情有义，没有辜负朱元璋的信任。1355年三月，郭子兴病逝，朱元璋掌权，为了能在南方争得一席之地，朱元璋决定渡江夺取集庆。

这时候的朱元璋身单力薄，根本无力和任何一个起义军争夺地盘，只好夹缝中求生存，在张士诚和陈友谅管辖区域的三不管地带找一处自己生存的地方。可是就连这样的地方也是在虎口里拔牙，因为这块地方属于元朝政府，只不过是政府管理有点不力罢了。

朱元璋手下虎将不多，徐达英勇善战，是块可以雕琢的好玉，任务自然而然落到他肩上。

徐达与常遇春率领前锋部队，乘风举帆，冒着敌人雨点般的利箭，强登牛渚矶，使后续部队得以顺利渡过长江，攻占采石和太平。元朝军队哪甘心太平之失，妄图重新夺回太平。元将蛮子海牙（这名起的）和阿鲁灰等用巨舟横截采石江面，封锁姑苏口，地主武装头目陈埜先及其部将康茂才又从水陆两路，分兵进逼太平城下。朱无璋在城中督兵防守，徐达和邓愈率领精兵绕到敌后，在襄阳桥埋伏起来，想打敌人个措手不及。果不其然，陈埜先不知有计，傻乎乎地率众来攻，中伏被擒。蛮子海牙见陈埜先被俘，士气大减，哪还敢恋战，急忙从采石撤兵，退守裕溪口，太平危机被解除，转危为安。

接着，徐达独自率领数千精锐，往东攻占溧水、溧阳，从南面包抄集庆，切断集庆守敌与南面敌军的联系，信息被切断是大事，沟通不便就没办法知道彼此的情况。然后徐达会同诸路水陆大军，在第二年的三月攻占了集庆。朱元璋算是有了一点根据地。

随后，朱元璋改集庆路为应天府，着手建设和发展以应天为中心的江南根据地。当时的应天情况比较特殊，除了南面有几股零星的元军和地主武装，北面是韩林儿、刘福通，西面是徐寿辉、陈友谅，东面是张士诚，正好构成三面屏障，把元军挡在外面。这样的情势也好也不好，好的是这样，元军隔山隔水的肯定不会先打朱元璋，外面包着的衣服比较厚；坏的是，朱元璋当真是在一个小夹缝里挣扎呢，朱元璋地狭粮少，没有三两钱，哪敢做五两的买卖？一分钱难倒英雄汉啊！东面的张士诚自恃地富粮足，西面的陈友谅又仗着兵强地广，根本不把他放在眼

— 184 —

里，时刻都想兼并他的地盘。这么多力量强大的敌人在自己周围，想要发展起来真是难上加难。

现在就需要朱元璋拿出领导者的高明来，制定一个完美的发展计划。老朱遂决定集中主要兵力夺取东南一线的元军据点，并抓紧时机，积粮训兵，发展和巩固自己的根据地。自己强大了，别人谁还敢欺负？同时，建立巩固的东、西防线，以抵挡张士诚和陈友谅的进攻，这样的邻居不防着，不知道什么时候咬你一口。时间紧，任务重，徐达又毅然挑起了这副重担。

占领应天不久，朱元璋任命徐达为大将，命他率领几位将领，带兵浮江东下，攻占东面的军事要地镇江，然后分兵略取金坛、丹阳等县，徐达被晋升为淮兴府统军元帅。当时，张士诚已据有常州，朱元璋派遣使者和他通好，希望双方能"睦邻守国，保境息民"。张士诚不知好歹，断然拒绝朱元璋的要求，还扣留他的使者，并出兵攻夺镇江。镇江相当于应天的嘴唇，镇江被张士诚打掉了，嘴里有什么也就一览无余了。张士诚便可顺流直捣应天，应天也就完蛋了。

徐达马上出兵还击，打败张士诚的水军，乘胜进围常州。张士诚见自己老巢附近的牙齿即将被打落，急忙派兵支援常州，张士诚兵多将广来势汹汹，和徐达的小股兵力形成强烈反差，徐达想硬碰硬完全是在自寻灭亡，看来只能智取了。

徐达想出了一个妙招，他先在距城十八里的地方埋下一支伏兵，按兵不动，等待敌人有了动静再行动。随后派赵均用率领精锐骑兵突袭敌阵，去扰乱敌人的视听，将敌人的队伍搅散，逼他们撤退，然后伏兵再上就可以一举歼灭敌人了。

赵均用按照徐达的安排率领精兵去正面攻打敌人，敌军措手不及，阵势大乱，慌忙撤退，在离城十八里的地方遭到徐达伏兵的攻击，张士诚惨败，折损了两员战将。张士诚这才感到朱元璋的力量不可小看，急忙派人求和。朱元璋答应双方可以和平相处，但是得有条件，要张士诚先归还使者，并且每年交纳五十万石粮食。张士诚心想这不就是讹诈吗？我们家的钱也不是大风刮来的啊，毅然决然地没有答应，此事正中朱元璋下怀，朱元璋下令继续进攻。1357年，徐达攻克常州，又晋升

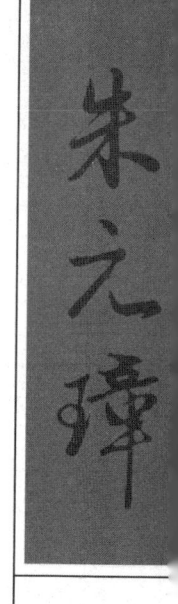

为枢密院佥事，其他将领也先后攻拔长兴、江阴等地。接着，徐达与常遇春这对黄金搭档，在朱元璋的亲自指挥下，攻占宁国，作为朱元璋主力出击皖南和浙东的前哨基地，然后回头攻打常熟，一举活捉了张士诚的弟弟张士德。张士德是张士诚的得力干将，善战有谋，为张士城攻夺江南的大片土地出了大力，他被俘，使张士诚的心都碎了！

1358年十月，徐达又与邵荣联兵攻夺宜兴。宜兴西通太湖，城虽小但城防坚固，不易攻克。徐达知道强攻不行，拿人肉撞石头，白流血，与其这样还不如把血献了，还能为国家做点贡献。徐达查看地图发现宜兴三面环山，只有西边通往太湖，只要将太湖口封锁住，就等于是将宜兴这个口袋的口封住了，没粮没水的，到时候拎着就可以走了。于是徐达派兵封锁太湖口，切断城内守军的粮食供应，城内守军肚子饿得"咕咕"叫，根本提不起精神打仗。趁这个机会，徐达指挥将士一起发力攻打宜兴，城内守军实在是无力反抗，靠在城墙角下一个劲儿地喘粗气，徐达的进攻对相当一部分人来说是解脱，徐达很顺利地用此计破城而入，占领这个城镇。至此，太湖以西的地区已全部划入朱元璋的版图，一条北起江阴沿太湖南到长兴的防线建立起来了，张士城再也没有能力蹦跶，因为他西犯的门路被堵死了。徐达对此防线的建立可谓功不可没。

东部防线建立了，还有西部防线啊。

西线作战

徐达又马不停蹄地来到西部战场。1358年，陈友谅与帅哥皇帝徐寿辉的部将赵普胜联兵袭破安庆，接着赵普胜又顺长江而下，在枞阳建立水寨，进占池州。池州是长江南岸的军事要地，在上可以窥视安庆，下可以窥视太平，直接威胁朱元璋老巢的安危。这可是大事，老巢被端，这棋也就输了大半不止了。为了应天，向敌人进攻。1359年四月，徐达会同俞通海等出兵迎击，大败赵普胜，缴获敌船数百艘，使池州转危为安。这就为朱元璋争得了先机。当时朱元璋手头很忙，生怕赵普胜抄袭他的后方，听到徐达的捷报非常高兴，立即提拔他做奉国上将军。

当年八月，徐达从无为登陆，攻克潜山，从西北方向迂回围攻安庆。赵普胜骁勇善战，拼死抵抗，安庆一时还不能攻克。徐达潜入安庆城内，巧妙使用反间计，用重金收买赵普胜的门客，派他到陈友谅处去说赵普胜的坏话，陈友谅一生气，把赵普胜杀了。赵普胜的死，给徐达这边带来极大的便利，枞阳水寨自是不攻自破，1360年四月被徐达占领。枞阳水寨一破，安庆根本守不住了，陈友谅只好亲率大军驰援。徐达知道老陈心烦意乱，容易失去判断力，匆忙中极有可能注意不到路边的埋伏。自己人再打扮得隐蔽一点，陈友谅上哪里去找这样的突然袭击啊？于是与常遇春在池州南面的九华山设伏，翘首以待陈友谅的到来。果然老陈一路上一直在为自己错杀赵普胜、失去一员大将懊悔不已，哪里注意路边的埋伏了。就在他低头想抽自己巴掌的间隙，徐达一个手势命令大家一跃而上，将陈友谅军士的马惊起来老高，差点把人弄到地上，徐达率众奋力杀敌，一举击败了陈友谅，歼灭敌人万余，抓活的三千人。到此，陈友谅对西线的进攻被粉碎了。

徐达东征西讨，马不停蹄地与其他将领互相配合，巩固了东、西两道防线，确保了应天的安全，并为朱元璋积粮训兵，出击东南，发展和巩固江南根据地创造了有利的条件。经过几年的努力，朱元璋的力量迅速壮大，兵强粮足，兜里也有了钱，可以同其他几支势力相匹敌了。

1360年五月，陈友谅出兵攻占太平，杀了帅哥皇帝徐寿辉称王，引兵东下，进犯应天，并派人约张士诚出兵，准备东西夹击，共同瓜分朱元璋的地盘。朱元璋决定实行战略转移，把主力从东南调回，与陈友谅、张士诚决一雌雄。他命令诸将各自领兵埋伏在应天内外各险要地点，然后派康茂才诈降，把陈友谅引到埋伏圈里来打。徐达带领一支精兵埋伏在南门外，算是做大军的先锋队，等陈友谅来到江边的渡口龙湾，即冲杀出来，会同其他诸路伏兵，内外夹击，一举击溃陈友谅，歼灭了大批敌军，生俘七千余人，还缴获几百艘战船。陈友谅见大势已去，乘船逃跑，徐达见状，是紧追不舍，收复了太平，攻占了安庆。张士诚发挥自己一贯的器小本色，见陈友谅吃了败仗，生生没有半点

举动。

后来，张士诚挟持了小明王，小明王危在旦夕，朱元璋一意孤行去救小明王，徐达随从渡江，北上安丰驰援。陈友谅乘机对朱元璋发动大规模进攻，进围洪都。老朱在朱文正在江都守城的前提下，急忙带着小明王往江都赶，双方在鄱阳湖展开激战。双方力量悬殊，但是老朱士气很高涨，因为前天晚上已经给大家打过气了，还是氧气。第一天激战，徐达知道自己这边在人数上跟陈友谅差得很多，这个时候自己要给大家开个好头，才能让大家知道敌人不是那么可怕的。于是他身先士卒，指挥将士勇敢拼杀，陈友谅人多势众，自然不会轻易服输，他的军队拼死抵抗，徐达的战船不幸被流弹打中，着火燃烧起来，徐达奋不顾身地扑灭熊熊大火，他知道此时大家都在看他的反应，他不能有半点闪失。于是继续没发生什么似的攻打敌人，丝毫没有影响情绪。尽管不断有敌人的流弹打过来，甚至一颗不幸给了他个擦边球，徐达胳膊受伤了，徐达不愧是大将，面不改色心不跳的，从容镇定。军士见自己的头儿如此镇定，慌乱的心平静了下来，发誓要为头儿报仇，向敌人发起了一阵猛似一阵的进攻。即使在后来马上就要抵挡不住的时候他们也依然没有放弃。千钧一发之际，朱元璋派船救援，徐达顽强冲杀，最终击退敌军，从险境之中摆脱了出来。在激战中，成功击溃了陈友谅的前锋部队，歼敌一千五百人，缴获巨无霸舰船一艘，使军队军威大振。这一天的战斗里，尽管军队有所伤亡，但是大家的精气神非常的好，对于打败陈友谅是信心满满。这是一个好兆头，而这一定要归功于徐达的反抗。但是，后来老朱想起来一件事，那就是自己的后方现在裸露在张士诚面前，一旦张士诚趁此机会反攻，后果不堪设想。于是急忙命令徐达回守应天。徐达奉命回到应天，对于士卒要求严格，严加防守，不给张士诚一点妄动的机会，朱元璋因此解除了后顾之忧，可以全身心地投入到对陈友谅的打击中，因此取得了鄱阳湖战役的胜利，全部歼灭陈友谅的六十万大军。鄱阳湖战役结束后，徐达返回西线，追歼陈友谅的残余势力，占领了湖广的大片地区。

在朱元璋从弱小一直壮大起来的过程中，无论是在前线还是后方，徐达是鞍前马后，为朱元璋鞠躬尽瘁而战，这军功章上可以说有一半的功劳属于徐达。1364年，在战胜陈友谅的凯歌声中，朱元璋在应天称吴王，置百官，战功卓绝的徐达被任命为左相国，成为朱元璋政权的最高行政长官。而这，徐达是当之无愧的。

率师东征　灭张士诚

击败了陈友谅，朱元璋的下一个目标直指张士诚。徐达受命为前线的总指挥官，又肩负起这个重要任务。

张士诚财大气粗，占领面积也不小，自绍兴至济宁，南北两千余里，以长江为界分成南北两部分。江南防守比较坚固，江北的淮东地区就相对薄弱多了。1365年秋，徐达被任命为总兵官。他统率常遇春、胡美、冯胜诸将，带领骑兵、步兵和水军，渡江北上，向淮东地区发动进攻，以翦除张士诚的肘翼。徐达很快攻下泰州，然后将自己的兵士分成两股，一部分攻取兴化，另一部分自己率领进围高邮。张士诚知道徐达的厉害，自然不敢小看他，为了牵制徐达，出兵进攻江南的宜兴。徐达得到消息，命冯胜围攻高邮，常遇春驻守海安，自己统率一支精兵，渡江迎击张士诚，跟张士诚正面冲突，解除了宜兴之围。但不久，冯胜误中高邮守敌的诈降之计，派人带兵入城，全部被杀。第二年三月，徐达回师高邮，在张士诚的围墙外架起高架子，将城内兵士盯得都起鸡皮疙瘩了。张士诚这个汉子在城内誓死抵抗，就是不出城也不投降，徐达就和他死耗。终于在张士诚耗不住的时候，攻入城内，歼灭城中守敌，缴获大批马匹和粮食。接着，乘胜追击，移师北攻淮安，袭破张士诚部将徐义的水军，淮安守将梅思祖见徐达仿佛见阎王，乖乖地开城迎降，并献出所辖的四个州。徐达攻兴化，转安丰，俘获元将忻都。元军见安丰失陷，出兵进攻徐州，徐达带兵迎击，俘斩万余人，元军狼狈而逃。至此，淮东全部被攻克，张士诚的势力被压缩到江南的浙西地区了。

朱元璋见淮东诸地全部平定，召集军事会议，研究下一步的行动方案。会上，右相国李善长提出伺机而动的主张，他说："张士诚罪行累

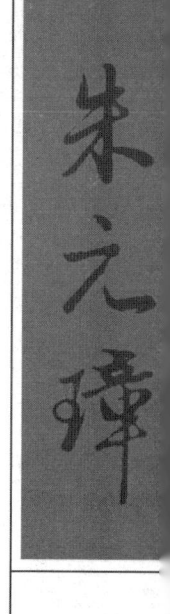

累，早就应该把他打回老家。但是，据我观察，他虽然屡吃败仗，但兵力还没有衰竭，而且很肥，百姓有钱，储积了不少钱粮，恐怕不好攻破。我们应该先按兵不动，等到时局发生变化，有机可乘，再发动进攻。"徐达见朱元璋脸色暗下来，知道李善长的话老朱不爱听了，于是徐达进言说："张士诚骄奢淫逸，暴殄奢侈，现在就是上天要灭亡他的时候，他手下的将士如李伯升、吕珍等人，猥琐龌龊，不足挂齿，只不过是些只知娱乐的家伙们罢了。为张士诚策划的谋士，都是些书生，迂腐得能酸掉牙，能谋出什么大计？我们现在率领的是精锐之师，讨伐叛逆之人，短时间内我们即可以把个张士诚给制服了！"

一番话把个朱元璋说得是眉开眼笑，当然是在心里。朱元璋表面上不显山不露水，任命徐达为大将军，常遇春为副将军，统率二十万大军，结束张士诚的垂死挣扎。

八月，进攻浙西的军队集结待命，朱元璋又召见徐达和常遇春，商定具体的作战方案。常遇春主张先打平江，他认为平江是张士诚的统治中心，只要占领平江，其余地方就可以不劳而下，但是常遇春又犯了冒进的极左错误了，建议当然被老朱否了。因为张士诚是私盐贩出身，他们都是在刀刃上企图赚公家钱的人，死对他们来说跟吃饭喝粥一样平常，你见过亡命徒怕死？如果出兵攻打平江，一旦张士诚支持不住，助手张天骐等人必然全力救援，到时援兵四合，平江就很难攻下来，白白耗费体力。老朱提出了一个"先分其势"的作战方案，先打湖州，使敌人疲于奔命，翦其羽翼，再移师去攻打平江。于是命令徐达、常遇春率领主力去打湖州，同时派李文忠、华云龙分别带兵攻取杭州和嘉兴，牵制湖州以南的敌军。

徐达与常遇春统率二十万水军从太湖直趋湖州。张天骐分兵三路出战，徐达分三路军队迎击，打败他南路军队，另外两路敌军慌忙退回城内，徐达在城外继续紧逼。张士诚见湖州危急，派李伯升赴援，李伯升由城东的货港偷偷入城，与张天骐一道闭门拒守。徐达见敌人死死地窝在龟壳里不出来，你打我我也不出来，指挥将士把湖州紧紧围困起来，对着四座城门昼夜强攻。快把城墙打成筛子底了，张士诚急了，又派吕珍、朱暹及养子张虬等率兵六万驰援，他们屯聚在城东四十里的旧馆，筑起了五个寨堡。这时,朱元璋派来增援的汤和正好赶到,他和徐达、常遇春,在城东东迁镇南的姑嫂桥筑起十座堡垒,比敌人的多一倍,扼守旧馆与湖州的通道。张士诚见吕珍等人无法接近湖州,亲自带兵驰援,但是徐达早就料到张士诚会沉不住气,早早准备好迎候他了,在皂林大败张士诚,俘虏三千人。

张士诚不死心,继续派徐志坚用轻舟从水上救援,企图偷袭姑嫂桥,又被徐达击败活捉。张士诚慌了,急忙派徐义到旧馆来打探军情。徐义一到旧馆就被切断了归路,只好暗中派人请在太湖的张士诚的弟弟、纨绔子弟张士信出兵,与吕珍等人拼死力战,张士诚派赤龙舱亲兵前来支援,他才脱出重围。接着,他又联合潘元绍率领赤龙船兵屯聚平望,再乘小船偷偷潜入湖州东南的乌镇,准备救援旧馆。常遇春领兵追袭,攻占平望,放火烧掉赤龙船,敌军四散溃逃。旧馆守敌的外援从此就被断绝了,要吃没吃,要喝没喝,仗还怎么打?大家纷纷出降。徐达乘胜挥师出击,追袭还没跑远的徐义和潘元绍,进攻湖州东面二十一里的升山水寨。张虬带兵来援,怎么敌得过徐达的骁勇?张虬、朱暹、吕珍势孤援绝,只好投降,旧馆被攻克。十一月,徐达将吕珍等人押到湖州城下示众,张天骐、李伯升一看他们都投降了,我们再抗击下去也是死路一条,也缴械投降了。后来潘元明投降,绍兴、嘉兴也不战而克。

徐达攻占湖州后,引兵北上,会合诸将,进围平江。徐达采用叶兑的计策,在平江城外矢石够不到的地方,构筑长围,自己驻葑门,命令常遇春屯驻虎邱,郭兴屯驻娄门,华云龙屯驻胥门,汤和屯驻阊门,耿炳文屯驻城东北,仇成屯驻城西南,何文辉屯驻城西北,把平江紧紧围困起来。并在城外筑起三层的木塔,监视城中的活动,每层架设弓弩火铳,轮番施放,又设置襄阳炮,日夜向城中轰击。这不是一般的厉害,徐达在高处,光是盯也能把张士诚的人盯毛了,何况还有这样的轮番轰炸,高处的箭,出来一个杀一个,出来两个杀一双,低处的大炮,杀伤力肯定也不一般,实在是高啊!

不久,无锡守敌莫天祐派部将杨茂潜入平江了解情况,准备声援张士诚。徐达的手下人在阊门水栅把他捉住,绑好了带来见徐达,徐达知道这人游泳很厉害,横渡英吉利海峡肯定没问题,没有像手下人建议的

那样把他杀了，而是将他收服，让他继续为莫天祐与张士诚传递消息，但是所得消息必须暗中送给徐达。有了这个内线，徐达知道了所有无锡与平江守敌的虚实，有针对性地采取相应措施，使围攻平江的作战计划日益完备。

朱元璋原先打算用长期围困的办法，迫使张士诚精疲力尽然后投降，但一直不能将其拿下，朱元璋便写信劝降，答应按照东汉接受窦融投降、北宋接受钱俶投降的事例，使其全身保族。但是，张士诚顽固拒降，继续闭门抵抗。后来，张士诚又接受熊天瑞的建议，拼命制作飞炮，发射大石头，轰击城外围攻的部队，妄图阻挡他们攻城。徐达见此，想了一个妙计，命令将士架设木屋，上面盖上竹笆，叫士兵藏在下面，这样可以增大缓冲，能够有效的挡住矢石的轰击。就这样，徐达一直和张士诚僵持着，不急不躁，稳中求胜。

到九月，平江城中老百姓的肚子的叫声连外围的将士都可以听到。徐达知道张士诚气数将尽，是发动进攻的时间了。于是下令发动强攻，锣鼓齐鸣，万炮齐发，将士高声喊"杀"，从气势上压倒对方。经过一场激战，徐达带领士卒首先攻破葑门，常遇春接着也攻入阊门，进逼平江城下。张士诚命令唐杰登上内城拒战，自己则在城内抵抗，令谢节、周仁立栅支援外城。徐达告诉将士奋勇冲杀，张士诚的人饿得不行了，不要怕他们！将士更加顽强。唐杰渐渐支持不住，率领众人投降了，周仁等人见大势已去，也归降了。徐达命令将士登城，冲进城里。张士诚不死心，收集残兵败将二三万人，在悠长的南方小巷里顽强抵抗，最后力尽被俘押送到了应天，城中二十万军民，全部向徐达投城。徐达与常遇春分别带兵驻守城市的左、右两个部分，安抚归附的军民。

徐达以出色地完成了消灭张士诚的任务，率领将士凯旋回归。朱元璋亲自出门迎接，颁发证书给大家，封徐达为信国公，并赏赐绮帛十端。

统兵北伐　推翻元朝

消灭了张士诚的势力，朱元璋成为全国最富有的土财主，实力大增。这时候，元朝统治层内部正在乐此不疲地玩勾心斗角的游戏，互相之间削弱彼此的力量，混战不休。朱元璋决定抓紧有利时机，派兵北伐，夺取中原，推翻元朝的黑暗统治。

统率大军北伐的艰巨任务，自然又落在徐达的身上。当时，徐达与常遇春才勇平分秋色，都很受朱元璋器重。究竟由谁来担任北伐的最高统帅呢？朱元璋反复比较了两位大将的长处和短处，常遇春慓悍勇猛，敢于深入敌境，而徐达善于用计，谋略过人；常遇春下攻城邑，很少会不出现滥加诛杀的现象，而徐达所到之处，却从不骚扰百姓，俘获了敌军，也以恩义感化，使他们反过来为自己效力，百姓乐于归附，敌军也愿向他投诚。在这里面还是徐达更胜一筹。于是，便任命徐达为北伐军的大将军，常遇春为副将军，并对徐达、常遇春和其他北伐将领说："军队打仗，是为了平息祸乱，所以任命将帅，必须选择最恰当的人。你们诸位，不是不能打仗，但是办事稳重，纪律严明，具备统率全军战胜攻取的指挥才能的，谁能比得上徐达？"要求他们听从徐达的指挥调遣。嘱咐徐达，一旦遇见强敌，作为大将军，应当运筹决胜，不能轻举妄动。

1367年十月，徐达与常遇春统率二十五万大军，从淮安出发，按照朱元璋的部署，进入山东，攻克沂州。接着，徐达命令韩政分兵扼守黄河，用来切断山东的援兵，又命张兴祖攻取济宁，自己亲率大军攻拔益都，迭克潍、膠诸州县。十二月，元将在济南投降，徐达分兵攻取登州、莱州。不久，山东平定。

1368年正月，在北伐军攻克山东诸地的捷报声中，朱元璋登上皇帝位，建立明朝，以应天为京师，任命徐达为右丞相。明王朝的建立，给各位军士打了一针兴奋剂，激励着他们加速北伐战争的步伐。二月，

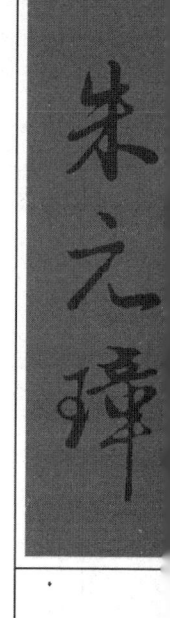

徐指挥明军沿黄河西进，攻入河南，迅速攻占永城、归德、许州，汴梁守将左君弼献城归降。接着，徐达又引兵自虎牢关进至塔儿湾，元将脱因脱木尔带领五万军队迎战，在洛水北岸布阵。常遇春单骑冲入敌阵，击败敌军的前锋，徐达指挥全军将士往前冲杀，元兵狼狈西逃。明军进据洛阳北门。洛阳守将李克彝逃往陕西，梁王阿鲁温开门迎降。明军乘胜西进，相继攻占陕州、潼关，元将李思齐、张良弼失势西奔。至此，明朝军队已顺利地完成攻占山东、河南和潼关的任务，撤除了大都的屏障，剪掉大都的羽翼，并控制关中元军出援大都必经的门户，从而对大都形成三面包围之势。

明军的下一步行动，便是攻取大都，1368年五月，朱元璋来到汴梁，慰问徐达、常遇春等北伐诸将，同他们进一步商定攻取大都的具体方案。徐达说："我们现在已经平定了山东、河南，王保保逡巡太原，但是观望不进。现在潼关又被我们攻占了，张良弼、李思齐狼狈西奔，元都能来支援的人都被我们关在门外，大都现在就是一座孤城。如果乘势直捣这座孤城，可以不战而克。"徐达对形势的透彻分析和必胜的信心，深得朱元璋的赞赏，他连声夸奖："好，好！"并叮嘱说，"北方土地平旷，利于蒙古骑兵作战，对此不能没有防备。你应挑选副将带领先锋部队在前开路，自己督率大军殿后，用山东的粮食作为军饷，进攻河北，夺取临清，北上直捣元都。大都外援不及，内自惊溃，就可不战而下。"徐达于是在东昌与诸将会师，分兵攻取河北，连下卫辉、彰德、广平，攻占了临清。闰七月，徐达在临清会合诸将后，命傅友德开辟陆道以通步兵、骑兵，派顾时疏浚运河以通水军，北攻德州、长芦、直沽。据守直沽的元丞相也速从海口逃走，大都震动。明军沿运河西进，在河西务，大败元军，擒敌三百余人，然后进兵通州。当天大雾弥漫，徐达觉得这是个好机会，于是在这天趁大雾埋伏好伏兵，趁元军不注意，突然袭击，歼敌数千人。

元顺帝听到通州失陷，知道大都已无法守住，哀叹说："我不能像中原的皇帝一样做俘虏，看来只有北撤一条路可走了。"闰七月二十七日深夜，他带着后妃太子，慌忙从建德门出城，经居庸关逃往上都开平。八月初二，徐达率领明军到达齐化门外，填平濠沟，进入大都，受到市民的热烈欢迎。留守大都的元朝宗室淮王和左、右丞相等少数死硬分子拒不投降，这样的强硬派留着就是祸害，被徐达处死，其他元朝大臣和将士纷纷归降，受到宽大处理。徐达下令查封元朝的仓库、图籍、宝物和故宫殿门，派兵看守。所有将士，一律在营房住宿，不许外出骚扰百姓。这样大都的社会秩序很快安定下来，街市的营业也很快恢复起来了。

捷报传到南京，朱元璋下令把大都改为北平府，由孙兴祖、华云龙驻守，徐达与常遇春带领明军攻取山西、陕西。常遇春做前锋，徐达殿后，由河北越过太行山进入山西南部。徐达出其不意攻打太原，让王保保进退维谷。待王保保回到太原的时候，半夜偷袭他，趁机攻克了山西。

1369年二月，徐达率领明军渡过黄河，进攻陕西，占领奉元路，改名为西安府，元将李思齐逃往凤翔，张思道逃往庆阳。四月，徐达攻克凤翔，李思齐又逃到临洮。徐达集合诸将，讨论下一步计划，大家都认为张思道的军事才干不如李思齐，庆阳应该比临洮好打，主张先攻庆阳。但徐达却主张先打临洮："庆阳城墙坚固，守将剽悍，不容易被攻下。而临洮北边是黄河、湟水，西通番戎少数民族地区，拿下这个地方可以收附百姓补充兵力，有物产可以补充军储，给将士补充后备力量。这时候李思齐如果向西逃窜，就会束手就擒。临洮一攻克，其他地方也就不战而下了。"大家想了想都觉得此计划高人一等，全票通过。明军于是移师西进，连克陇州、秦州、巩昌，然后分兵两路，一路由顾时指挥，攻占兰州，另一路由冯宗异统率，进逼临洮，李思齐看这时候自己也不能让世人说什么了，马上投降了，心里话累死我了，装抵抗真不是一般的累。张思道听说李思齐投降，异常恐慌，逃到宁夏，为王保保所执。徐达派傅友德、俞通海、陈德、顾时分别从东、西、南、北四个方向攻占庆阳的外围地区，切断元军与外界的联系，自己则督率诸路大军进逼城下，把这座城镇紧紧包围了起来。经过三个多月的围攻，张良臣内外音讯不通，粮饷断绝，他的部将姚晖等人开门迎降。徐达领兵自北门入城，擒斩张良臣父子。庆阳之战，不但消灭了张良臣的势力，而且使明军控制了陕甘地区的形势，进一步缩小了元朝势力的活动范围。

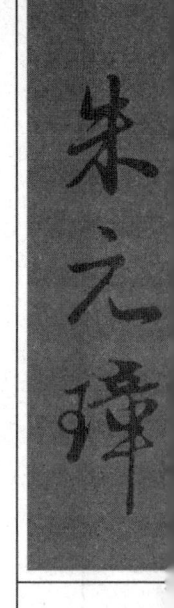

【第六章】朱元璋的亲密伙伴

陕西平定以后,朱元璋下诏,令徐达班师回朝,少不了对徐达论功封赏。王保保听说明军南还,觉得机会到了,率军围攻兰州。1370年正月,朱元璋再次任命徐达为大将军,而以李文忠取代已经病故的常遇春为副将军,率师征讨。令李文忠领东路军出居庸关,深入蒙古草原,追击元顺帝,徐达统西路军出潼关,直捣定西,攻打王保保,使他们彼此自顾不暇,无法互相应援。四月,徐达与王保保两军相拒于沈儿峪,隔着一条深沟扎营布阵,进行了一场数十万人的激战。徐达用计从精神上折磨王保保的人马,让他们严重睡眠不足,自己这边则是三班倒,丝毫没有影响自己的作战力量。连着数日,不是流行音乐就是唱名家名段,元朝军队开始还有点兴致听听,后来直觉听得恶心了。王保保这边的人整日哈欠连天,哪里有精神反抗?可怜寒冬腊月睡觉的好天气,全让徐达这帮人给毁了。

看折磨了数日之后,徐达觉得折磨得差不多了,于是让人撤掉戏台子,准备夜深人静的时候杀敌人个回马枪。入夜,敌人利用难得的耳朵、脑袋休息日准备大肆补觉的时候,徐达派人悄悄潜入敌营,看守的人马朦胧着觉得有人过来了,晃晃悠悠走过去,还没回过神来就被打死了。徐达率众继续前进,将王保保的人打得七零八落,溃不成军,军队实力遭到重创。

第二天,徐达整顿队伍,又挥师出击,将士个个奋勇争先,而王保保这边的将士经过昨夜一晚上的惊吓,睡意倒是没了,但精神仍然不好。应该是刺激过度导致的精神有点混乱。在乱坟岗几乎全军覆没,徐达擒获元朝的宗室、官吏,俘虏敌军将士无数,并缴获了多匹战马和大批牲口。王保保见精兵悍将丧失殆尽,气急败坏地带着自己的妻子夺路而逃,由黄河经宁夏逃到和林,重掌大权。

北伐之后,徐达带兵返回京师,朱元璋亲自到龙江迎接,改封徐达为魏国公。此后,徐达除了三次带兵出征塞北,其余时间都在北平镇守。他统率部将修膳城防,操练军马,设备屯田,严为守备,使元朝的残余势力不敢轻易南下骚扰,对稳定北方的形势起了重大的作用,老朱称其为"万里长城",真是一点都不为过。

治军严明　功成不骄

徐达自带兵以来，南征北战，几乎所向披靡，攻无不克，被誉为"开国功臣第一"，在人才济济的众人中徐达脱颖而出。这又是为什么呢？

贫苦农民出身的徐达，饭都吃不饱，哪里有机会上学读书？但这可不能阻止他求知好学。他的求知欲望非常强烈，平时在军营里，经常给博学的儒士送点小礼，恭恭敬敬地请他们讲兵书，虚心求教。出征归朝，也不顾征战的疲劳，乘车赶回家里同儒士讨论古代兵法，有时一谈就是一整天。这样的结果就是熟知古代兵法，掌握的军事知识怎一个渊博了得？而每次作战前徐达对作战方案的分析，总是非常透彻，令人信服。临阵指挥，莫不料敌如神，每战必胜。徐达直捣王保保太原老巢那次就实实在在地说明了问题。当时明军已经攻取了大都，王保保准备趁明军不备突袭大都，徐达闻讯，召集部将商议对策，他提议用批亢捣虚的计策来解北平之围："王保保现在带兵远出，他的老窝太原就空虚了。北平有孙兴祖领兵戍守，可以挡住他的进攻。他以为我们一定会倾尽全力保卫大都，我们不妨杀他个措手不及，攻打他的太原老巢，拖他的后腿，让他进不能战，退无所守，如果王保保回师来救太原，那么就会进退失利，必然被我们擒住。"该建议得到部将的一致赞同。于是，他引兵北上，直捣太原，王保保听到消息，心想你个徐达完全不按照套路出牌，怎么可以这样？马上率兵回救太原，十二月，王保保的前锋万名骑兵匆匆赶到太原城下，被傅友德、薛显率领的几十名骑兵击退，王保保下令在城西扎营，压着明军布阵。徐达见元军虽然人多势众但是军容不整，营垒虽然大但是毫无防备，听从常遇春的建议在夜里进行偷袭。并且此时王保保的部将豁鼻马暗中派人请降，表示愿作内线，徐达一看大有所为，就派五十名骑兵埋伏在城东十里之处，约定用举火鸣枪作为暗号。等到半夜，敌军进入梦乡之时，由郭英带领十几名骑兵偷偷摸进敌

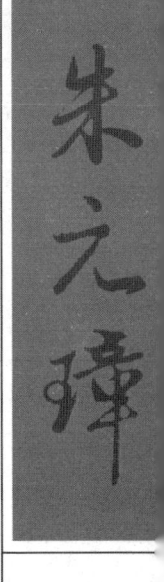

营,举火鸣枪。埋伏的骑兵得到信号,立即冲杀过来,常遇春也率领大队人马赶到,击鼓呐喊,遥相呼应,正在酣睡的敌军被鼓噪声惊醒,迷迷糊糊地根本不知道发生了什么事,乱成一团。王保保正在营帐里秉烛夜读,没料到徐达来这一手,赶忙穿靴子,却怎么也穿不上,光着一只脚跑到青帐后面,找了一匹马,就跟着十八名骑兵往大同方向逃遁。逃出来才发现原来是一批很瘦的马。常遇春带兵追击王保保,王保保无奈地逃到甘肃。明军乘势攻占大同,分兵攻占未下州县,山西诸地很快被平定了。

在以后的日子里,徐达的军事才能和指挥艺术逐步提高,日臻成熟,变得更加骁勇善战。

徐达治军极为严明,他深知,军队没有严格的纪律,不能做到令行禁止,就会失去民心,也不可能有强大的战斗力。当时,元朝的官军毫无纪律,到处烧杀掳掠,抢劫民女,有些农民军也是那样。为了严肃军纪,在攻占应天之后,朱元璋决定搞个苦肉计,找徐达商量,准备让他受一下委屈,徐达欣然同意。他忍辱让朱元璋当着许多将领的面,指责他纵容士卒,违反军纪,并把他捆绑起来下令按军法处刑。由李善长出面说情,让他保证今后不再违犯,请求免于处死。朱元璋这才下令给他松绑,让他带兵攻打镇江,立功赎罪,并宣布一定要严格约束士卒,有违反命令的,军法从事。徐达统率诸将带兵攻占镇江,号令严肃,没有发生任何烧杀掳掠的现象,城里的秩序非常稳定。附近的老百姓听说后,都盼着这支队伍能早日进城。徐达治军从此更加严厉,每攻下一个城镇,都要颁布命令,禁止烧杀掳掠的行为,凡是违反军令的,都要砍头示众。在攻下平江城入城之时,徐达派人传令全军将士,宣布了严格的纪律:掳掠民财的人,一律处死;毁人房子的人,处死;退到营寨二十里的人,也处死!有了这样的命令,全军将士没有发生烧杀掳掠的现象,居民很快安定下来,恢复了正常的生活。徐达率北伐大军攻克元大都后,马上派兵守卫皇宫大门,并让宦官负责看护宫女、妃嫔、公主,申明军纪,严禁入宫侵犯骚扰。

因此,徐达是很有群众基础的。

任何一个成功的将领除了军令严格,也都是严于律己的。徐达深知，要让广大士卒做到令行禁止，不扰害百姓，自己必须首先做出榜样。当时在元朝官军和某些农民军里，许多人一当上将官，就胡作非为，拼命抢占财宝和美女。徐达则不然，他不好色，不爱财，就是一新好男人的典范，并且与士卒同甘共苦。有时青黄不接，他就和兵士一起挨饿。发现士卒病了伤了，亲自看望，给药治疗，还带着水果。将士们都忠诚于他。

徐达为人正直，嫉恶如仇。定远人胡惟庸阴险狠毒，1370年起任中书省丞相，结党营私，排斥异己，独揽大权，朝廷大事常常不待奏请皇帝批准，就独断专行。臣民的奏章，有对自己不利的从来不上报。朝中大臣，谁触犯了他的利益，一定会被那厮害死，刘基就是被他害的。

徐达非常鄙视他，敢于同他玩命。开始的时候，胡惟庸也想沾点徐达的光，于是没事儿送瓶茅台，拿条好烟，徐达把东西留下，先给胡惟庸点希望。然后把东西拿到老朱面前，这招着实厉害，物证在，胡惟庸无话可说。后来，胡惟庸见软的不行，就来硬的，收买徐达的看门人福寿，企图陷害他。可谁知福寿不是一般的忠诚，揭发了胡惟庸的阴谋。胡惟庸罪行越积越多，最终被罢官处死，徐达更得器重。

但凡有真本领的人从来不在人前夸夸其谈，而拿着鸡毛当令箭的人就恰恰相反。徐达每年春天挂帅出征，暮冬回来，上交了将印就回家过俭朴的生活。朱元璋过意不去，曾对他说："徐达兄打了几十年仗，建立了盖世奇功，从来没有好好休息过，我把过去住的旧宅邸赐给你，让你享几年福吧。"这是老朱当吴王时居住的府邸。徐达坚决推辞，拒不接受。朱元璋想这人真固执，便请他到府邸饮酒，把他灌醉，蒙上被子，抬到床上去睡，想用这个办法强迫他接受这所宅邸。徐达酒醒之后，大吃一惊，连忙跳下床，走下台阶，俯伏在地，磕头呼喊："死罪，死罪！"朱元璋见他这样谦恭，不勉强他，就下令在这所府邸的前面，另外给徐达建造了一所宅第，宅第的前边还立了一座高高的牌坊，刻着"大功坊"三个字。

长期的戎马生涯、奔波劳累，使徐达的身体逐渐支撑不住，终于积劳成疾，一病不起。1384闰十月，徐达在北平病重，朱元璋遣使召还应天。第二年二月二十日病逝于应天府邸，享年五十四岁。

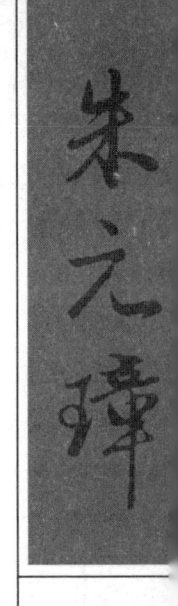

徐达从小就是个喜欢听战争故事的孩子，尤其喜欢听村里老人讲述岳飞抗金的故事，在小伙伴们做游戏的时候，他高出别人一筹的智谋总能让他成为游戏的赢家。那个时候没有人会想到，在元末农民大起义这个复杂的战争游戏里，几十年后的徐达会成为最出色的玩家，他将陈友谅玩进了绝路，将张士诚玩进了牢房，将赫赫无敌的蒙古骑兵玩出了漠北。中国历史的大一统从来都是由北向南的固定剧本，却在徐达的手中发生了翻天覆地的变化，公元1368年的明朝北伐开了中国历史南方统一北方的先河，横跨欧亚大陆的蒙古帝国，从此敲响了分裂与灭亡的丧钟。

骑兵是蒙古人横扫欧亚的最大本钱，也是末代蒙古元王朝安身立命的最后法宝。蒙古骑兵曾骄傲地相信，只要跨上战马，他们永远是最优秀的战士。刘福通的北伐被蒙古骑兵击灭了，韩山童的宋政权被蒙古骑兵击灭了，当元帝国最后的猛将们正陶醉于这如夕阳余辉一般的最后胜利时，他们没有想到，一个叫徐达的汉人和他的骑兵部队将在中华大地横空出世，在公元1368年的北伐战争里彻底终结蒙古骑兵不可战胜的神话。徐达先后消灭了蒙古近二十万精锐部队，是对苟延残喘的蒙古帝国最沉重的打击。

在那场北逐蒙古的战争中，徐达与他的大明虎师仿佛一群出身贫贱却不知疲倦的登山者，从中原到西北，征服着一个又一个貌似不可战胜的障碍，将成吉思汗的不肖子孙们送上了逃亡与分裂的不归路。

徐达就是这样的一个人，一个优秀根本不足以形容他，只能说得徐达者得天下！

第一先锋常遇春

下面该介绍一下常遇春了。常遇春英年早逝，实在是很可惜。他是安徽人，估计小时候经常借助树枝的力量上黄山，所以有很长的胳膊，称得上是猿臂。这样的胳膊力气大，很适合玩射箭，射程一定比一般人远。他父亲有个很可爱的名字，叫常六六，原来不是怀远的，是后来搬迁入户的，有三个儿子三个闺女，很平均。常遇春也是农民的儿子，因为受不了元朝的统治，当过一阵绿林好汉，惩奸除恶，后来跟了朱元璋，开始了他戎马一生的战争生涯。

南下立功，升任元帅

勇猛善战，这是常遇春戎马生涯的最大特点，并贯穿于历次重大战役。1355年六月，常遇春投奔朱元璋不久，朱元璋即率军渡江南下，在著名的采石矶战役中，面对着元朝水军元帅康茂才的严密防守，常遇春乘一小船在激流中冒着乱箭挥戈勇进，纵身登岸，冲入敌阵，左冲右

突如入无人之境，朱元璋随即挥军登岸，元军纷纷溃退，缘江堡垒纷纷归附。朱元璋乘胜率军攻占太平。次年三月，又攻占集庆，改为应天府。集庆及其周围地区的占领，使朱元璋获得一块财富之区，为在江南的继续开拓和壮大奠定了基础。这一阶段的战斗，常遇春锋芒初露，立了头功，开始受到朱元璋的信任与重用，由渡江时的先锋升至元帅。

　　1359年七月，朱元璋攻取金华后，派遣大将军常遇春进兵攻取衢州。常遇春率部一路杀将而来，首先攻取了龙游城。他在戎马倥偬间，还吟赋《龙游道中》一诗以纪行："策蹇龙游道，西风炉旅袍。红添秋树血，绿长旱池毛。比屋豪华歇，平原杀气高。越山青入眼，回首鬓须搔。"字里行间，流露出英雄豪气。

　　当常遇春率领马、步、水三军到达衢州城下时，只见城垣壁垒森严，固若金汤。守城的元将伯颜不花的斤，是维吾尔族人，荆南王朵尔的斤之子。1356年授衢州路达鲁花赤，因功升浙东都元帅，擢江东道廉防副使，分守衢州。伯颜多才多艺，擅长诗歌，通晓音律，工于书画，他的《古壑云松图》至今仍藏于台湾故宫博物院。城中当时还有位汉名马浩的高官，即衢州路总管薛超吾尔，出身贵族，也是维吾尔族人，曾两度治衢，政绩显著。他与萨都剌、鲜于枢等交谊甚笃，也是元代著名的散曲家。

　　常遇春率部在城下竖栅栏，建奉天旗，从陆上、水上将衢州6座城门团团围住。常遇春又造吕公车、仙人桥、长木梯、懒龙爪等攻城军械，"拥至城下，高与云齐，欲阶以登城"，他又在大西门城下"穴地道攻之"。伯颜不花的斤面对常遇春部的猛烈进攻，凭借坚固的城垣，"以束苇灌油烧吕公车，驾千斤秤钩懒龙爪，用长斧砍木梯，筑夹城防穴道"，双方交战激烈，常遇春久攻不克。

　　这可急坏了常遇春，老常是个急性子，不会一直等下去。急中生智，他命令手下人挖地道进入南门瓮城，当年地道战时是不是跟常遇春学的挖地道，我们就不得而知了。果然这招很奏效。挖通之后，老常悄悄派人毁坏敌人的大炮，并且用种种手段策动元将张斌投降，做他的内线，从而内外夹击，一举夺得了衢州。常遇春攻取衢州城后，立"金斗翼元帅府"，设元帅和枢密分院判官，元朝在衢统治势力遂荡然无存。

西征陈友谅，战功卓著

1360年五月，常遇春与徐达一起攻打陈友谅的枞阳水寨，陈友谅率大军前来报复，四处扬言要攻取安庆。常遇春经过分析，觉得其中有诈，陈友谅的本意是夺取安庆附近对他来说至关重要的池州，乃是一声东击西之计。老常同徐达商议后，决定将计就计，设伏诱敌，陈友谅晕晕乎乎，着急上火，果然中计，在九华山遭到徐达和常遇春的埋伏，大败而去。更关键的是，老常也是个没有什么文化的人，没怎么看过书，但是想出来的点子跟兵书上一模一样，真不是一般的牛！

后来，陈友谅不甘心失败，带着自己的大军屡次前来招惹朱元璋，常遇春在这些战斗中，表现可圈可点，很多次立下大功。

前边也介绍过了，陈友谅占据了朱元璋的上游地区，很有可能趁朱元璋不注意的时候，使点什么坏，这让老朱觉得非常的耻辱。而且，陈友谅这厮武器非常的精良，还自己动手制造了很多的巨无霸大舰船，堪称造船业泰斗级的船。

1360年五月，陈友谅率水军数十万直取应天，在南京城西北的龙江与朱元璋军展开一场恶战。面对大军来袭，朱元璋想了个办法，利用陈友谅的老相识康茂才假装已经投降朱元璋，表示愿意做陈友谅的内线，帮助陈友谅打败朱元璋。朱元璋趁陈友谅信心满满的时候派常遇春与冯国胜率帐前五翼军三万人做全军的主力，埋伏在石灰山侧，等待陈友谅的到来。

陈友谅可以说是大摇大摆地到来了，自以为可以找到康茂才，内外呼应，让龙江做老朱的葬身之地。但是在跟康茂才见面的地方喊了一个小时，嗓子都哑了也没把康茂才找出来。这时候四周是可怕的宁静。老陈觉得可能是上当了，但一想自己人多势众有什么可怕的？于是壮着胆子登陆了。结果，老朱下令全面进军，常遇春举着黄旗就出现在陈友谅的面前，常遇春"嘿嘿"一笑，大手一挥，老陈几乎被黄色的旗弄花

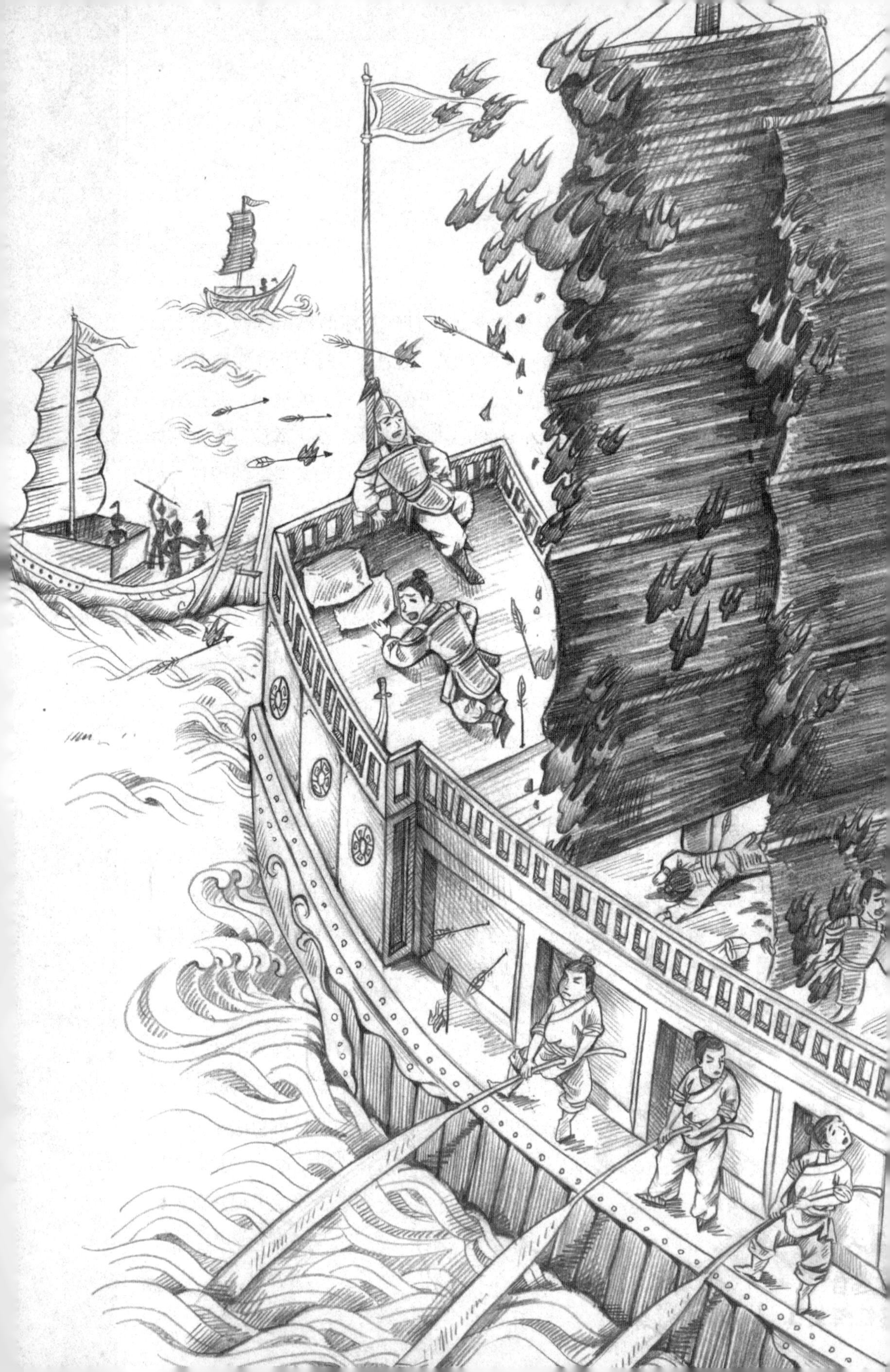

了眼，常遇春看时机已到，一阵冲杀，老陈的军队也不甘示弱，双方拼杀起来。但是毕竟是常遇春他们早有准备，而且个个在家把刀磨得贼快，就准备多杀几个汉兵，所以在气势上就已经胜了。

老陈的兵伤亡惨重，溃不成军。而且，常遇春他们赶上了好时候，当时龙江的水正好落潮，水浅沙多，陈友谅的大船这时候就没有小船那么机动灵活了，一百多艘巨舰全部搁浅，常遇春哈哈大笑，指挥大军乘机追打陈友谅，陈友谅大败而逃，短时期内，相信不会再有机会卷土重来了。

在龙江大战里，常遇春大破敌阵，战功卓著，不久，便被升为行省参知政事。

龙江战后的第三年，陈友谅以号称六十万大军倾巢来攻，在鄱阳湖与朱元璋军进行了一场持续三十六天的决定生死存亡的水上大决战。朱元璋先是派兵封锁敌人的归路，交战中，陈友谅军船大、坚固，但速度慢，朱元璋军船小、速度快，操作灵活，两军相持，难解难分。陈友谅此次倾巢而动，就是为了彻底消灭朱元璋，于是一直关注朱元璋的动向，伺机擒贼先擒王。逮着个机会，陈友谅的人看到朱元璋的船搁浅在浅滩上，纷纷拥过来准备逮住朱元璋。那个陈友谅的发小，大将张定边奋勇当先，想把朱元璋抓活的，情况危急。这个时候该老常上场了，搭箭、拉弓，准备射箭，"嗖"一下，一箭过去，正好射伤张定边，随后，老常又用自己的战船撞击朱元璋的座船，使其脱离浅滩，老朱最终转危为安。

后来，老朱想起三国里的经典战例，决定用火攻陈友谅的巨无霸战舰，常遇春奉命积极组织火攻，发挥小船优势，乘风纵火，陈友谅的舰队被烧得烈焰冲天，兵将损失过半，湖水变成一片红色。陈友谅率残舰撤往湖口，又受到朱元璋诸将的追击和常遇春的迎头堵截，陈友谅在混战中被流矢射中死去。这场决战扭转了双方力量的对比，陈友谅覆灭，使朱元璋成为群雄中之强者。常遇春因功受赏，得金帛田地甚厚，不久，升为平章政事。

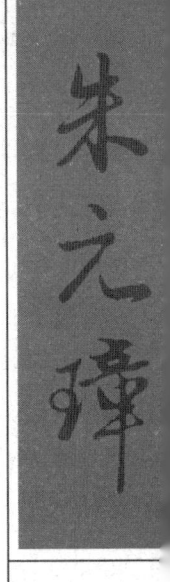

东征北伐，攻取元都

1364年七月，常遇春先是随徐达率军攻占庐州。接着，又与邓愈会合征服江西的新淦、吉安、赣州、南安等郡县，岭南韶州、南雄等地望风降附。第二年五月，常遇春又奉命与邓愈率军攻取湖北的安陆、襄阳；十一月与徐达率军攻占了泰州。1366年八月，朱元璋以徐达为大将军，常遇春为副将军，率兵二十万东征张士诚。按照朱元璋的部署，徐达、常遇春的军队先攻取了湖州和杭州等地，翦除了张士诚的羽翼，平江孤立无援，经过长达十个月的围攻，平江城破，张士诚败死。常遇春以功进封为鄂国公。

1367年十月，朱元璋以徐达为征虏大将军，常遇春为征虏副将军，率二十五万大军出师北伐。当时北方元朝军事力量已经大大削弱，所以，徐达、常遇春出师三个多月即平定山东。洪武元年四月，明军在洛阳的塔儿湾与元军遭遇，常遇春单骑突入敌阵，麾下壮士从之，勇猛冲杀，在洛水之北击溃元军五万，俘获无数，史称塔儿湾大捷。这一仗，占领了河南和潼关，夺取了陕西的门槛，为攻取元大都创造了极为有利的形势。

洪武元年闰七月，徐达、常遇春率马步舟师由临清沿运河北上，连下德州、通州。元顺帝携后妃、太子等逃奔上都开平。八月二日，徐达、常遇春一举攻占大都，改为北平府。稍事休整即又挥军西进，攻取山西。与精锐的王保保军进行了艰苦的搏战，平定山西。洪武二年三月，西征军进攻陕西，元将李思齐由凤翔奔临洮，力竭投降。元顺帝乘明军主力长驱秦晋之际，命丞相也速率军向北平反扑，兵锋已抵通州。常遇春又奉命与李文忠率步卒八万、骑士一万驰救北平，元军闻讯即向北奔逃，常遇春率军追奔千里，大获全胜。为了覆其巢穴，最终解除元军对北平的威胁，常遇春又率军径取元上都开平，顺帝逃奔和林。常遇春夺取开平，全歼留守元军，缴获车万辆、马三万匹、牛五万头。

1369 七月，常遇春自开平率师南归，行至柳河川，得暴病卒于军中，年仅四十岁。常遇春逝世的消息由信使用最快速度于七月二十三日上午送达应天，朱元璋闻讯惊倒于龙椅上，对于遇春之死极为悲恸，并怕遇春之妻蓝氏接受不了，次日一早，马皇后就到遇春家且一直陪伴蓝氏。

次日，朱元璋也未上朝，召来刘基、李善长、宋濂等人商量安排常遇春后事，提出按宋太宗为韩王赵普的治丧礼仪来为遇春治丧。

朱元璋追封常遇春为翊运推诚，宣德靖远功臣，开府仪同三司上柱国太保中书右丞相，追封开平王，谥忠武。配享太庙。朱元璋给常遇春最高荣誉。自古至明代，封号谥忠武，只有唐朝尉迟氏、宋朝岳飞。遇春公是第三个。朱元璋还赋诗一首，表露其对常遇春逝世的极度悲哀。"朕有千行生铁泪，平生不为儿女泣。忽闻昨日常公薨，泪洒乾坤草木湿。"此后朱元璋令宫廷画师为遇春公绘制身穿龙袍的全身像。自此开平王常遇春便永远长眠于钟山之上，永远地休息了。

日常生活中的常遇春

常遇春自从 1355 年追随朱元璋，参加采石矶渡江战役，到 1369 年夺取元上都开平、暴卒于柳河川为止，十四年戎马生涯，转战南北，可以说无役不从、战无不胜。常遇春为人沉鸷果敢，被誉为当时的天下奇男子。他曾自负地说："我率十万人便可横行天下"，军中送他一个绰号叫"常十万"。他不仅有勇，而且也有智谋，常常以智取胜。或者设伏，使用奇兵；或者声东击西，出敌不备。在历次战役中都不乏其例。

常遇春爱惜自己的士兵，每次出征都是自己一马当先，后退的时候自己掩护，而且老常很有头脑，从来不打败仗，将士都以跟着他作战为荣。老常也很有纪律，虽然开始的时候犯过错误。在消灭陈友谅的一次战役中，徐达与常遇春一同伏击敌军，斩了一万人，抓活的有三千人。常遇春要杀掉俘虏，理由是："这是我们的死敌，不杀就会留下后患。

放虎归山必留后患！"徐达觉得不妥，一面制止常遇春的蛮横做法，一面急速派人报告朱元璋。但常遇春觉得自己的理由很充足，还是趁夜活埋了一半俘虏。朱元璋知道后非常恼怒，命常遇春将剩余俘虏全部释放。老常有了这次教训，虚心改正，在自己的军队中严格申明法纪的重要性，所到之处不扰民、不添乱、不抢东西，规规矩矩。

老常作战神勇，心思也非常细腻。出身农家的孩子，最了解百姓的疾苦，知道老百姓面朝黄土背朝天地干活非常地辛苦。于是他和胡大海一起向朱元璋建议，免收百姓给军队交纳的粮草——寨粮，朱元璋采纳了这个建议，注重发展屯田事业，以解决军队的粮饷，从而减轻了占领地区百姓的沉重负担。

常遇春功不可没！

老常很会走人缘，与同事关系处理得很好。前面讲的他本人的魅力是一方面的原因，另外一方面是，在作战中他能够虚心与诸将研究对策，集思广益。这交给了大家畅所欲言的好机会，有话能说出来，不憋着，意见提得好还能加官进爵，这种好事大家自然愿意做。他身为副将军，与徐达是黄金搭档，经常一起并肩作战。徐达比他小两岁，喊他大哥。但是老常从来不倚老卖老，征战时非常尊重小他两岁的徐达，谦逊地听从徐达的指挥，始终无小间。当时，徐达、常遇春两员大将并称徐常。一个以谋略持重著称，一个以勇猛果敢闻名。朱元璋很会用将，以徐达为正，常遇春为副，用其所长，互相配合，相得益彰。

常遇春与领导的关系也很不错。他对朱元璋一直忠心耿耿，敢于直言，效命疆场，尽瘁而终。朱元璋对常遇春也特别器重，认为常遇春的功勋是这么多年历代沙场上从来没有人建立过的。1365年二月，当常遇春率军征服江西上流未附郡县班师之后，朱元璋对常遇春论功行赏，特意表彰他"勤劳于外，南平诸郡，兵不失律，民无所扰"的功劳。常遇春对答颇为得体，他说，这是"皇上成算，所至辄克，非臣所能"。貌似宽厚心地实则阴险狠毒的朱元璋自然最爱听这样的话了。

常遇春的一生，从太平之战自告奋勇，到北出沙漠，攻无不胜，战无不克，他用自己的行动证明了自己虽然才疏学浅，但是确是真正的军事天才，是真正的第一先锋。他的生命虽然短暂得像是流星一样，但是永远光彩照人，他的军事才能和功绩也将永远为人们所传颂。

在朱元璋打天下的过程中，正是因为很多人的存在，才使得结果是如此的明了，这些人跟随在朱元璋身边，鞍前马后、南征北战，用自己的生命祭奠这份光荣的使命，用自己的鲜血点燃了一个光辉朝代的圣火，他们可歌可泣，他们值得讲述。

【第六章】朱元璋的亲密伙伴

第一谋士刘基

提起刘基，你脑子里最快闪现的形容词是什么？足智多谋、运筹帷幄还是神机妙算？估计很多都会是这样的词。不过，这些用在刘基身上确实是非常贴切。刘基是素有"天下第六福地"之称的南田人，跟诸葛亮和张良有一拼。

一般这样的人都是看过很多书的人，刘基涉猎的书很多，估计也很杂，但是他看书效果很好，学了能够用上，而且自己没事儿的时候喜欢研究，于是也就有了后来的无所不通了。古书上对于刘基的职称有很多的定位，人家是哲学家、谋略家、文学家、军事理论家、易学家、天文学家等，头衔有很多，有人可能觉得象学经纬跟军事谋略关系不大，但是其实关系很大。看电影《赤壁》你的感觉会更直观，诸葛亮观天象的时候拿着一个出了很多汗的小龟，那是东风要来的预兆。论文学，刘基也是个青年才俊，人家写的《郁离子》，那想象力可是能与《庄子》相媲美的。这样的一个有才华有谋略的人，得到他就是大幸。

刘基如此有才华，更重要的是他的为人非常的正直，后来的很多事可以证明这点。而且，刘基的长相很与众不同，一般像这样的谋士，长得书生一点会比较让人觉得贴切，但是传说中的刘基和羽扇纶巾、谈笑自若的传统学士名臣儒雅潇洒的形象大相径庭，"虬髯，貌修伟，慷慨有大节，论天下安危，义形于色。"全然一副梁山好汉的模样。

刘基后来对于朱元璋的帮助非常的大，这我们后来会讲到。如此厉害的人要把他请出山自然是不一般的过程。事实上，刘伯温是朱元璋费了很大力气才请来的高士，其间过程的复杂程度，不亚于当年刘备三顾茅庐请诸葛亮出山。

刘基出山了

刘基很早以前做过七品的小官儿，遇到朱元璋的时候已经50岁左右了，算是大器晚成的吧。后来解甲归田也是出于无奈。诸葛亮在卧龙的时候那是相当的有名气，刘基也不例外。朱元璋很早以前就对刘基的名号如雷贯耳。有一次他同李善长谈话，就问李善长，汉高祖刘邦靠什么平定的天下？李善长说，汉高祖有眼光识人，正是因为拥有三杰才得到天下的。"三杰"是谁？也就是萧何、韩信、张良。朱元璋低头想了一会儿说："先生可谓我的萧何，徐达是我的韩信，那我张良是谁呢？"说完看着李善长，眼神是很渴望的。李善长见状，立即明白了朱元璋的意思，于是推荐了浦江的宋濂，元璋却摇摇头说："这人我倒是听说过，他有学问，还会写文章，可是听说有个青田刘伯温，据说是个文武全才，可有此事？"

李善长、陶安等人一听，立刻点头称是，朱元璋满意地点点头。并且，马不停蹄地派人去挖这条真龙。

朱元璋的使者征服刘基

1359年朱元璋军攻克处州后，就命部下总制孙炎招致刘基。大家注意，朱元璋没用聘请，而是用的招致。这朱元璋架子还不小。但是后来他会知道如果用聘请，可能过程不会这么复杂。

早在朱元璋行动之前早就有人行动了，还真是应了那句，莫道君行早，更有早行人。那起这个大早的人会是谁呢?

朱元璋手下有一爱将胡大海。强将手下无弱兵，胡大海也不是等闲之辈。胡大海是个武将，虽然是习武之人，看似粗犷，但胡大海不读书却懂得"不杀人，不掠妇女，不焚毁庐舍"。另外胡大海不同于其他习武之人的还有一点，就是好结交士人，所到之处都要访求豪杰。有无人可敌的勇武之力，再加上文人细腻的心思和善结交，胡大海还真是与众不同。胡大海奉命攻克了婺州路、处州路。这婺州、处州地处江浙东部，正是物华天宝、人杰地灵之地，历史上的名人出了一个又一个。胡大海一听说此地的历史，马上明白绝好的结交士人的机会来了，这怎么能错过?于是一一拜访，后来很多人的出现，都要感谢大海同学的举荐，比方说浙东四学士，也就是宋濂、刘基、章溢、叶琛。

朱元璋占领了处州后，就派樊观为专使，带着各种礼品包括五粮液、茅台酒去见刘基。可是，樊观还没到，胡大海这个勤奋的人已经行动了。

不过，胡大海可能是有什么事没办法亲自去，于是让孙炎代劳。

这个孙炎也不简单。这时他是处州总制官，也就是处州的行政长官，最高级别的长官。孙炎是句容人，也是朱元璋的同乡，看来老朱的老乡还真是不少。孙炎站在煤堆里不龇牙没人看得见他，能跟包拯相媲美，而且腿脚不太好。但是身残志不残，很有点经国之才，并且会写诗，"下笔一扫，百纸立尽。辞彩烂然，惊动江东"，这是称赞他才情的诗，看来在江南一代还真是没人不知道啊。另外，要是有人跟孙炎讨论点什么事儿，短时间内不会怎么样，但是时间长了，先是会累死，然后会被堵死，但是你还不得不服，没准还真能把死人说活了。孙炎的嘴不好惹啊！孙炎还热衷于招揽贤士，许多豪杰都与他有交往。早在朱元璋攻占集庆时，孙炎就曾向朱元璋进谏"延揽智能士，以图大业"。后来，孙炎做了处州总制。眼见的处州就是个烂摊子。孙炎有本事，用仁义把处州变得大家一团和气，见面恨不能彼此拥抱。这样相亲相爱的地方，自然是吸引人啊！孙炎就利用八小时后的时间在山里像是挖财宝一样地挖掘那些有才能但是躲到山里不肯出来的高人。

孙炎兴冲冲地去招刘基，高兴而去，败兴而归。

刘基胸怀大志，早年做七品小官的时候被官场的黑暗着实伤了一下，因此就想在家写写书赚个版税钱，不想再出来，风吹日晒雨淋还不讨好的。当然，刘基不出山除了这些，还有两点原因，一就是士大夫都重气节，元朝可以对不起我，但我不能背叛元朝，其实有点愚忠。二是就是现在群雄并起，我还没那眼力看出谁是真命天子，你朱元璋虽然说你好的人有很多，就一定是真的明主吗？

孙炎遭到刘基的拒绝，把他的宁脾气斗了起来，这背后隐藏的是对刘基的仰慕和尊敬，因为孙炎和刘基同样豪情负气。于是又派人去请刘基，刘基还是没动弹。但是，为了答谢孙炎的盛情，刘基送给孙炎一把宝剑，这是一把祖传的宝剑，上面镶着明珠，佩着锦带，寒光照人，锋利无比，放在现在估计值不少钱。从来宝剑都是要赠英雄的，刘基这招是一石二鸟，好礼送上，一是说明自己把孙炎当朋友了，而且剑我都送出去了，也就没了打仗的武器了，就别再跋山涉水、翻山越岭地来请我出山了。刘基宁，孙炎更宁，孙炎同志又把球踢了回来，宝剑看了好几眼，确实是好剑，然后把宝剑用礼品盒装好了打包，将宝剑送还，并且给刘基写了一封长长的信，洋洋洒洒的，估计得有个万八千的字。首先就是说这剑这么好，应该送给真正的英雄，也就是能做天子的那条真龙，孙炎不能接受；另外还要告诉刘基，选择朱元璋是绝对没错的，用他的三寸

不烂之舌把个刘基说得真的很无言以对。把朱元璋的形势一分析，天下还能是谁的？其实那封信也是双方在进行心理暗战。一方面刘基献剑有"我不会出山，如果强逼就杀了我吧！"的意思，而孙炎还剑有谦虚也有诱导，我不杀你，没人杀你，我们想做的是请你一同享受胜利的喜悦。威逼利诱兼施，在和颜悦色中竟出现杀机；尊敬与抵制并用，在退守中显示强硬。

孙炎同志既然有才情，自然不会忘了展示宝剑光耿耿，佩之可以当一龙。

青田刘郎汉诸孙，传家惟有此物存。
我逢龙精不敢弹，正气直贯青天寒。
还君持之献明主，若岁大旱为淋雨。

最后一句是个双关语，意思很明确，就是一方想明贤想疯了，另外一方盼明主也快疯了，天下的百姓做梦都想太平。刘基同志，你一出山，这样的局面也就出现了。

孙炎动之以情，晓之以理，舌灿莲花的，把个刘基说得真的没话说了，于是刘基只好出山，这时候的刘基其实有点无奈，有点小迷茫，也许他真的做个自由撰稿人也真的不会有后来的变故，但是，历史从来不让人假设。

腹有才华露头角

刘基一直被大家称赞，没见过多少能把自己说得无言以对的人，这次棋逢对手，自然要好好认识一下这个孙炎。孙炎知道刘基要来，早早招呼下人把好酒好菜备好了，要跟刘基不醉不归。酒桌上二人第一次见面，孙炎心想这次可是见着真人了，更是把个能说的本事展现了个淋漓尽致，有如"倾河决峡，略无凝滞"。天文、地理、婚丧、嫁娶、前五百年后五百年，是无所不知。刘基在酒桌上没怎么说话，一直在微笑着听孙炎说，觉得自己可是遇见知音了，来时的无奈和茫然都飘到爪哇国去了。孙炎作为朱元璋的部下还能有这样的见识，那朱元璋本人以及手下其他的人肯定也都不一般。红巾军能吸收这样能言善辩、有胆有识的人，显然不是乌合之众。看来朱元璋真的有戏。况且，自己的好朋友宋濂已经去了朱元璋那儿，省得自己到了那儿人生地不熟的，还要适应环境，俨然一副朱元璋的思维方式。于是刘基决定，即刻启程，去拜会朱元璋。

但是刘基的家人还是有些疑虑，这兵荒马乱的，可不是闹着玩的，万一有个三长两短，找谁说理去啊？这时候老太太说话了，越是兵荒马乱的时候越要投靠真主，要不谁能保证万无一失、不遭祸害？看来刘基那么有出息也是因为自己有这么个开明的母亲。老夫人都同意了，还有什么可说的？刘基虽然做了决定，但是还是有点惴惴不安，如果朱元璋不能和自己志同道合，那未来会有怎样的变化？

然而，刘基与朱元璋的结合，是历史的必然。最终，他们创造了一段精彩的故事。

1360年三月，刘基、宋濂、章溢、叶琛到达应天。

朱元璋一见刘基到了，那是眉开眼笑，寒暄之后就迫不及待地咨询刘基："现在天下群雄四起，什么时候才能安定啊？"章溢首先回答道："天道无常，惟德是辅，惟不嗜杀人者能一之耳。"儒家认为，天道是帮助有德的人的。得道则得助，失道则寡助。不妄杀的仁德之人才能顺天应命，统一天下。章溢一张口就是儒家的说辞。当然章溢是他们四人的代言人。这套说辞既是对朱元璋的规谏，又是对朱元璋的肯定。他一方面要求朱元璋做个"不嗜杀人"的有德者，同时又很得体地称赞了朱元璋就是个有德者。正因为你有德，我们才来投奔了你。

当然，刘基投奔朱元璋，对于朱元璋来说，是很有指导意义的。刘基不是单纯的儒者，他还擅长象纬之学，能看天象，能预测，能知道天命，前知五百载，后知五百年的。刘基的到来很有种上天安排的意味，

很能说明朱元璋就是传说中真正的真命天子。这对古代君王君权神授这点有很大的说明价值。而朱元璋对刘基在他创业之初冲破艰险来到他身边充满了感动之情。

传说中刘基料事如神、能掐会算，这是从哪里来的本领？这里边还有一个感人的故事。据说刘基曾经得到过一部神奇的兵书。刘基隐居深山的时候，知道当时青田山里头有灵异，每天他就面对大山，静坐凝思。忽然有一天，山中自动开了一个石门，他沿着这个门往里走，看到石门里边的墙上有几个字，写着"山为基开"。刘基看到这几个字，拿一个石头敲击石门，里头又开了一个石门，他就走入山里。

山里边有一个像厅堂一样的大洞，洞里的石床上躺着一个道士，头枕着一摞书。刘基走上前去一看，道士头枕的是一部兵书。道士看见刘基进来，看到了自己头下的书，忽然开口说话了，如果明天你能够就把这个书读熟，能够背下来，我就把兵法的精要、秘诀传授给你。这可算是找对了人，刘基最擅长的功夫之一就是过目不忘，于是答应了下来。第二天，对答如流。道士大喜，就把兵法全部传授给了他。

这显然是杜撰的，但是也是为了说明刘基的与众不同。

刘基来到南京的三个月后，1360年闰五月，就赶上了一场大战。地处长江上游的陈友谅率舟师数十万"倾国入寇"，浮江而下，攻陷了朱元璋的地盘——应天外围重镇太平。把守太平的朱元璋的义子朱文逊战死，花云被箭射成筛子底儿，死得很冤。同时，陈友谅杀了帅哥皇帝，自称皇帝，并且串通张士诚，继续东进，把战舰摆到了应天郊外的采石矶。用意十分明显，你朱元璋出来啊，出来就把你打倒。

那时候的朱元璋羽翼一点都不丰满，脚步也还不稳。陈友谅如此嚣张的挑衅，老朱急忙召集众人，讨论对策。众人顿时每人化作500只麻雀，一阵叽叽喳喳，结论无非是要投降或者逃跑，把个老朱说得脸能跟苏小妹的长脸相媲美了。刘基的脸也是晴转大雨，暴风雨快要爆发了。老朱看着刘基，知道他憋得挺难受的，于是让刘基站起来说。刘基噌得站起来，长时间的等待和倾听已经消磨了他所有的耐心，让他露出了自己的真面目，上知天文，下知地理，运筹帷幄，决胜千里的刘伯温！

他用轻蔑的眼光俯视了一下那些以谋士自称的人们，大声说道："那些说要投降和逃跑的人应该立刻杀掉！你们就这么胆怯吗！你们认真分析过形势吗？现在的陈友谅是人多，但是只要我们诱敌深入，使用伏兵攻击，打败陈友谅是很容易的！一味只想着逃跑和投降的人，还有脸自称为臣吗？！"

顿时大堂内鸦雀无声，大家都被刘基的气势震住了，刘基接着说："陈友谅虽然集结了这么多的人来进攻我们，兵多将广，在人数上确实胜了我们不少，但他们行军千里来犯我，翻山越岭、跋山涉水的，肯定会很疲劳，而且是他们先进攻我们，在道义上我们占了上风。我们后发制人，以逸待劳，等那些疲惫的军士到了的时候，诱敌深入，安排伏兵攻击他们，肯定会大获全胜。现在应该打开府库，奖赏军士，鼓舞士气，统一意志，稳定军心，准备决战，这样胜利就是指日可待的事情了。"同时刘基拿出了自己的杀手锏，"我曾经夜观天象，发现敌衰我旺，我军一定能够取得胜利。"这些话给了朱元璋莫大的安慰，尤其是最后的杀手锏，更是绝好的定心丸。老朱的脸恢复正常的长度，决定跟陈友谅正面交锋。

利用刘基的计谋，朱元璋在对抗陈友谅的战争中创造了以少胜多的神话。这次战争的胜利，不仅保卫和巩固了朱元璋的根据地应天，还一鼓作气收复了太平。陈友谅失败后，再没有其他势力可以轻易挑战应天的地位。朱元璋政权以应天为中心，得到迅猛发展。后来，他的军队沿江而上，夺取安庆、九江，都基于这次大捷。这次战争充分显示了刘基卓越的军事才能，显示了他的战略眼光，应变决断的胆略，也使得朱元璋对他更加信任倚重。朱元璋深深地倚重刘基，甚至在刘基因母亲去世暂时回乡时，朱元璋也要写信给刘基询问军情国事。当时记载说"基条答悉中机宜"，刘基每一次给朱元璋的回答和建议，都能够切中要害，解决问题。

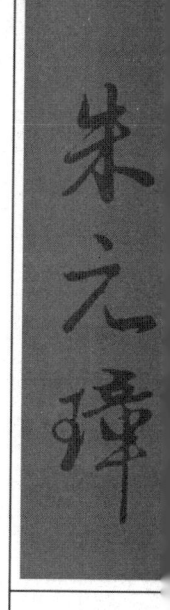

血战鄱阳湖，瓦解陈友谅

朱元璋成就帝业的道路是一步一个血印，当时群雄并起，朱元璋在夹缝当中生存。各路豪杰都想当皇帝，彼此之间是混战不已。朱元璋得到应天以后，以此为圆心，地盘逐渐扩大，相继控制了皖南的徽州、建德、婺州，进而占领了浙东的诸暨、衢州、处州。但是他周围的邻居个个都不是省油的灯，东北有张士诚，西北有陈友谅，东南有方国珍，南边有陈友定。这些人当中，什么鸟都有，张士诚不要命的土财主，富得流油；陈友谅人多势众，兜里也有三两银呢。朱元璋的目标是夺取天下，但是这么多的敌人，要从哪里下手呢？于是又召集大家开会。大部分人认为，张士诚富得流油，但是实力还算比较弱小，应该先易后难，先打张士诚。这时候刘基却说，应该先强后弱。

为什么？

刘基慢条斯理地解释给众人听："张士诚是个胸无大志的人，我们不用担心他，他要是真的胸怀天下，当初陈友谅邀请他一起攻打我们的时候他就会毫不犹豫地答应，但是那时候，他没有任何表示，陈友谅原来是帅哥徐寿辉的部下，但此人心狠手辣，为达目的不择手段，挟制了帅哥，操控大权，名号不正。现在陈友谅在长江上游，湖北、江西都是他的地盘，没有一天忘记进攻我们，我们防不胜防，应该先消灭他。灭了老陈，张士诚就会更加孤立，一下就可以打败他了。但是如果我们反其道而行，先进攻张士诚，陈友谅仗着自己的优势，一定会借机向我进攻，到那时候我们就是夹心饼干的夹心，两面挨打了。"这就是所谓的先汉后周的策略。老朱觉得刘基分析得非常有道理，就把先汉后周作为夺取天下的基本策略。

老朱按照刘基的谋略进行战斗，将陈友谅打得做起了缩头乌龟。有一件事还要在这里交代一下，那就是在朱元璋和陈友谅对峙的时候，张士诚在安丰将小明王挟持了起来，朱元璋不听刘基的劝告，觉得陈友谅不会像刘基说的在这时候在自己背后捅一刀，一意孤行地去了安丰救小明王。而陈友谅果然是个心狠手辣的角色，不出刘基意外的给了老朱一刀。虽然这刀没捅在心口上，但也足够老朱后怕的。老朱后悔自己没听刘基的劝告，如果陈友谅真的进攻应天而不是进攻洪都，那自己哭都找不到地方了。好在后来化险为夷，救了小明王，老朱专心地应对陈友谅。陈友谅做了缩头乌龟之后，任凭朱元璋怎么挑衅都不出来应战，这时候刘基献计说我们不如撤离此地，封锁湖口，截断陈友谅的归路。朱元璋说，好，就按你说的办，我们调转军队，截断湖口。于是就有了后来的鄱阳湖大战，从而奠定了朱元璋夺取天下的基础。

经过朱元璋以及手下人的不懈努力，终于一个崭新的朝代屹立在中原的土地上，建国之后的刘基依然忠心不二地为朱元璋服务，但是朝廷内部逐渐分化，老刘执法如山，并且在与淮西派首领李善长的争斗中占了上风，最终却被李善长的心腹、奸臣胡惟庸所害。可悲也可叹！

帮派争斗拉序幕

朱元璋在北伐后，制定了一系列旨在恢复生产和生活的政策，收到了很好的效果，但此时，朝廷内部的矛盾又激烈起来，大臣分成两派，以地域为区分，开始了新的争斗。

这些所谓的派别，实际上就是老乡会，大家在一起说的都是家乡话。朱元璋手下最大的老乡会就是淮西集团，会长本来应该是朱元璋，但考虑到他做皇帝日理万机没时间管理这边，所以当时就由李善长代理了。这一集团人多势众，主要成员有李善长、郭兴、郭英、汤和、周德兴，还包括死去的常遇春等人，可以说这些人是朱元璋发家致富的好帮手。当时的人们见面都以会说淮西话为荣。

李善长何许人也，为什么是第一功臣？可能大家觉得在前面讲跟敌人作战的时候，很少看到这个人的身影。这就对了。人家李善长是做幕

后工作的，如果总是走到台上来，那猪谁喂？饭谁做？屋子谁收拾？李善长自从跟了朱元璋，就一直跟随在他身边，鞍前马后地跑，在背后助朱元璋以一臂之力。可谓劳心伤神，为什么？你在前方打仗主要是对付敌人，但是你在幕后就不一样了，这是人民内部矛盾，当然不能兵戎相见了，这要来些软政策，打通人际关系。李善长是个比较聪明的人，尽管在这中间也有过小小的问题，但是总体而言还是把个后勤部整理得妥妥当当。后来，老朱建了国，也知道这么多年李善长不容易，一定要好好地安抚他，于是任命他为丞相。

李善长这个人也没有什么大缺点，无非就是心眼有点小，如果有谁给了他点儿不痛快，他也不会声张，但是一定会找机会让你知道他的厉害，早点让你去西方极乐世界体验超快感的生活。

下棋讲究棋逢对手，一个集团成立了，其他集团也会在不久的将来出现。现在淮西集团就正式遇到对手了，那就是以刘基为首的浙东集团。

两个集团很快就在朱元璋眼皮子底下掐了起来，朱元璋也不说话，好像还很有兴致，他就是想站在擂台边，看一场单纯的好戏，自己只做旁观者。

处死李彬，得罪李善长

要说刘基与李善长结怨，一定要先介绍一下这个李善长。前面说了，李善长被朱元璋说成第一功臣，并且后来被封为韩国公。这是很不得了的事，为什么这么说呢？因为朱元璋在建国后，总共封了六个公爵，除李善长之外，其他五个人分别是徐达、常茂（常遇春儿子）、李文忠、冯胜、邓愈，这些人我们都知道，都是跟随在朱元璋身边出生入死的人，赶在现在，就全都是冒着被敌人炸死的危险，站在刀尖上为朱元璋争得了天下，他们被封赏是理所应当的事，而李善长则是在风吹不到雨淋不到，敌人也看不到的情况下被封的赏。当然，李善长也很不容易，为此也死了不少脑细胞，估计脑袋上头发快掉成葛优了。但是你要知道，李善长被朱元璋封为第一功臣，位次在这些出生入死的武将之上，而且，他是一个文人，唯一的文人。

同样是文人，刘基跟李善长的差距怎么就那么大呢？刘基为了朱元璋能够打败那几个厉害的邻居，出谋划策，很多战争就是在刘基的谋划下才取得的胜利，真的很不容易！但是建国后封赏群臣的时候，刘基只被封为意伯（伯爵），而且，他的工资也是众伯爵中最低的，每个月20石，一年也才不过240石，相比李善长，刘基挣一年的工资才比李善长的一半多一点。

刘基足智多谋，未雨绸缪，应该说战功是非常卓著的，为什么福利待遇这么差？这个老朱是不是有点太过分了？

这就要分析一下朱元璋这个人的性格了。大家都知道，老朱的个性就是要么不干，要么干绝。他本身不是个文化人，很多东西都是在后天的培养学习中才得来的。再加上自己的出身，使得有种叫自卑感的东西一直在蛊惑他，这就使得他很容易猜疑身边的人。他后来的文字狱是一种极端的表现，现在他的表现就是喜欢那些默默无闻为他做事的人。李善长是个聪明人，做了这么长时间的幕后工作，对于人际关系的处理非常有一套，看得透别人在想什么，爱听什么，知道老朱喜欢什么样的人，更知道要想在朱元璋面前闪光，一定要经得住时间的考验。所以他才在后勤部一直默默地干着，不张扬，不炫耀，为的就是等到这一天让朱元璋看到自己，觉得自己这么多年幕后工作不容易，重重地封赏自己。再加上自己是朱元璋的老乡，没事儿老乡见老乡还两眼泪汪汪呢，更何况自己这么多年一直默默地做后勤工作呢。在这一点上，刘基远没有李善长心眼多，而且自己也没有李善长跟朱元璋这层老乡的关系，自己不过就是个外乡人，自然是比不上李善长了。

这个原因还是次要的，更主要的是，刘基太直白，表现的太直白。大家可以回忆一下，自从刘基加盟朱元璋的队伍以来，朱元璋这一路走过来，大小战役，基本都是刘基在帮自己拿主意，只有一次自己要救小明王是听的自己的，果然被刘基猜中，陈友谅在自己背后下了黑手，自

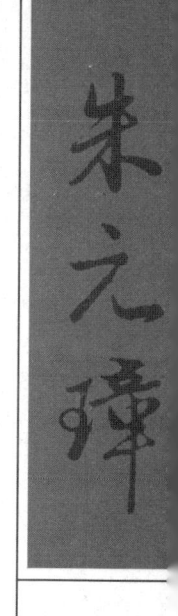

【第六章】朱元璋的亲密伙伴

己想到的他想到了，自己没有想到的，他也想到了，尽管刘基根本没有过贰心，是一心为了朱元璋打天下。但是老朱却认为这样的一个人在自己身边岂不是很危险？而且，文人本来花花肠子就多，骂你你还得感恩戴德，谁知道这么有计谋的人会不会在哪一天也在背后给我一刀？不防不行！

说到这，一定要说一点，那就是全天下的领导基本都是这样，如果你在他面前将自己的智谋表现得太过明显，不管是于公还是于私，那很不好意思，你的前途一定不会十分光明，因为没有人喜欢自己在别人面前总是表现得像个傻子，何况一个领导，更何况他是朱元璋，一个心胸也不是很宽大的领导。

老朱或许觉得自己已经做得很与众不同了，毕竟这样的定时炸弹自己没有把他扔得远远地，还给他封了赏，每年还有工资可以拿，不是很仁至义尽了么？

这才是刘基真正不如李善长的地方，恐怕刘基聪明一生，也不知道原来朱元璋是这么讨厌自己。他可能永远也想不明白，自己的工资比李善长少，职位比李善长低，原来是因为这个。

有了这种种原因在里面，也决定了刘基在这场没有硝烟的战争中，自己基本没有什么胜利的可能。

朱元璋登基后，双方摆开擂台，开始了第一次交锋。刘基上场，当时的监察机构是仿照元朝建立的御史台，刘基当时是御史中丞，也就是说，他是言官的头儿，此时的优势在刘基这边。

引发这场擂台赛的的导火线是一个叫李彬的人，他跟李善长同姓，还是李善长的亲信。当时他犯了事，被刘基抓了起来，查清罪行后，刘基决定要杀掉他。此时正好赶上朱元璋有事外出，李善长一看自己的亲信命快保不住了，赶忙找抓人的刘基说情，大家也知道刘基的脾气，他之所以后来隐居山林回家种田，就是把官儿做得太较真，也太正直，在这件事上，他秉承自己一贯的作风，对于李善长的说情完全不理会。而且，关键是他还把这件事十万火急地告诉了朱元璋，参了李善长一本。朱元璋听说后，当然是非常地不高兴，自己手下的丞相居然这么包庇自己的人，以后还怎么让众人服气？怎么领导众人？老朱也下令将这个李彬处死。事情赶巧了，这份回复恰巧落在了李善长手里，他不敢隐瞒，但是自然是怒火冲天。但是李善长心眼多，他肯定不会表现出来什么不高兴，也不会不行动，更不会让自己的亲信就这么死了，于是，他想啊想，找了个理由，准备将刘基一军。

他找了个双休日，趁刘基在家休息的时候，来找刘基，对刘基说："今年这个鬼天气，一直闷热闷热的，也不知道什么时候下雨。先生会看天象，现在是不是不应该随便杀人啊？"

李善长真是老狐狸，这步棋走的非常邪恶。在他眼里这个亲信当然是大好人，他觉得好人被杀，老天一定会惩罚世人，所以更加地不会下雨。但是李善长忘了一个典故，那就是窦娥的故事。

然而刘基不吃这一套，很显然，刘基的知识储备比李善长多，对于窦娥的故事了解的也比李善长多。他知道窦娥被杀时六月都下了雪了，好人被冤枉老天爷就会下雪，相同的，恶人被惩处上天也一定会下雨或者雪来庆祝的，所以刘基当时的回答是："只要杀了李彬，老天爷一定会下雨庆祝的！"

得，话不投机，李彬最终被杀掉了。李善长落下脸来求刘基，结果赔了夫人又折兵，这么睚眦必报的李善长能不被惹毛了？你刘基真是敬酒不吃吃罚酒，给你脸你不要，那就别怪我李善长不客气了，穿衣服，准备打擂。李善长开始了自己的第一次反击。

要说刘基也不是傻子，他敢说这样的话，应该说他也是有一定把握的，他确实懂得看天象，但是他忘了，现在的科技这么发达，天气预报还是用来开玩笑的呢，更别说那时候了。

这一次刘基就亲身体会到天气预报开玩笑的本领了，杀了李彬之后，老天爷还是迟迟不肯下雨，这可让李善长逮住话柄了。于是李善长耐心地等待朱元璋回来，好替自己的亲信讨个公道回来，不能死的这么不明不白。等到朱元璋一回来，李善长压抑很久的能量终于找到了出口，彻底地爆发了出来，他发动自己的关系网，把自己这么多年积攒的人脉全部发动起来，一起攻击刘基。好在庆幸的是，朱元璋那会儿还不糊涂，自从李善长走到台前来后，也渐渐地对李善长的为人有所了解，而他也了解刘基的正直，所以也没有怎么为难刘基。但刘基基本已经看

清形势了，知道自己再呆下去就会身家性命不保，还是早点回家种田去吧，这样比较保险，于是当年八月，便请长假回老家了。

临走前，刘基还发挥了自己的余热，老朱想把首都建在老家安徽凤阳，这样好更好地发挥家乡的人杰地灵之气，因为毕竟出了自己这么一个皇帝，绝对的物华天宝啊！而且那时候元帝还在遥远的北方，觊觎着朱元璋的权势，老朱一日不除他们就一日不得安生，于是积极准备远征北元。刘基强烈建议朱元璋，首先不能把都城建在凤阳，凤阳的风水不适合，而且地理位置也不是很优越。其次，虽然元帝被赶回老家，但是实力依然不容小觑，一定要慎重考虑，否则得不偿失。老朱一意孤行地要去攻打北元，结果吃了败仗，虽然一般的史籍上都将此略去不提，但是直到十年后，老朱才彻底解决了北元势力，在这之前，双方一直处于对峙状态。所以说事实不幸又被刘基言中了。

其实，当时的朱元璋还算是比较理解刘基的，为什么？因为朝廷里的大臣都各自成帮成派的，唯有这个刘基基本没有跟他们混在一起，虽然也是某一派的首领，但是那是别人给刘基封的，我老朱最不喜欢别人搞什么党派了，这样的刘基还是比较让人喜欢的。

但是这次刘基在走之前，还是有自己的一步棋，他知道李善长既然已经贮备打擂了，那自己也不能一直袖手旁观，所以在走之前，把谋略告诉了自己的死党——杨宪，让他接任御史中丞，准备发动对淮西集团的反攻。

胡惟庸粉墨登场

话说这位杨宪也不是一般人，你想要是一般人能跟这么聪明的刘基是死党吗？常言道，鱼找鱼，虾找虾的，他真人不露相，悄悄地建立自己的亲友团，并且发动关系网，不断收集李善长的负面材料，并且经常在朱元璋面前打打小报告，看似无意，其实别有用心。说李善长就是个会耍嘴皮子的人，其实肚子里没有什么墨水，不能委以重任。朱元璋多聪明一人，一眼就看穿了杨宪说这些话的目的，所以开始的时候完全不在意，依然十分信任自己的这个老乡。但是再好的耳朵也禁不住天天磨，再加上李善长的为人此人被老朱抓到了更多的不好的地方。老朱的看法也就日见多了起来，对李善长颇有些微词了。于是这时候又开始怀念刘基了，时隔三个月后，刘基被召回，并且被朱元璋委以重任。可以说这时候以李善长为首的淮西集团处于全面低迷的状态，而以刘基为首的浙东集团则是扬眉吐气，士气一片大好。

如果没有后面的事发生，浙东集团很可能会一直这么顺利的发展下去，最终成为胜利者。但是别忘了，淮西集团的会长不是别人，而是李善长，是非常小肚鸡肠而且睚眦必报的李善长。介于目前这种人为刀俎我为鱼肉的情况，他是食不知味、夜不能寐，不知道死了多少脑细胞，才想出了对付刘基的办法。某日他又在家里转圈圈，突然一拍大腿，想起来了一招。叫以其人之道还治其人之身。为什么这么讲？因为刚才我们也看到了，刘基在临走之前把前前后后的事都交给了杨宪这个自己的死党，让他代替自己出面，结果成功解决了李善长这拨人。现在李善长为什么不见招拆招，也跟刘基学习一下，培养自己的代言人呢？这样还省得自己出面，而且，关键是现在自己不能出面，不能公开跟浙东集团叫板。他在自己的人脉簿里找了半天，终于找到了一个让自己满意的人，而他哪里想得到，这个人最终让他做了最冤的大头，而且还搭上自己一家老小的命。不过，如果历史能够假设，相信李善长还是会选择这个人，他就是胡惟庸。

胡惟庸是李善长的老乡，他也是很早就开始追随朱元璋了，但是一直没有大红大紫过，干过的都是些知县之类的小官。但是这小子还是有两把刷子的。在李善长将他选为自己的代言人后，他就在淮西集团那边正式走马上任了，并且，上任之后，燃了几把大火，使这场战争最终在自己手中以淮西集团的胜利而告终。

但是有句话说得好，天有不测风云，人有旦夕祸福，刚刚我们说了浙东集团形势一片大好，但是一来胡惟庸这厮上台了，此人很是有点厉害，二来就是关键时候，浙东集团自己这边挖了自己的墙根。刘基这人我们也说了，太过正直，而且说话很直接，完全不会拐弯抹角，虽然会

察言观色，但是一般都是一吐为快再说。在这次决定刘基命运的谈话中，刘基又犯了错误，结果使得老朱彻底对这位谋臣起了疑心。

一天，朱元璋单独找来刘基唠嗑。当时老朱没有表现出什么不开心，说说彼此开心的话题，回忆一下当年打仗的盛况，气氛是非常融洽。突然这时候老朱的脸一拉，就变了个模样，口气也变得很严肃，话题自然而然地就转到了李善长身上，将了刘基一军，如果李善长不适合做丞相，那谁合适？

刘基当时精神高度集中，马上机灵地说："这当然要皇上您说了算。"

朱元璋对这个回答还是比较满意的，心想，你刘基也不傻啊，但是老朱接着走棋："你觉得杨宪怎么样？"

这又老朱挖的大坑让刘基来跳，朱元璋明知杨宪是刘基的人，还拿这人来试探刘基，看来真是不怎么厚道。

刘基这时候回过味儿来了，知道这次皇上找自己谈话不是为了拉什么家常，完全是在跟自己下一盘关系自己命运的棋，如果自己不小心应对，那么稍有不慎，说不定脑袋就搬家了！刘基明白自己现在可是马虎不得，一定要有十二万分的状态去迎接朱元璋的招数，他马上说："杨宪才能倒是有，但是器量上不够，所以不合适。"

但老朱怎么会这么轻易地就放过刘基，接着步招："那汪广洋如何？"

这是老朱挖的第二个大坑，汪广洋不属于淮西集团，也不属于浙东集团，但是老朱怀疑此人跟刘基相勾结，所以要以此来试探刘基。

刘基马上明白朱元璋的用意，回答道："此人很是浅薄，更是不合适。"

朱元璋很佩服地看了刘基一眼，心里赞叹道，都说刘基太直白，这不挺精明的吗？

但是老朱很快又说出了第三个人："那依你看，胡惟庸又怎么样？"

刘基心底偷偷换了口气，用自己的眼光说出了自己的理解："胡惟庸现在虽然是头小牛犊，但将来他一定不会一直被束缚着，最终会挣脱绳索！"

回答完这个问题，刘基以为考验就过去了，但是他彻底错了，老朱是何等厉害的人，如果他已经决定跟你谈了，就一定会把你问住才会罢休。

朱元璋最终使出杀手锏，他用意味深长的口气说道："既然没有人合适，那先生你看你自己怎么样呢？我看来看去也只有先生比较合适了。"

经历了刚刚的极度紧张，刘基现在已经想当然的把自己的思想松弛了下来，而这时候的人最容易在思想上犯蒙，老刘就吃了这个亏了。

他完全不动脑子地说了一句："我知道自己可以，但我这个人太直，太嫉恶如仇，皇上还是选别的人吧。"

但凡有点脑袋的人就知道这话说得非常地没有技术含量，哪有自己说自己能当丞相的，朱元璋的话很明显就是在试探，是个坑等你跳，你还真跳，傻不傻啊你？还真把自己当毛遂了！而且还说自己嫉恶如仇，这是对着朱元璋说呢，那恶是谁呢？

很明显，刘基的脑袋一时半会儿还没有恢复正常，看来老朱是把他吓住了，老刘在自己半晕的状态又说了一句话，这句话彻底让他把自己的前途堵上了，刘基清清嗓子，说："皇上刚才说的那些人，依我看，还真的是没有很合适丞相这个位置的。"

得，刘二蒙你老人家还是跑路吧！可让你晕死我了！朱元璋就此与刘基决裂。

谁害死了刘基？

到这会，就算是朱元璋想继续信任刘基也是不可能的了。相信刘基在自己回过味儿来后，想抽自己的心都得有，但是事已至此，想要挽回已经是不可能了。只有在以后的日子里慢慢弥补了，但是他忘了，朱元璋是什么人了，他可是要么不做，要么做绝的人啊！

在朱元璋登基的第三年，朱元璋亲自写信给刘基，信中有这么一句

话说："老刘，你看你年纪也不小了，这么多年跟着我在外面南征北战的，忽略了自己的老婆孩子，让我心里很惭愧，现在何苦还在这里陪着我呢？是该回家享受天伦之乐的时候了。"

这意思已经够明确了，就是说我这边已经不高兴再让你继续待下去了，你可以闪人了。

刘基自从那次谈话后，努力地提高自己谈话的技术含量，一看老朱的信就明白了这是在赶自己呢，没办法，只好回家了。

刘基走了，杨宪的智囊团也就没有了，少了这个军师，杨宪的路变得举步维艰。很快杨宪就被排挤了下去，胡惟庸干脆一不做二不休，找了个借口，把杨宪杀了。到此时为止，淮西集团可以说获得了全面胜利。

杨宪的死让刘基明白，自己是彻底失败了，他现在没别的奢求，唯一的愿望就是好好在家养老，了此一生。

可是伴君如伴虎，朱元璋这个大老虎是不会让失败的人寿终正寝的，代价是昂贵的。

胡惟庸现在已经成了丞相，自然要有仇的报仇，有冤的报冤了。当年刘基跟皇上对自己的评价自己一直没有忘记过，什么现在是小牛，将来会挣脱吗？这是说的什么话？胡惟庸自然不会轻易放过刘基，于是伺机找机会害他。

就在这时候，刘基虽然已经回到了家，但是仍然在关心朝廷的事务。当时浙江、福建交界的地方有一个狭长的地域叫谈洋，这基本就是类似越南的金三角地带，三不管，于是盐贩、盗贼经常在这里设置据点，方国珍当年就是从这里起兵反叛的。刘基观察到这一现象后，委托儿子刘琏上奏朱元璋，建议在这里设立巡检司，用来控制和管辖这个地方，这样就可以有效地治理这些刁民，让他们无机可乘，不能互相勾结或胁迫戍边士兵一道出逃反叛了。

胡惟庸觉得机会来了，于是让自己的代言人刑部尚书吴云弹劾刘基，说谈洋踞山临海，有君王之气。刘基本意是要将此地谋作自己的墓地，但是当地百姓不答应，便想出这个在那里设置巡检司的主意，结果使得这个地方的社会治安现在是越来越差了。

欲加之罪，何患无辞！真是放之四海而皆准的至理名言！

此时的朱元璋已经完全不信任刘基了，于是下诏处罚刘基，但是现在刘基就是一介草民，还有什么可罚的？老朱也是够阴险，想来想去，把刘基的退休金给盘剥了。这可是刘基的棺材本儿，还有自己跟老伴儿的养老钱，现在就这样被朱元璋收了回去。自己的下半辈子可怎么过？

刘基觉得心里又冤枉又难受，绝望之中只好赶赴京城亲自上朝拜见朱元璋，一来探听一下朱元璋的口风，二来这样也可以躲过胡惟庸的陷害。但是这次刘基又想错了。他回到京城后，朱元璋全然不提那件事，刘基既不能辩白，又不敢离京。

洪武八年正月，刘基生病了，朱元璋派胡惟庸（注意这点）探视刘基，胡惟庸随身的医生给刘基开了药方。刘基吃了药后，顿时感到有如拳头大小的石头般的硬物堵塞在胸口。刘基又利用空闲时间奏明了朱元璋. 朱元璋依旧不过问。此后，刘基的病情越来越重，过了不久，一代绝世奇才便这样去世了。

关于刘基的死因，后来胡惟庸案发后，医生供认是胡惟庸授意他毒死刘基的。这也成为了胡惟庸的罪状之一。

很多人都知道，胡惟庸和刘基有仇，这件事朱元璋也知道，但是朱元璋却还要让胡惟庸去探望刘基。并且还要胡惟庸的大夫给刘基开药，此后刘基的身体是每况愈下，最后死掉了。但是，刘基曾经跟在朱元璋身边立下过汗马功劳，这样的人物，除了朱元璋谁能轻易动的了他？胡惟庸也没有这个胆儿，否则相信不会等到今天才下手，依胡惟庸的个性早就下手两百回了。所以说胡惟庸去看刘基，并且给刘基开药，很有可能是受了朱元璋的指使，对于一代奇才的死，朱元璋多少要负一些责任。

刘基一生足智多谋，为明王朝的建立立下了汗马功劳。在民间传奇和文学作品里，刘基更是一个传奇，比张良、诸葛亮还要神通广大，甚至能未卜先知，洞察今古，呼风唤雨，乃神仙一般的人物，被称为"帝师"、"王佐"，有"前知五百年，后知五百年"之誉。这样的赞誉虽然有些过分，但是刘基对于形势的把握，对于事情发展的判断，神机妙算这样的评价绝对不为过。他的智慧和谋略是值得老百姓一辈子铭记的

东西。

　　胡惟庸大获全胜，现在他位高权重，没有人比得上他了，除了朱元璋。但是他会一直笑到最后吗？历史会还刘基一个公道，用它自己的方式。

难得糊涂的汤和

从小兄弟情谊深

明朝洪武年间，做官可能是"高危行业"。因为在建立了明朝之后，朱元璋的脾气是越来越大，很多当年一起并肩作战的老友，都因为种种称不上理由的理由被老朱杀掉，开国功臣，几乎被一网打尽了。徐达、常遇春等人，若不是因为死得早，恐怕也难逃灭门之灾。然而，这中间有一个人，位至信国公，一生富贵，一生谨慎，最后得以"功名终"。他就是汤和。

汤和比朱元璋大两岁，《明史汤和传》说："与太祖同里闬"。这个"闬"（读 hàn）字的意思是"门"，这里则指里巷之门。也就是说，汤和同朱元璋不仅是同乡，而且在一条小街上长大。要是个女的就是青梅竹马、两小无猜了。可惜汤和是男的，但是关系肯定也不错。史书上说汤和"幼有奇志，嬉戏尝习骑射，部勒群儿。及长，身长七尺，倜傥多计略"。这段话，至少说明几层意思。一是汤和从小有抱负；二是善骑

射、会武功；三是有领袖欲，是个"孩子王"；四是高大英俊且有智有谋。显然，这是一个不同凡响之人。

小时候汤和经常跟朱元璋在一起玩，做过很多的游戏。朱元璋给财主家放牛的时候，让牛在一边吃草，他就跟汤和他们一起玩。大家都知道，有钱的人几乎都是铁公鸡，个个都是吝啬鬼，朱元璋正是长身体的时候，就是财主给提供的那点主食刚够塞牙缝的，还都是剩的，这让这群孩子见了鸡、鸭、牛、驴等一切可以用来吃的动物眼睛都是绿的，因为馋再加上饿。一天，汤和看着他的牛群在远处悠闲地吃草，肚子上的毛黑油油的，眼睛放着光，叨咕道：要是有顿牛肉吃该多好啊！这句话正说到小朱心坎里，连声说道：我们来杀牛吃吧？好呀！饿急了的小伙伴们异口同声，但是杀谁家的牛呢？朱元璋想了想：还是杀我家财主的吧，于是他和小伙伴们商量，到了晚上借锅的借锅，借刀的借刀，生火的生火。牵出他家财主的牛杀了，煮上一大锅美美吃了一顿，将剩下的全藏了起来。然后打扫战场，还刀的还刀，熄火的熄火，忙活了一宿。

肉是吃了，馋也解了，但是怎么跟财主交代啊？

是个难题！

朱元璋就叫汤和他们在大坟堆挖了一个大坑将牛的皮毛等埋了进去，然后他就向财主家边跑边喊：不好了，财主老爷，你家牛钻地了。财主一听：胡说，牛怎么钻地呢？朱元璋说：不信你去看啊。财主来到坟头，果真只看到一根牛尾巴露在外面，于是就叫人快拉，说也奇怪那根牛尾巴越拉越往土里钻，一会儿就全钻进土里了。财主只好自认倒霉了。

这个故事是不是真有其事，不得而知，但是汤和从小就跟朱元璋关系好倒是众所周知的。在朱元璋走投无路去庙里当和尚的时候还一心记挂着他的朋友——汤和他们，偷偷地把庙里的馒头拿出来给他们吃，免得一直吃树皮、观音土什么的消化不良。

老朱的革命领路人

要说朱元璋能够有今天的大业，还真要感谢汤和，要不是汤和，老朱估计从寺庙里出来后，自己弄块田地，娶个老婆，生几个小重八，这样平平淡淡过一辈子了。但是就是因为汤和在老朱还在寺院里的时候写了一封信，邀他一起去当兵，后来信被别人发现，老朱兜不住了，只好无奈地当了兵，从此一发不可收，一直走到了后来大明朝建立。汤和就是老朱的伯乐啊！

老朱在汤和信的指引下，来到郭子兴的门下，朱元璋的长相我们在前边已经介绍过了，比较特别的一个人，用史书上的话说就是"奇其状貌"。朱元璋受郭子兴重视，其原因仅仅是因为自己的相貌比较特别，也就是别人看来很是奇怪为什么他会长成这样？郭子兴因朱元璋的长相将自己的养女嫁给了朱元璋。其实，郭子兴应该是得过半仙的指导，知道朱元璋绝非等闲之辈，于是在原有的基础上，跟朱元璋的关系又进了一步。朱元璋初来乍到，职位就蹿得的这么快，那些跟他不熟的人，新来时间不长，没有展示自己才华的机会，所以有些人不服气朱元璋。凭什么你个长得这么丑的人能娶到大帅的养女，我比你帅几百倍的不能？尽管这么多人不服气，但是有一个人还是站在了朱元璋这边，他就是汤和。要说人家汤和就是有先见之明，小时候跟朱元璋玩的时候，别的小朋友做到土堆上扮皇帝别人跪下喊万岁的时候都会倒下去，唯有朱元璋坐得稳稳当当，而且，如果在游戏中有拉下去砍头的机会，朱元璋下令后，用高粱叶就能把脖子划出深深的血印子，这些汤和一点都没有忘。他料定这个小伙伴将来是要做皇帝的料儿，于是对朱元璋比原来还要好。患难见真情，朱元璋在全世界都对他转过身去的时候，对于汤和依然站在自己身边，感到非常的感动和满足，于是对汤和的好感是与日俱增。后来朱元璋要离开郭子兴单飞，带走的24人中也有汤和，在后来建立明朝的过程中，汤和鞍前马后，为朱元璋立下了汗马功劳。

汤和是个聪明人

其实，汤和是何等聪明之人。他从小有雄心壮志，也深知"飞鸟尽，良弓藏；狡兔死，走狗烹"的道理。洪武一朝，自刘基之后，功臣纷纷被诛杀，特别是胡惟庸案发，牵连了无数人，令汤和前胸冷后心凉。他知道，朱元璋最大的心病，就是担心功臣手中所握的权力。要不说汤和聪明呢，看得清眉眼高低，他知道朱元璋最忌讳这个，于是他做出了重大决定，就是主动辞官而去，回家养老。明史上记载说："朱元璋已经做皇帝有一段时日了，天下百姓安居乐业，社会治安一派祥和，那时候徐达、李文忠已经死了，老朱就有意把那些功臣手中的兵权要回来"。于是，汤和看透了这点说："现在老臣脸上也长皱纹了，身上也长老年斑了，去年两颗洁白的门牙也光荣下岗了，早就不能继续为皇上在马上打天下了。臣希望可以早点回家享受天伦之乐，早点把棺材什么的置办好了，省得等自己老了还没有置办，到时候不是要抓瞎吗？"朱元璋的反应比较搞笑，照理说，朱元璋应该有点挽留之意才是。毕竟，汤和既是自己儿时的伙伴，又是"革命引路人"。他的反应却是大悦，然后就是"马上答应了"，立即准奏了，并且在凤阳替他修建府第，予其赏赐。在朱元璋看来，还是汤和小子拎得清。如果满朝功臣，都如汤和一般，还用得着我痛下杀手吗？

不过，朱元璋仍然是猜忌心很强的人。洪武一朝，告老还乡的人很多，但是依然有很多人没有逃脱被杀的命运。因此，处处尽忠，处处小心，依然是这些人必须遵守的游戏规则，否则，哼哼，只有死路一条。而且，朱元璋身边就是不缺特务和间谍，你有点风吹草动就会马上被朱元璋知道，什么都不会逃出他的法眼。因此，聪明的汤和，在辞官之后，仍然处处约束自己，好像自己还在朝中做官一样，这样久而久之，最终令朱元璋解除了对他的警惕之心。汤和从不以功臣自居，而且严格要求自己的子孙家奴，教育他们要遵守法纪，避免让小人抓住自己的把柄。而对朝廷上的事，他从来都是守口如瓶。就是你用钳子捏我，我也不说，就是有这种精神。特别是他得了重病之后，全部把钱做了慈善事业，然后回了老家，自己得到的那些朝廷封赏，也分送给了乡里乡亲。汤和一下子成为当年的慈善红人。最最重要的一条，汤和回乡之后，严格遵守一条准则，那就是：他从不结交地方官员和过问政事。既然走了，就不再过问。他的生活，就是整天喝酒下棋，游山玩水，抱着自己的小孙子在村里转转，或者阴凉下一坐，身心完全融入了大自然。给人一种只贪图安逸、百事一概不问的印象。这一点，朱元璋是非常满意的。

汤和毕生好酒。自古以来，就有酒可乱性、酒可坏事之说。不过，汤和喝酒，虽常有些过错，但有些事似乎是刻意装出来的。《汤和传》中曾经说过一件事："汤和驻守常州时，曾经有事要请示朱元璋，但是朱元璋没有给他面子，这事发生在谁身上都会有点郁闷，汤和也不例外，于是郁闷之下就喝了点酒，喝醉后就说出了下面这番话，我现在镇守这个城池，就像是坐在屋脊上，往左往右一不小心都会掉下去"。在一般人看来此时的汤和是酒后吐的真言，但是殊不知，此时的汤和，脑子清醒得很呢。以汤和当时的身份和功劳，有必要自己表扬自己吗？其实，汤和的用意是很清楚的。他只是想向朱元璋表明，我汤和不过是一个胸无大志之人，为了一点小事，可以酒后胡言，而且酒话中要争的，仅仅是一点点功劳而已。

还有一个旁证，似乎也可以说明问题。常州民间，有个"人口团子"的传说，可能也跟这件事有关。当年，汤和镇守常州，当时朱元璋要诛杀功臣，弄得满城风雨人心惶惶。大将汤和也是一路跟随朱元璋打下来的天下，群臣中自然也算他一个，于是觉得自己也很危险。因此，汤和常常借酒自隐。他往往在酒后处理事务，错杀了很多无辜的人。汤和的副将为了避免汤和继续错杀无辜，便做了几个假人头，染上血色，每当汤和酒醉发怒要杀人时，便把假人头当堂一献。汤和醉眼惺忪，撩起头发就哈哈大笑，第二天便把事情全都忘了。即使看到他要杀的人，也相安无事。因此，他的副将就暗中传令，家家都用米粉做几个假人头，以防被汤和错杀，这样就可以保证人口平安，因此称"人口团

子"，并流传为过年的习俗之一。汤和这样做，想证明什么？无非就是想说明，我是一个酒鬼，是一个糊涂的人罢了。

良苦用心啊！

对汤和的醉酒，朱元璋是不是看得透？这就不好推断了。不过，朱元璋乐得顺水推舟。当年论功行赏的时候，他还将汤和的过错拿出来说事儿，居然找了碴，故意贬了汤和的功劳。其他的人，封为公爵，汤和只得了个侯。数年之后，汤和被封为信国公，朱元璋还不忘此事，把他的过错一一列举，并把这些镌刻在免死铁券之上。这种做法，上海话叫"牵头皮"。其实，朱元璋这样做也是做给其他人看的。虽然汤和的功劳这么大，我朱某尚且可以如此，何况你们其他人呢？汤和怎么办呢？他更聪明，"顿首谢"，一付战战兢兢、自我反省的样子。汤和和朱元璋一块长大，多年共事，对于朱元璋的了解相信没有人可以比得了。但是，既然看透了，汤和还决不能让朱元璋有所洞察，糊涂就要糊涂透顶，这才是最高的境界。可见其心智之高。汤和告老之后，曾应朱元璋之请，重新出山在东南沿海"备倭"，共筑卫所城计59处，使"倭寇多年不敢轻犯"。在此期间，汤和为官，亦在地方之上留下诸多名声。但是，事情一完，他即回家，决不恋战。

洪武23年大年初一，汤和上朝给朱元璋拜年，突得急症，嘴歪眼斜的，不能说话了。四年之后，汤和病越来越重，估计是好不了了。此时，朱元璋听说之后，自然感慨万千。这时候朱元璋的反应还算是比较在常理内。明史说："帝思见之，诏以安车入觐，手扪摩之，与叙里闬故旧及兵兴艰难事甚悉。和不能对，稽首而已。帝为流涕。"朱元璋派人用马车把汤和送到南京来，用自己粗糙的老手抚摸汤和，想起小时候跟汤和一块偷吃财主家的牛，怕被财主发现，设计蒙骗财主的情景；还有汤和给自己写信让自己去参军，后来到了军营一块带病打仗，蹲在角落里吃饭的情景；后来朱元璋做了头领，一起南征北战的情景……老朱一边说一边感慨。但这时候的汤和，早就不能说话了，据我估计应该是得的中风偏瘫一类的病，生活不能自理，而且还不能说话，但好在还不糊涂，听得懂是什么意思，所以只能附和着点头。但是，"糊涂"了一辈子的汤和，现在即使有什么肺腑之言，恐怕也说不出来了。其心之痛，只有他自己知道。为什么这么说呢？之前，他的长子汤鼎跟随沐英去云南平定战乱就没有再回来，而且，不光是自己的儿子，自己的大孙子汤晟、曾孙子汤瑜也都消失在云南战场了；而他的老部下颖国公、开国功臣傅友德也刚刚被朱元璋赐死，汤和同傅友德是什么关系？那可是儿女亲家。

他还能说什么？！

朱元璋此时讲到动情处也是老泪纵横。从小玩到大的伙伴，认识有半辈子的人，杀得杀，死得死，现在只剩下一个汤和了。原来身边那么多人在一起并肩作战，现在只剩下两把老骨头，这种感觉可以理解。可是，这又是谁人之过呢？！很多人可以共患难，但却不能同富贵，也许这是人的天性。

洪武28年（1395年）八月二十八，汤和去了，享年70。朱元璋追封他为东瓯王，谥号襄武，埋葬在凤阳曹山。汤和墓面对龙子河、背靠曹山峰，水光山色，交相辉映，是一个好山好水好风光的地方。汤和一生，用他的智慧，假装糊涂，最终换得了一个好归宿。

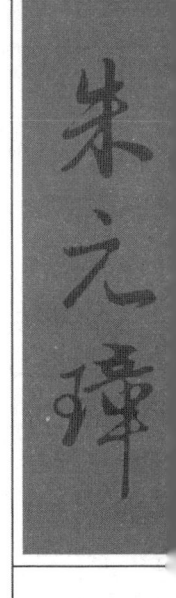

【第六章】朱元璋的亲密伙伴

文武双全李文忠

说起李文忠，他的身份就比较特殊了。他是朱元璋姐姐的儿子，是朱元璋的亲外甥。李文忠十二岁那年朱元璋姐姐去世，孤苦伶仃的李文忠在战乱之中浪迹两年，终于在滁阳见到了舅舅，悲喜交加，曾痛哭一场。后来，就一直跟随朱元璋南征北战，立下了很多大功。

古代带兵打仗的将士，一般文化水平都不是很高，有高的也是后天弥补的，李文忠在这方面比较特别，他可能是朱元璋手下大将中唯一读过书的人。"颇好学问，常师事金华范祖干、胡翰，通晓经义，为诗歌雄骏可观。"这样看来，李文忠应该是文武双全的。而且他本人忠厚儒雅，这很难得，因为自从他母亲死后，找到了朱元璋就一直跟在自己舅舅身边，朱元璋对这个外甥关爱有加，十分喜欢，将李文忠收为自己的养子，这可是皇上爹，一般人估计多半会恃宠而骄，李文忠还是一贯的忠厚老实，丝毫没有什么架子，这很难得。

关于李文忠其人，在史书上口碑极好。说他好学问、通晓韬略、善交儒士、严于治军、临阵奋勇，战功卓著。1370年十一月朱元璋第一次大封功臣的时候，总共只封了六名公爵，李文忠是其中之一，被封为曹国公。

李文忠用自己的行动证明了自己不是浪得虚名，牛皮可不是吹出来的。

战功卓著的亲外甥

朱元璋是李文忠的舅舅，第一次见到李文忠就非常喜欢，曾说过："外甥见到舅，跟见到妈一样亲。"说完，就把李文忠收为自己的养子，并且改姓朱，请老师教他读书。五年以后，李文忠十九岁，充任朱元璋的亲军指挥，可谓初生牛犊不怕虎，一出马就立了战功，击败在池州的赵普胜的兵，又攻下青阳、石埭、太平、旌德四个县。

次年，也就是1358年攻占浙江昌化（今临安西）、淳安等地，因功被封为帐前左副都指挥兼领元帅府事。后来会同邓愈、胡大海由徽州进入浙江，不久，元水陆军数万突然反击，他先攻破元朝的陆军，取部分死亡军士的脑袋放在木筏上，顺江直流而下，水路元军本来还在磨刀霍霍准备大干一场，正在筹备战事的时候，看见上游飘过来好多木筏，上面矮矮的放着点什么东西，但是太远看不清。有好奇的将士把船跟木筏的距离拉近，这次终于看清楚了，但是还不如不看，妈呀！那是还滴着血的人脑袋啊！还不赶紧跑等什么？难道也得自己的脑袋这样出来划船啊？于是纷纷遁逃。李文忠不费吹灰之力从元军手中夺得建德，升为亲军都指挥，坐镇建德，收降苗帅杨完者的旧部三万多人。

不久，邓愈移军江西，李文忠便帮助胡大海拿下诸暨与金华，诸暨改称诸全，由谢再兴守，金华由胡大海守。李文忠的官职升为"同佥行枢密院事"（这仍是因袭自元朝的制度，元朝在中央有枢密院，在地方上于必要时设"行枢密院"，有"知院"、"同知"、"佥院"、"同佥"等官。朱元璋是韩林儿的江南行省平章政事，可能也兼了所谓行枢密院的知院）。后来，胡大海被两个出尔反尔的苗军叛徒蒋英、刘震杀掉，李文忠转危为安，夺回金华。朱元璋"拜"他为"浙东行省左丞，总制严衢信处诸州军事"。严是建德，衢是金华，信是信州，今天的江西

上饶，处是处州，今天的浙江丽水。第二年，谢再兴因为受不了老朱的"不通情达理"投降了张士诚，带了张士诚的兵来打东阳，李文忠在义乌迎战，大胜，但收复不了诸全，在离开诸全五十里的地方另筑一个"诸全新城"。张士诚派他的司徒李伯昇以十六万人来攻，李文忠守这个新城，守得很好。1365年春，张士诚派兵20万攻打新城（今浙江诸暨南）。李文忠率军远远的来支援，但是自己的兵将人数跟张士诚的几乎100%的不成正比，估计能赶上个零头，将士们很是怀疑这样打下去是不是要拿鸡蛋碰石头，对打胜仗的信心基本为零。李文忠见状，激励将士说：兵在谋不在众。张士诚虽然人多出我们很多，但是不一定会比我们有谋略，三个臭皮匠才赶得上一个诸葛亮，我们一个人就顶他们三个人，所以胜利会是属于我们的。第二天，天空大雾弥漫，李文忠一看乐了，真是天助我也！这样的大雾正好可以混淆敌人的视听，趁着大雾攻击敌人的中坚力量，一定可以把他们打败！按照既定计划走，趁敌人不备，杀了个措手不及，果然大获全胜，歼灭张士诚军队数万人，俘获了将校600人，用自己的智谋笑到了最后。

与邓愈会师，再克浙西重镇建德。不久，元水陆军数万突然反击，李文忠先破其陆军，取部分首级置于木筏，顺流而下，水路元军见之惊慌逃遁。二十五年春，张士诚派兵20万攻新城（今浙江诸暨南）。李文忠率军驰援，因敌众己寡，将士有疑惧，他激励将士说：兵在谋不在众。

李文忠将张士诚的军队消灭了大半，张士诚元气大伤，暂时不会再有什么大动作。

朱元璋因此事升李文忠为"浙江行省平章政事"，加衔"荣禄大夫"，而且叫他不必再姓朱，复姓李氏。这一年，李文忠只有二十八岁。

朱元璋在1368年当上皇帝后，日日不能心安，因为在北方西伯利亚的寒冷地带还活跃着元朝的残余势力，而且王保保这厮还活着，这可是真正的老虎。这对自己来说简直就是莫大的侮辱，谁知道他们什么时候会给你一口？还是及早解决为好，于是命令徐达、常遇春率兵北伐。

洪武二年，李文忠奉命随同常遇春出塞，打到上都（多伦），回军的时候，常遇春突然害病身亡，一代骁勇善战的将士离大家而去。群龙不能一日无首，朱元璋任命李文忠代作主帅，率军向西进发，帮助徐达攻庆阳，走到太原，听说大同危急，而且庆阳已被徐达攻下，便当机立断转军北向，解了大同之围，活捉了元军的将领脱列伯。洪武三年，李文忠实授征虏左副将军，与征虏大将军徐达分途北进。他带了十万人，再度到达开平，听说元朝的新皇帝爱猷识理达腊驻扎在应昌，他就兼程突袭，搞了个突然袭击。元顺帝确实是个可怜的人，自洪武二年（1369）被迫搬家后，在应昌只住了几个月，就死掉了，他这个皇帝当的真是相当窝囊。可是追悼会还没来得及开，大家买好的花圈还没来得及送到，老相识李文忠又一次不请自来，此时的元朝倒是想挺起胸膛做人，想要固守。可是固守也是要有实力的，何况攻城的是李文忠，这个以速度制胜的家伙。

李文忠人老实忠厚，干点重活累活一点怨言都没有，上次帮皇帝搬了一次家，这次捋胳膊卷袖子准备做第二次义工，真是新时代的好青年啊！奥运会就是因为这样的志愿者的存在才举办得这么成功，社会需要这样的人才！

李文忠的速度可以跟博尔特相媲美，他攻城效率之高、速度之快，简直令人扼腕叹息！攻下元军把守的应昌只用了一天，这着实让蒙古骑兵汗颜，因为他们素来以速度快、机动性强闻名，但面对李文忠这样的进攻速度，这样风一样的男子，他们也只剩下瞠目结舌的份了。

由于没料到李文忠会有这样的速度和效率，城里的王公贵族们还在跟自己的妃子们为自己不能继续这样的美好生活而难过垂泪的时候，城外就传来李文忠已经攻打进来的消息，元顺帝的老婆们因为背的金银财宝多，而且女人的衣服比较多，丢哪一件都舍不得，于是大包小包的全部被俘虏，王公大臣们全部被抓，这当中还包括元顺帝的孙子买的里八剌。

元顺帝的儿子爱猷识理达腊充分发挥自己是大草原的孙子的天分，使出追兔子的本领，一下子就逃出了敌人的视线，得以保存性命。他跑到和林，和王保保会合，在保保的拥护下做了元昭宗，这对难兄难弟抱头痛哭，立志报仇雪恨。

这边李文忠人抓了不少，财宝也收获了不少。光宋元两朝的玉玺金

印，就被他拿到了十五颗之多。这下可是发了大财了！回军经过兴州与红罗山，收降了元军五万以上。朱元璋封他为曹国公，任命他为"大都督府左都督"，"同知军国事"。

追缴元朝残余势力

　　明洪武五年即1372年正月至十一月，明太祖朱元璋对元朝的残余势力进行第二次大规模作战。就在中路徐达军失败的同时，李文忠的军事行动也充分体现了祸不单行这句俗语的准确性，六月二十九日，李文忠率领军队抵达口温，元军败退，李文忠似乎是受了徐达的传染，也开始轻敌冒进，他将辎重留在后方，亲自率领大军轻装追击元军。李文忠并不是毫无战略考虑的，他的用兵特点就在一个快字，如果把徐达比作谋略周详的长跑选手，那李文忠就是百米赛跑的能手。在应昌，他曾经创造了一日破城的纪录，这次，他认准了元军没有防备，所以大胆追击，以期一举歼灭元军。当他追击到阿鲁浑河（今蒙古乌兰巴托西北）时，终于找到了败退的元军，只不过似乎和他想象中有点不同。这支部队并没有逃跑的狼狈和疲态，相反个个都龙精虎猛，跃跃欲试。

　　统率这支军队的是元将蛮子哈刺章，这是一个很有才干的将领，他采取了和王保保相同的战略，吸引明军主力进攻，然后寻找时机决战。此时的李文忠军已经连续追赶了数日，十分疲劳，而元军利用小股兵力引诱，大部队却得到了充分的休息。他们已经在此等待李文忠多时了。

　　到这份上了，啥也别说了，开打吧！

　　李文忠一想这些蒙古人真是不厚道，自己追了这么多天就这么几个兵，把大军藏在后面，真是过份！今天一定要教训你们，让你们知道明军的光辉形象是什么样的！在兵困马乏这种极为不利的情况下，李文忠亲自率领部队与元军交锋，李文忠冲在队伍前，连日追赶的疲劳消失得无影无踪，跟自己的手下同元军激战数日，最终打垮了元军，歼敌上万人，当然，自己这边的明军也牺牲了不少。

按说打到这个地步，面子也有了，就该回去了。可李文忠实在不是好惹的，怎么能咽下这口恶气？他力排众议，以惊人的意志力和指挥才能率军队追到了称海（今蒙古哈腊乌斯湖），一定要把元兵赶尽杀绝才肯罢休，元将蛮子哈刺章一看傻眼了，自己没事去捅什么马蜂窝啊？这个李文忠看似忠厚儒雅，怎么这么凶猛啊？蛮子哈刺章恨不能抽自己嘴巴，知道自己招惹了个煞星，惹了大麻烦，于是命令军队撤退，以躲避李文忠，打不起我还躲不起吗？但他哪里能想到，李文忠就是个特大号的马蜂窝，半点面子也不给他，一路追赶过来，不要蛮子哈刺章的老命誓不罢休。

俗话说狗急还跳墙，兔子急了咬人，何况是蛮子哈刺章这个人！眼看李文忠快把他逼到死角上了，他也只好以决战架势布阵，想与明军决一死战。李文忠虽然勇猛，却一点都不笨，看见元军这次真的要拼老命了，于是下令收兵修建营垒，搭帐篷过日子跟元军对抗，这下蛮子哈刺章又傻眼了，前面把我们追得快吐血了，现在又在追赶了我们几百里地后突然搭帐篷生火做起了饭，过起了日子，这唱的是哪出戏？蛮子哈刺章费了不知多少脑细胞，但是最终没想出是怎么回事。最后得出结论，李文忠这个人太可怕，不知要在自己背后捅什么刀子呢，恐怕会有什么诡计，还是不要轻举妄动，免得再招惹什么麻烦。于是双方就此僵持下来。不久之后，李文忠发现粮食不够吃的了，便如同出来旅游一样，大摇大摆地把部队撤走了，元军见他如此嚣张，自作聪明地认定李文忠背后一定有伏兵，哪敢追击？李文忠就这样顺顺利利地班师回朝了。

在洪武六年与洪武七年，他奉命巡边，在长城外沿着长城巡逻，和元军发生了若干次的小接触，都获得胜利。

此时的元朝军队也只能安心地呆在西伯利亚地带没事儿裹着厚大衣，擦擦鼻涕、回忆中原灯红酒绿的生活了，想要回来估计很难了。

这边朱元璋算是没有什么大的后顾之忧了，接下来要做的就是好好治理自己的国家。

【第六章】朱元璋的亲密伙伴

战场下的李文忠

洪武十年以后，李文忠与李善长二人接过朱元璋沉甸甸的嘱托，在中书省、大都督府、御史台参政议政，而且基本都是军事机密、国家要事，做了实际上的宰相，但是作了不到两年，胡惟庸那厮没欢几天，就被看他不爽的朱元璋砍了头，他一死没事儿，中书省被取消了，大都督一分为五，前、后、左、右、中，御史台也在十三年五月被取消，李文忠和李善长只剩光杆司令，没有了要发挥余热的场所了。在此以前，他也没闲着，在十二年上半年带着沐英等人，灭了洮州十八个番族的嚣张气焰，平定了他们的窝里反，在七月间回京，掌管大都督府的事（最早的一任大都督，是朱元璋的侄儿朱文正）。后来，大都督府一分为五，他不能被分为五份，也就不了了之了。老李管的事很多，国子监也归他管，从十二年七月起，由他兼领，不过至于兼领到什么时候，就不得而知了，因为史书上没写，我们现在也找不着他人，自然是没法对证了。好在那是一个闲差，又是一个文职，领不领都没多大关系。

常年的征战对人身体的消耗是很大的，老李最终没有逃过这样的折磨。他在洪武十六年冬生了病，第二年三月就去世了，前后不过半年都没的时间。病中，朱元璋亲自来看过他，又吩咐华云龙的儿子淮安侯华中负责料理他的医药。但是医药很多时候不能控制病情，老李也许就是大限已经到了，老李死了以后，朱元璋怀疑是华中料理得不周到，于是把华中的侯爵给贬了，把华中的家属流放到建昌（西昌），而且还怀疑医生用了毒药，又把所有诊视过李文忠的医生全部砍头，这还不算，连这些医生的老婆孩子都没有放过。

这些人真不是一般的冤枉，好好地给李文忠看病，前世无怨后世无仇的，干嘛要害死李文忠？

有史学家说，朱元璋之所以这样做，一种可能是因为太生气了，太伤心了，因为李文忠是自己的亲外甥，自己视他为己出，另外一种可能就是朱元璋想要欲盖弥彰，因为李文忠也是当年的功臣之一，虽然关系比较特殊，但是老朱在诛杀群臣的时候，可是相当的大义灭亲。当然，也有很多人反对这样的说法，但是即使李文忠是自己的亲外甥，他是一个有知识、有学问的武夫，这不同于一般的文人，也不同于一般的武夫，这样的人对于朱元璋来说，可能更危险，朱元璋虽然爱他如子，但是毕竟不是自己亲生的，所以杀了他的可能是很大的，那些大夫的死不过就是老朱为了给自己粉饰太平的替死鬼。

历史暂且留给别人去争论吧！

李文忠死时才四十六岁，相当的英年早逝啊！老朱封他为岐阳王，谥以"武靖"二字，并且亲自写了一篇祭文祭他。

【第六章】朱元璋的亲密伙伴

朱元璋是个幸福人

第七章

每个成功男人背后都有一个支持他、帮助他的女人，朱元璋的背后更是少不了这样一位女性。可以说，朱元璋的一生是非常幸福的，因为他拥有马皇后这个贤内助。在朱元璋建功立业的过程中，她帮助朱元璋将后勤管理的井井有条，使他少了很多后顾之忧。他们两小无猜，经过重重艰难最终成为眷属。她善良、她贤惠、她睿智……这个女人，最终名留青史。

青梅竹马　两小无猜

相传，马娘娘马小妹当初是老鸹不嫌猪黑，和朱重八成的亲。现在流行嫁成熟男人，都说找个比自己大的男的，会比较疼女人，看来马小妹很有先见之明。朱重八比马小妹大两岁，是吃一个井的水长大的娃娃，可谓真正的两小无猜、青梅竹马。

朱重八从小就肯照顾小伙伴，自然就成了小伙伴的头儿。小时候朱重八他们总是玩过家家，看来这个游戏还真是穿越了时空的界限。马小妹脸蛋儿好看，一玩"过家家"，就是朱重八当皇上，马小妹当娘娘。因此从小他俩的感情就很深。但是，生活在那个年代，年年青黄不接，医疗卫生条件也不好，很多人的下场不是饿死就是病死，马小妹跟朱重八的父母亲人基本所剩无几，马小妹就剩自己，朱重八倒是还有几个亲人，但是不知道流落到哪去了。生活给两个年幼的孩子出了难题，只好他们自谋生路了。朱重八去给财主家放牛，马小妹到外地一个财主家当了丫头，两家的财主反正有的是钱，也不在乎不让雇佣童工的告示，顶风作案。从此，这一对青梅竹马的小伙伴就天各一方了。

世事无常　无奈分离

朱重八给财主放牛，就经常跟同样是给财主放牛的汤和他们一起去山坡上放。本来也能混碗饭吃，可是财主铁公鸡舍不得给正在长身体的朱重八他们吃饱了饭，而且一直给吃剩的，把朱重八他们饿得眼睛都绿了。那天汤和看着吃草的牛，口水都快流下来了，嘴里叨叨咕咕地说："要是有顿牛肉吃该多好啊！"朱重八义气，而且自己也想吃了，于是就把自己放的牛给吃了，并且用计让财主找不到证据。

这样一来倒是解了馋，但是也直接把自己的饭碗砸了，财主哪还雇得起这样的土匪孩子啊？让他自谋生路去了。朱重八小小年纪有什么门路，爸爸不是县长也不是省长的，要钱没钱要权更没权的，只好出家当了和尚。

可是寺院里的日子也不好过，朱重八初来乍到，毛头小子一个，而且长得还有点吓人，自然那些老和尚就会欺生，让新来的小子多干活了。这个潜规则在很多地方都有，公司、部队、政府机关尤其厉害。前辈可以任意使唤后辈，后辈挨了打挨了骂还要笑脸相迎地给人家沏茶倒水，不能有半点情绪的流露。倘若有半点情绪流露出来，那你接下来的

日子会更加难过。"小不忍则乱大谋"就是在这种情境下诞生的。挑水、劈柴、念经、打扫院子，朱重八在寺院里的日子安静而又煎熬，但是好在算得上是个安身立命的地方吧，最起码晚上睡觉不会被风吹雨淋，有瘟疫的时候能吃上点药，闹饥荒的时候能有个馒头吃，再不济了也能喝上碗粥，夫复何求？

老天爷总是在从不同的角度考验未来能成大事的人。因为灾荒的缘故，寺院里的住持看到庙里人满为患，不能继续供应大家喝粥了，只好遣散大家，自己去外面的花花世界闯荡吧。可怜朱重八刚刚还在庆幸自己找到了安身立命的地方，转眼就消失了。带着满腔的无奈和郁闷，老朱离开了寺院。但是他不知道，没过多长时间他又回来了。

老朱在外面流浪了一段时间，具体说是三年，那时候正是各路英雄一呼百应地起来反抗元朝统治的年代，朱重八边流浪边想自己也应该干点什么事儿，于是又回到庙里，专心读书，学习武功。

朱重八离开寺院，两手空空，无以为生，再加上有过前科（把财主家牛吃了），想找份活干也没人敢用他，只好四处流浪。

这一天，大雪纷飞。天都快黑了，朱重八还没找到过夜的地方，正惶惶然如丧家之犬，忽然看见一个大户人家的围墙根有一大堆马粪，落雪即化，他顿时眼睛一亮，哈，这才是天无绝人之路，有办法了。他从小给财主家放牛，别的事不大懂，马粪一聚堆热量就很多，无人比他更通晓了。所以，他一看到这堆马粪有半墙高，就断定中间已经腐熟干燥，足可以在这天寒地冻的时候保住自己的一条小命儿。生的本能在这一刻让冻得有点麻木的朱重八又重新活跃了起来。他手刨脚拨拉，在粪堆的半腰开始掏平洞。洞掏好以后，他似老虎做窝一般，忙把身子倒蹭进去。因为还要出气儿，脑袋只得留在外面，幸亏有个讨饭瓢，他往脑袋上一扣，哎呀，简直完美得天衣无缝。

果然，老朱的常识非常的到位，马粪堆中又背风又暖和，工夫不大，朱重八的身子就不再哆嗦了。身子是不冷了，但是这冰天雪地的哪有人在外面闲逛啊，人家都围在火炉旁，吃点烤鸡，读一点叶芝的诗，哪像自己一天没进食了。俗话说饱吹饿唱，他看着这漫天的大雪突然就来了兴致，敞开嗓门就唱了起来："老天无情下鹅毛。"就这一句词儿，他反反复复不知道唱了多少遍，每唱完一遍还要报报自己的名号："困煞我朱重八也！"

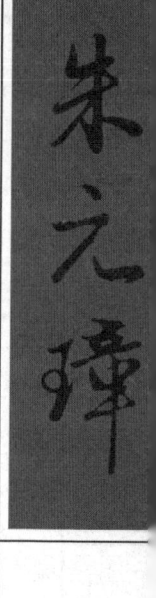

【第七章】朱元璋是个幸福人

机缘巧合　意外相遇

　　一般说来，冰天雪地的，朱重八蜷缩在马粪堆中，不管是哭也好，还是唱也罢，不会有人理他的。所谓无巧不成书，他唱累了，刚要把眼闭上，忽听耳边有个女孩的声音呼唤他："重八哥！"他以为自己是在做梦，心想这人生地不熟的谁会认识我？不但没睁眼，反而使劲儿合了合，想接着做他吃烤鸭的美梦，怎奈唤声又起，他没好气地问了声是谁，想不到来人竟是分别数年的马小妹。

　　这真是巧得没法再巧了，原来，马小妹就在这个有马粪的大户人家当丫头。先是抱孩子洗尿布，大一点儿了又烧火做饭。虽然每日里烟熏火燎，但是女大十八变，她是越长越好看，柳叶弯眉樱桃口，谁见了她都乐意瞅，隔壁那吴老二，看她一眼就浑身发抖。而且，除了模样身材也很好，该凸的地方凸，该凹的地方凹。唯一的缺陷是，小时候大人都不在，孤苦伶仃的，没有人嘱咐她要她缠足，所以脚丫子比一般人的大出不是一点半点来。不过脚大有脚大的好处，脚大力不亏，财主几次想占她的便宜，都被她踢得近不了身。

　　这时候的马小妹，已经大有穷人的志气，决心宁可拖着棍子讨饭吃，也不能让富人玩弄。况且，童年的往事她可一直记在心里，那个过

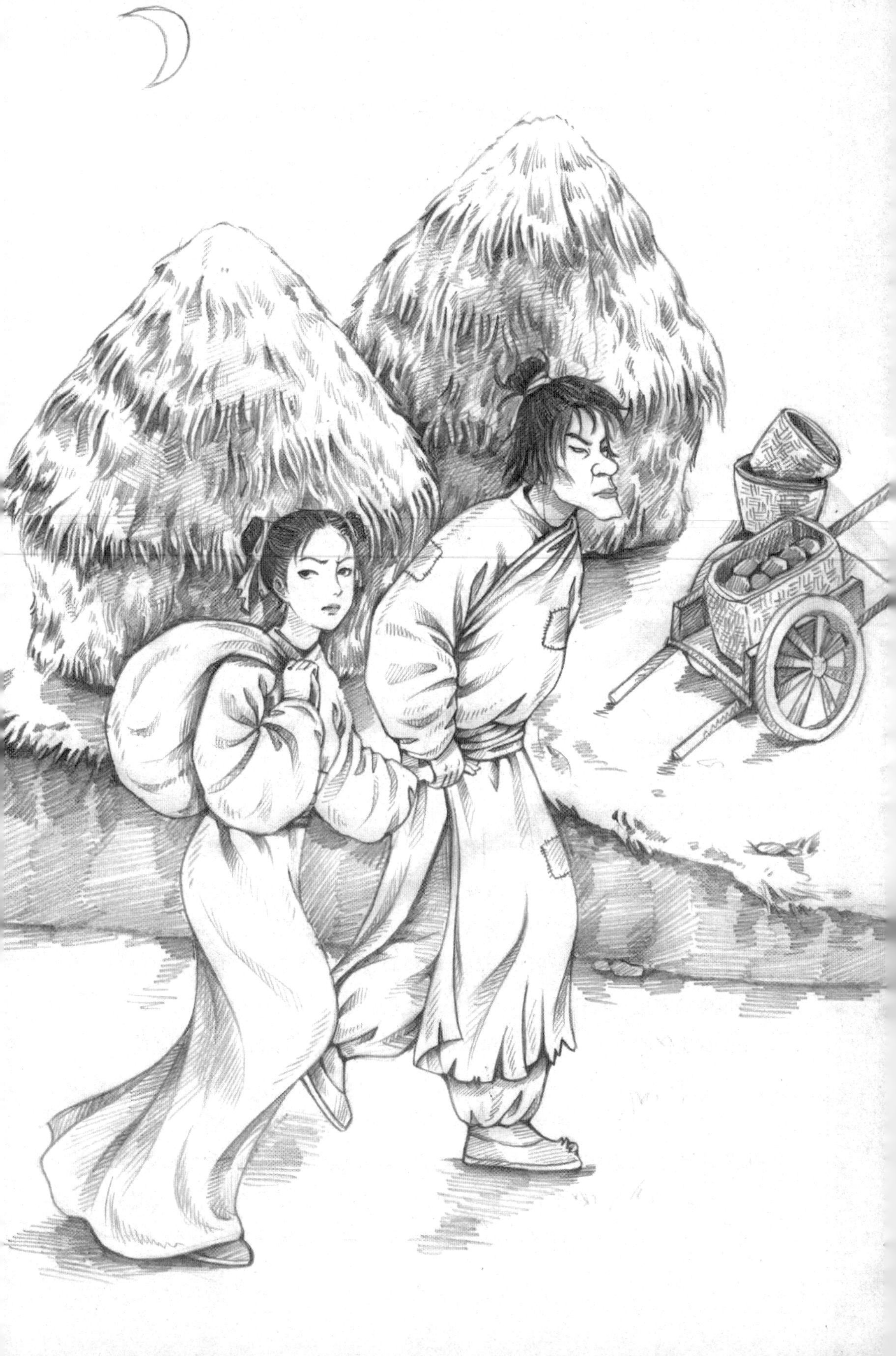

家家时做她这个娘娘的皇帝总在脑海里绕啊绕，这更加坚定了她要嫁给朱重八的决心。

这天下雪天冷，天黑得早，晚饭自然开得早，收拾完毕后，马小妹就回到下处去歇息了。下处在东耳房里，墙外就是那堆马粪。马小妹刚展开被褥，不防财主闯进屋里，又想要非礼她。马小妹自然不从，抄起一把剪子，不容财主靠近。那财主看看今天又难得手，一边往外走一边凶狠狠地说："若下次再不从，就把你卖到窑子里去！"

财主走后，马小妹赶紧把门顶死，然后转身坐在炕上，气喘吁吁，伤心地泪流满面。她想，他做财主的不怕断子绝孙，自己再不逃走，必定会落进火坑里，但是自己一个弱女子，尽管脚大点，但是也敌不过财主家那几个膀大腰圆的走狗啊。马小妹想到这又开始难过，要不是自己孤弱无助，给他财主几个胆儿，他也不敢口出这样的狂言啊？但是现在自己没办法逃出财主的手掌心，这可如何是好啊？真是芝麻掉进针鼻儿里——巧的不能再巧了。正在马小妹因无人帮助愁得双眉紧皱时，突然从后墙那扇小窗处传进阵阵歌声。由于只隔一墙，她听得格外清楚，不由得双手合掌，暗谢上苍，因为自己时常思念的那个朱重八就在身旁。虽然不知道他为何落到这步天地，但是她宁可跟着朱重八去讨饭，也不愿在财主家再呆下去了。她明白机不可失，时不再来。于是，她悄悄地开始打点行李。等到夜深人静，马小妹背上行李，轻轻地开开门，无声无息地走了出去。借着雪色，来到马粪堆前，一看，虽然脑袋上扣着个要饭瓢，但是马小妹还是一眼就认出那是她朝思暮想的朱重八。按捺不住心跳，马小妹先叫了声"重八哥"，见朱重八使劲闭了一下眼没有回答。她怕自己大声喊被财主听见，就想起朱重八耳后有个肉瘊，自己小时候常摸着玩，现在得先摸一下，现在摸一下，一来确认一下身份，二来这样也能叫醒他。她掀起讨饭瓢，伸手一摸，果然有，于是又唤了一声。

二人相见自然非常激动，朱重八听马小妹讲了自己的遭遇，气得想把财主杀了，又怕打不过人家，只好赶紧带马小妹离开这个是非之地。二人跟跄了多半夜，来到一座关帝庙里，才放心地停下脚，下雪天赶路再加上肚子饿，二人没来得及多说很多话，就一人披一个庙里不知谁丢下的被，一人裹破褥子，依偎在一起睡着了。

一觉醒来，天已大亮。互相一端详，二人都觉得超出了彼此的想象：朱重八虽蓬头垢面，但那股不怒自威的气质没变；马小妹脸似芍药月季花，更显得好看。对视良久，朱重八终归自觉窝囊，估计马小妹不会把鲜花插在自己这堆牛粪上，就问马小妹打算下步怎么办。谁知马小妹却"哏儿哏儿"一笑，风趣地说道："还给你当娘娘吧！"说完便扑到了朱重八的怀里。朱重八自然巴不得，趁势紧紧抱住了。

依朱重八的意思，只要晚上睡到一起，就是两口子了。要说这老朱也是因为人穷志短才出此下策的，要是自己有点钱也不至于这么委屈人家姑娘。但马小妹不同意，说小时玩儿"过家家"还得拜天地呢，现在要正式成夫妻了，哪有不拜天地的道理。其实马小妹说拜天地，要求也是很简单，就着关帝的桌案，插草当香，二人先拜天地，后拜关帝，再对拜拜，就算是拜了花堂了。白天啃了点儿旧干粮，天一黑就入了洞房了。

早上睁开眼，朱重八看到马小妹正给他捉衣服上的虱子，大为感动，心想马小妹真是个好老婆，不嫌自己脏还给自己捉虱子，于是双手捧着马小妹的脸，问道："凭你这模样，随便嫁给谁，也比嫁给我强，你为啥偏愿意跟着我受这份罪呢？"马小妹从小孤苦伶仃，甚至连自己的父亲长什么样是谁都不知道，自然说不出什么惊天动地的甜言蜜语来，但她很会打比喻，当即莞尔一笑，幽默地说："老鸹不嫌猪黑呗。"言简意赅，比喻恰当啊！闻听此言，朱重八更加感动，自动跪下发誓道："关帝君在上，日后我朱重八一定风风光光地将马小妹娶过门，给她穿凤冠霞帔，如果日后朱重八有半点对不住马小妹，你就用大刀劈了我！"这时候朱重八和马小妹不过十几岁。

命运捉弄　再次分离

　　但是这俩小孩刚团圆没几天,好日子就结束了。朱重八是个奇孩子,从小时候开始就不同于一般人,自从遇见马小妹,朱重八的要饭任务从一个人的量变成了两个人的量,工作量翻了一倍,只好走街串巷地多要一点。但是附近人家基本被朱重八要遍了,市场开拓得所剩无几,只好到更远的地方要了。这样一来朱重八只好两天回一次家了。事情就出在某天朱重八去要饭的时候,某天朱重八出去要饭,看见一个算命的,要算命的给自己算,算命的见朱重八一个小要饭的,不愿意搭理他。朱重八一气之下当晚就把屎拉在了算命先生的桌子上,第二天早上,算命先生看到桌子上的屎竟然十分虔诚地磕起头来,把个躲在角落里的朱重八笑得快抽过去了。对算命先生说,这屎是自己拉的,有什么好磕头的?算命先生一看,立即不顾朱重八的挣扎拉着朱重八就走。走了一天来到一个破庙里,朱重八怕马小妹惦记,她还等着自己的干粮呢,要是有个手机多好,短信一发就什么都解决了。但是算命先生恨不能将朱重八捆在自己的身上,分秒不离地看着朱重八,朱重八就是变成小蚊子也逃不出算命先生的五指山了。谁知当晚风雨大作,直接把个破庙吹塌了,朱重八成了垫底的,被扣在了里头。等朱重八再醒过来已经是七天之后的事了。朱重八等身体好了点就急忙回去找马小妹了。但是哪里还有马小妹的影子？朱重八喊破了喉咙也没听到马小妹一点回音，朱重八颓废地坐在了破庙里。

马小妹到底去了哪呢？

原来自从马小妹走了后，那家财主就找翻了天，一定要把马小妹找出来。这简直是视财主家的家规为无物，这还了得？走了一个马小妹剩下的人还怎么管？终于，财主的一个眼线发现了破庙里的马小妹，平时惧与朱重八在，不敢轻易动手，后来朱重八两天回一次家，终于找到机会下手了，就在朱重八被算命先生带走的那天，马小妹也被财主家的人带走了。

马小妹被带走后，肯定少不了财主的一顿毒打，并且把她关在了柴房里。但是庆幸的是，马小妹人缘很好，跟其他下人关系处得非常好，于是夜深人静的时候，几个下人神不知鬼不觉地又将马小妹放了，让她走得远远的，别再被财主找到。

马小妹只好走的远一点，但是自己的心上人怎么办？她拖着疲惫的身体满世界地寻找朱重八，但是这时候朱重八正在庙里昏迷着，怎么可能找得到他呢？马小妹挨过打，根本没有体力，昏倒在路边，好在有个好心的人家将她救了，把她的身体养好了，就直接在那家做起了丫鬟，还把名字改成了马大脚。但是马小妹，心里时刻在惦记着朱元璋，希望可以找到他。

朱元璋找马小妹未果，只好继续乞讨，两年多的时间里，二人没有再相遇，朱元璋只好在群雄并起的时候回到寺院里，企图过自己的安生日子。

但是历史没给朱元璋这样安逸的享受生活的机会，而是赋予他更大的责任。本来朱元璋在庙里想要学习一点科学文化知识，就算不能考上大学，好歹自考个什么学位，这样将来实现就业就简单多了。没事儿的时候练点男子防身术，遇见公交车上的小毛贼也可以不费吹灰之力将他扭送到派出所。遇见个什么打劫的，也不用为了保命，除了自己的身体把什么都给人家，跌份儿！

谁料，自己的发小汤和在郭子兴的部队里混得不错，据说还当了个

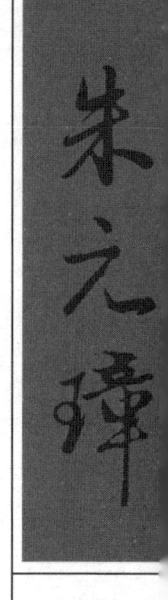

【第七章】朱元璋是个幸福人

小头儿，什么千户长之类的。他吃肉没叫自己喝汤，招呼自己过去参加起义军，说还给发什么红头巾，带着挺酷，但是说实话朱元璋当时没怎么在意，参加起义军这种粗活不是他想干的，他想将来做个白领，在办公室里一坐，有咖啡喝着，有空调吹着，多美！省得整天日晒雨淋的，脸上毛孔变粗，手上还得长老茧，影响市容。

但是事情的发展很快超出了朱元璋所料，汤和写来的信被别人发现了。纸里包不住火了，现在寺院里是呆不下去了，只好跟随汤和去当兵了。抱着这种不怎么觉得光荣的心态，朱元璋随了军，来到了郭子兴的帐前。

在郭子兴这儿，朱元璋知道要想有所作为就要靠自己，于是处处小心谨慎。打仗的时候冲锋在前，有功劳的时候不居功自傲，他作战勇敢，智勇兼备，打了不少胜仗，郭子兴对他就更加器重。所以升迁很快，不久被任命为九夫长。郭子兴也越来越赏识朱元璋。在这里朱重八将自己的名字改成了朱元璋，一副很有抱负的样子。

人都是这样，在喜欢你欣赏你的时候，总希望在原来的基础上再亲一点，郭子兴这个领导者也是这样。所以说如果你将自己的领导哄好了，得到了他的信任，那你将来的日子一定不难过，没准你就成了某个老领导的乘龙快婿呢！

后来郭子兴同夫人张氏谈及朱元璋的军功，张氏说："朱元璋的才能，我不太了解，但看他的相貌，一般没有人能长这么丑，这样长相的人将来必定有一番作为，我们应该加以厚恩，使他感恩图报，这样他才肯为我们出力。"郭子兴说："我已经提拔他做队长了。"张氏说："依我所见，这还不够，听说他已经二十五六岁了，还未成家，何不将义女马氏许配给他，一来啊能使他对我们更加忠诚，二来也能让我们的义女有个最后的归宿，也了了我们的心头大事了。这可是一石二鸟的妙计。"郭子兴思虑了一会儿，觉得夫人的话非常有道理，就挑了个机会，告诉了朱元璋，这时候朱元璋开始为难了，自己跟马小妹有过盟约，现在要是答应了，那她怎么办？于是支支吾吾地不答应，郭子兴见朱元璋没有爽快地答应，很是奇怪，于是问他原因，朱元璋将自己跟马小妹的事原原本本地讲给郭子兴听。郭子兴听完之后对朱元璋的人品更加赞叹，更是执意要将自己的义女嫁给他，说自己的义女也姓马，只不过叫秀英，朱元璋无奈，只好点头。

不过，郭子兴也没有这么执意勉强朱元璋，他说你可以先看看我义女，如果觉得实在不顺眼也可以不娶。要说这个郭子兴也真是应当赶时代潮流的人，在那个年代主张子女先见面也是很有划时代意义的。朱元璋知道郭子兴这是缓兵之计，将来就算自己看着不顺眼也还是一定要娶的。这就是属下不如意的地方，如果你的领导过分热情，那你也能自认倒霉，谁叫人家是领导呢？你要是执意不从，估计你的前途也就到此o-ver了。

【第七章】朱元璋是个幸福人

历尽艰辛　终成眷属

　　朱元璋抱着郁闷的心情跟郭子兴的义女见了一面,这一见不要紧,你猜来人是谁,正是朱元璋日思夜想的马小妹啊!

　　原来马小妹被人救起来之后,一直在那家做丫鬟。那家不是别人家,正是郭子兴的亲戚家。郭子兴是地主出身,自然没有穷亲戚。某日,郭子兴和亲戚商量起义的事来到了自家亲戚家,在那儿小住了几日,马小妹人乖巧,做事也稳当,很得郭子兴喜欢,郭子兴的夫人只生了两个儿子,做梦也想要个乖巧的女儿。郭子兴一看,这个马小妹是再适合不过的人选了。于是跟自己亲戚说了一声,就把马小妹带到了自己家。认作了自己的义女,改名马秀英。

　　马小妹在郭子兴家跟郭子兴的夫人非常地投缘,郭夫人非常喜欢她。在郭子兴这儿,郭子兴教她看书认字,刘氏教她针线女工,马小妹人聪明,一经指导,无不立会,到了二十岁左右,既出落得一副好身材,又知书达理、勤劳贤惠,可谓是秀外慧中。郭夫人一直想给自己的义女找个好婆家,但是每次说起这个,这孩子就哭个不停,说什么也不答应。郭夫人也只好作罢,将马小妹留在自己身边,也算是个伴儿。

　　这次郭子兴提起朱元璋,马小妹也是老大不乐意,但是念在义父一直对自己那么好，也实在不愿意违背他的意愿，于是答应跟朱元璋见一面。

朱元璋跟马小妹见面是抱头痛哭，这一哭，郭子兴跟自己媳妇懵了，这是唱的哪一出？二人不顾他们夫妻俩的疑问，直哭得天昏地暗，等到哭累了才一五一十地将他们的往事跟郭氏夫妇讲了一遍。

郭子兴觉得地球一下子变小了，于是果断地宣布二人赶快结婚，别再浪费时间了，春宵一刻值千金啊！朱元璋终于实现了自己的诺言，给了马小妹一个风风光光的婚礼。

朱元璋做了郭子兴的乘龙快婿，不久就被提升为镇抚，再加上他战功赫赫，大家都尊称他为朱公子。但是朱元璋此时没有对郭子兴有什么二心，因为郭子兴不光照顾了马小妹这么久而且让他们相遇，这份恩情朱元璋会永远铭刻在心。郭子兴见朱元璋威势日重，倒也没有多想，但是不怕没好事就怕没好人。郭子兴的两个儿子吃不着葡萄说葡萄是酸的，心里对朱元璋的嫉妒是翻江倒海，再加上朱元璋同他们称兄道弟，二人觉得自己成份比朱元璋高，就他一个八辈贫农，凭什么跟自己平起平坐？于是二人更觉得不满。于是，这弟兄两人就密谋想赶走朱元璋。

二人合计好了，把自己编造出来的中伤朱元璋的话说给郭子兴。开始的时候郭子兴不信，但是就他那软耳朵，哪禁得住自己亲儿子多说几次啊？而且自古就有疏不间亲的说法，兄弟俩编造的谎言在被说了几百回之后，还是起了作用，郭子兴开始怀疑朱元璋了，而且，世人都知道，郭子兴这个人心胸也就可以跟鸡胸相提并论，跟人的肯定是没法比。碰见这样的事，被自己的两个儿子一说，郭子兴信了。再加上本来郭子兴就害怕朱元璋权势日重，将来会危及到自己，而且在开会的时候，朱元璋总是把自己能想到的想到了，没想到的也想到了，对自己屡屡顶撞，完全不把这个岳父兼领导的我放在眼里。郭子兴是越想越来气，恨不能把朱元璋大快朵颐了。于是找了个借口，把朱元璋关了起来。郭子兴的两个儿子听说了，觉得害死朱元璋的时机终于到来了，便偷偷嘱咐厨房的伙夫，不要给朱元璋送饭，要把他活活饿死。

朱元璋自然不知道有人要在自己背后下黑手，下了班优哉游哉地往家走，路上还给马小妹摘了两束野花，想给她个惊喜。还没到家就被一

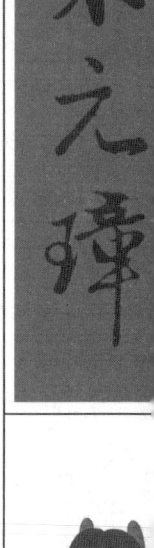

群穿黑衣服的人打晕，带到了一个小黑屋里。但是马小妹的好人缘让她提前知道了此事。马小妹一听慌了，这可如何是好？她偷偷地跑进厨房，拿了一块刚刚出锅的热饼，准备送给朱元璋吃，谁知刚出门就撞见了义母，她怕被义母看破，急中生智把热饼塞进怀中，热饼烫在皮肤之上，疼痛难忍，甚至可以听得见滋滋声。马小妹一面向义母请安，一面眼睛瞅着别处，脸上也显出很不自然的神情。郭夫人见她神情有异，以为她有什么事，叫住她非要问个究竟。马小妹心里这个叫苦啊：亲爱的妈啊，别问了，烫死我了！后来马小妹实在被烫得不行就伏地大哭起来，边哭边跟郭夫人说了事情的原委。等取出饼来一看，都有熟肉的味儿了。马小妹的胸乳几乎都被烫烂了。郭夫人了解到这一情况，连忙劝告郭子兴，郭子兴也觉得关禁朱元璋显得有点过分，何况自己的两个熊儿子还在暗中加害朱元璋，于情于理怎么说的过去？于是放了朱元璋，对两个儿子大加训诫。朱元璋知道了马氏揣饼烂胸的事以后，大为感动，尤其是马氏以此打动郭夫人，再由郭夫人说动郭子兴，救出了朱元璋的性命，还能使他恢复原职，朱元璋更觉得马小妹德足可敬，才足可佩，于是更加珍惜。

1353年，朱元璋离开郭子兴单飞。没了朱元璋的郭子兴，事业是江河日下。由于彭大、赵均用两个将领的排挤，郭子兴光荣下岗，但是家中老小都指望自己的那点死工资，家里的田产虽然还有点，但是起义光买红头巾就花了不少，这样下去只会坐吃山空，要赶紧实现下岗再就业才是良策。于是无奈之下来到朱元璋这里。朱元璋等人共推郭子兴为滁阳王，当地的所有军马，都归朱元璋节制。但只过了一月，郭子兴就对朱元璋渐渐地冷淡起来了，周围的人大多都被郭子兴录用，就连朱元璋的记室李善长也得到了提拔，唯独朱元璋坐了冷板凳。老朱心里这个郁闷啊，自己也不知道是为什么，只能独自生闷气。

老朱战功卓著，而且在军队中升迁的这么快，自然会招惹一拨对自己不满意的人的闲言碎语。老朱也没在意，谁人背后不说人，谁人背后无人说呢？就在朱元璋带领军队驻守滁阳（今安徽省合肥市东北）时，忌恨朱元璋的人开始散布谣言了，说朱元璋手握重兵，为了保全自己的实力，不肯出战，即使是出战，也不尽全力。郭子兴性情耿直暴躁，小肚鸡肠,将这些谗言信以为真,把朱元璋的得力战将都调到自己的部队,削弱了朱元璋的兵权,对朱元璋也日益冷淡起来,遇到战事,也不和朱元璋商议,致使二人的隔膜越来越深。

有一次,朱元璋打了胜仗,向郭子兴报功,郭子兴只是冷淡地敷衍了几句。朱元璋非常沮丧,回到自己家中,长吁短叹。朱元璋的妻子见了,就关切地问:"听说夫君打了胜仗,我正为你高兴,为什么夫君却闷闷不乐?难道有什么不顺心的事吗?"朱元璋说:"你怎会知道我的事?"马氏说:"难道是我义父薄待了你?"朱元璋被妻子猜到心事,更加烦闷,说:"你虽然知道,但是又有什么用呢?"马氏说:"原来真是这么回事。你可知道义父为什么这样对待你吗?"朱元璋说:"以前怕我专权,已削了我兵权。现在怀疑我不肯尽力,我现在争先杀敌。虽然打了胜仗,你义父仍然对我冷淡。我不知道什么地方得罪了他,也不知道应该怎样做才好。"

马氏想了一会儿,问:"你每次出征回来,有没有给义父带礼物?"朱元璋听了一愣,说:"没有。"马氏说:"我知道其他将帅,回来时都有礼物献给义父,夫君为什么不跟别人学学呢?"朱元璋忿然说:"他们的礼物都是掳掠来的,我出兵时秋毫无犯,哪里会有什么礼物!就是有从敌人那里夺来的财物,也应该分给部下,为什么要献给主帅?"马氏说:"体恤民生,慰劳将士,确实有道理。但你也知道,我义父的心眼不是很大,他见别人都有礼物,只有夫君没有任何表示,反而会怀疑你私吞金帛,因此心中就会不高兴,这才薄待了夫君。我有一个办法,可以使你与我的义父前嫌尽释。"朱元璋问:"你能有什么办法?快讲出来!"马氏说:"我这里还有一些积蓄,把它们献给义母,请义母向义父说明情况,义父一定高兴,不会再难为你。"朱元璋觉得十分过意不去,说:"这样做太委屈你了,但是现在也没办法,只好先委屈你一下了,就先按你说的办吧!"第二天,马氏将自己积蓄的贵重首饰等物品一一捡出,送给义母张氏,并且说是朱元璋孝敬义父、义母的一点儿心意。郭夫人满心欢喜地告诉郭子兴,郭子兴神色怡然地说:"朱元璋这么有孝心,以前倒是我错疑了他。"自此以后,郭子兴对朱元璋疑虑渐释,遇到战事,都和朱元璋商议。翁婿和好,滁阳城从此巩固。

看到了吧？自己的领导一定要哄，再廉洁的领导只要你是用心送出的礼物他都会喜欢，何况你本事本来就高，因此很容易更得领导欢心。

然而，郭子兴的两个儿子还活着，他们依然想找机会兴点风做点浪。而且现在朱元璋的权力比以前更大了，威望更高了，他们心里的妒恨也是与日俱增了，更是千方百计地想要找机会除掉朱元璋。不久，郭子兴的两个儿子邀请朱元璋出去饮酒，马小妹嘱咐朱元璋说："这两个人几次三番想加害你，这次一定没安好心，你自己要小心谨慎，一定不能喝他们的酒。"经马小妹提醒，朱元璋想出了一个计策。等他和郭氏兄弟一起走到半路，朱元璋忽然从马上一跃而下，对天喃喃而语，若有所见，过了一会儿，翻身上马，驰骋而回。郭氏兄弟在后面追喊，朱元璋回喊道："我不负你二人，你二人何故设计害我，如今天神告我，说你们二人，在酒中下毒，天神令我不要去！"郭氏兄弟听了，直吓得汗流浃背，自己偷着说道："在酒中下毒，我们俩没对任何外人说过，他怎么会知道，难道真有天神助他？"从此，两人再不敢陷害朱元璋了，就是在郭子兴的面前，也不谈及朱元璋的功过。

贤内助上得厅堂

后来，郭子兴病死，朱元璋逐渐成为主帅，马小妹也晋升为朱元璋的重要参谋之一。朱元璋每次出兵打仗，军中的文书多半交给马氏处理。史书上说，马小妹操行高，人善良，对于各种事务有很强的判断能力，而且爱好文史，朱元璋每次出征，文书之类均交给马小妹管理，即使在紧张仓促之中，马氏也未尝丢弃过。看来朱元璋真的是娶到了宝贝了。

除了帮朱元璋处理文书一类的杂事，马小妹还很有军事谋略。1355年，朱元璋还处在夹缝中生存，左有狼右有虎，前边还有一个豹，没一个好惹的。在这样的时候，攻下太平这个全村富得流油的地方才能有个站脚的地方，算是有了一个窝，有了根据地才能更好的开展后边的工作，于是朱元璋寻思着带重兵去攻打元军把守的太平。

说干就干！

当年六月，饥饿已久的将士眼里闪着粮食的光，随朱元璋从和阳渡江攻打太平，但是他们忽略了一个问题，此时去攻打太平，几乎把全部兵马都带上了，和阳就成了光杆司令了，这不是脱光了衣服被人打？而且此时朱元璋已经带兵走了，马小妹料定元兵一定会来劫掠义军的家

属，也没请示朱元璋，其实也没办法请示了，人早走远了，没有手机也没有掌上电脑的，根本联系不上。马小妹就率领义军家属渡过长江，寻找安全的庇护所了。果然不出她所料，马小妹带领的起义军家属队伍刚过完长江，元军就向和阳进攻。马小妹如此聪明，躲过了一劫。

如此有先见之明，真是难得！

还有一次，在1360年，朱元璋同陈友谅会战于集庆。当时，陈友谅的势力比朱元璋强大得多，很多人都认为很难取胜，城中人心惶惶，竟有人挖地窖埋藏金银。朱元璋的谋士们个个想的也是投降或者逃跑，把个朱元璋气得脸变成猪腰子，但是拿众人没有办法。马小妹一边安抚朱元璋，一边把自己的金帛拿出来鼓励将士，激励士气，另外刘基也在大堂之上训斥众人的妥协思想，终于，大家在他们二人的鼓励之下重新燃起了斗志。结果，朱元璋大胜，消灭了陈友谅建立的"大汉"政权。1367年，朱元璋又攻克了苏州，俘虏了张士诚。于是，在扫平群雄之后，朱元璋于1368年做了大明的开国皇帝，册封马小妹做了皇后。

好老婆下得厨房

马皇后跟随朱元璋南征北战，历尽艰险，不仅常常参与军事，在空闲时间，还带领妇女赶制军衣，很多军士穿的衣服都出自马皇后之手，取名温暖牌，可谓竭心尽智，劳苦功高，称得上是"开国皇后"。作为一个女人，这的确是难能可贵的，但更为难得的，是她在建国以后的表现。一个女人怎么能赢得一个男人的心，如果你不知道，可以效仿一下马皇后的所作所为。在她被立为皇后以后，朱元璋曾深情地对她说："我们家是八辈贫农，现在能当上皇帝，在外边是因为有那么多的大将帮我打天下，在家里就是因为有这么贤惠的你，为我做文书，从来没出过纰漏，跟随我出征打仗，多苦都没喊过，还亲自给将士们缝衣做鞋，既省了钱又结实，你就是我的来福啊！古代有个比喻说，家里有个好老婆，就如同国家有个好丞相，现在我有这么贤惠的你，从一个侧面证实了这个放之四海而皆准的比喻的正确性。"马皇后听了，羞赧的低下头说："我听说夫妻之间相处容易，但是君臣之间相处就没有这么容易了，现在你没有忘记我们曾经一起共患难，也不能忘记那些跟你同甘共苦的大将们。"多么的深明大义！马皇后的话，可谓语重心长而又适得其时。

小的时候，很多人在父母身边不知道跟父母多交流沟通，也常常忽略父母对自己的爱，等到长大了，才能真正体会到那种爱。这是人的通病。马小妹从小父母死得早，战乱的时代，再加上年纪小，不能更深刻地体会到父母之爱。长大了结了婚，这种思念却更加的深刻。其实这时候的马皇后早已经没有了什么直系亲属，每每想起这些，马皇后都哭得昏天暗地的。朱元璋就建议为马皇后寻寻根儿，就算找不到直系亲属，没准还能找到点儿旁系呢。马皇后知道外戚专权后果很是严重，杨坚不就是姥姥门上出来的皇帝吗？所以坚决不让朱元璋寻根儿。马皇后越是坚持，朱元璋越是要成全，待到朱元璋要把马皇后零散的搭杆儿亲戚，比方说她三姨的小叔的小姨子的大伯的闺女的孩子的大舅子的爸爸找到并且请到的宗族故旧请入朝廷，授以爵禄，马皇后叩谢道："奖赏要给贤能的人，不能私自给外家，我希望皇上要慎重地珍惜这些名声，不要寻私恩。这样传出去多不好啊！"如此深明大义的皇后，朱元璋几世修来的福啊！为了表示对马皇后的感佩之情，朱元璋还是追封了她的父母，并设庙四时祭拜。

　　另外，我们要说的就是马皇后的厨艺，即使算不上厨师的最高级，但是也差不多了，尤其擅长徽菜，因为自己家乡就在那边。做了皇后之后，也一直在负责朱元璋的饮食，有人劝说她不必这样，但是马小妹觉得这是自己做妻子的责任，自己了解他的口味，如果别人做了之后不和他的口味，这样怪罪下来的话，自己也可以帮那些厨师扛着。当然了，她做的饭很少有不合朱元璋口味的时候，她的手艺别人不知道，朱元璋肯定知道。

夫妻二人同节俭

马皇后起自寒微，一直不忘本色，虽然贵为皇后，却过着较为俭朴的生活。平时，她衣不重彩，经常穿丝麻织成的练布，过去的破烂衣服什物也总是修补再用。在她身上，我们深刻理解了什么叫新三年旧三年缝缝补补又三年。

虽然对自己要求这么严格，但马皇后并不吝啬，在许多地方，她十分大方。一次，朱元璋视察太学，马皇后听说太学生有几千人之多，便问他们的生活是怎样安排的。当时的太学生是吃食堂，但是不同的是不用饭票，是免费的早餐、午餐、晚餐，但是，有一个问题，当时的太学生大部分都已经结了婚成了家，自己出门在外求学深造，老婆孩子也得带着啊！他们可以吃食堂，但是他们没有那么多闲暇时间可以去做兼职挣点零花钱，老婆孩子的生活没有着落啊！马皇后知道了之后，就跟朱元璋说："现在太学生在学校里可以吃食堂，吃得饱穿得暖，自己的老婆孩子不能时时带在身边，老婆孩子多不容易，孩子正是长身体的时候，不能饿着他们啊？"朱元璋小时候在长身体的时候就一直吃不饱，对此是深有体会，于是眼含热泪地接受了马皇后按月发给太学生家属口粮的建议，还专门设立了"红板仓"，存储粮食，发给太学生。此后，

"月粮"成为明代学校的一项制度。

有这么节俭的老婆在身边,近朱者赤,朱元璋耳濡目染,自然也是非常节俭。关于他节俭的例子有很多。

早年在打天下的时候,朱元璋的俭朴就已经天下闻名。而在当时的江南群雄之中,陈友谅和张士诚的奢侈是有名的。这不奇怪,朱元璋家经常是吃了上顿没下顿,每天寻思着吃什么,是树皮还是树叶,而陈友谅虽然也不是什么富主的孩子,但是当时他比朱元璋有钱的多,而且老陈一直害怕别人看不起自己,心理作祟,所以在排场上一定不叫别人小瞧了自己。张士诚家也是八辈贫农,但是做了倒爷起义之后,占领了南方富饶的地方,吃米饭,吃一碗倒一碗,绝对不会出手小气的了。1364年,朱元璋平定了陈友谅,自称吴王,江西行省省长为了讨好朱元璋,把陈友谅的一张镂金床送到了应天。朱元璋看了看,对左右官员们说:"五代十国时后蜀孟昶有一个镶满宝石的尿壶,这镂金床与宝石尿壶有什么区别?一张床尚且如此,其他可想而知。这么穷奢极欲的人,不灭亡他还等什么?"当即下令将镂金床毁了。朱元璋手下的一拨人看到朱元璋这样做,自然要发表一下自认为是高论的高论,其中一位应声说道:"未富而骄,未贵而侈。这就是他陈友谅败亡的原因。"朱元璋听了,心想这简直就是谬论,他说:"有钱了就可以骄横吗?有地位了就可以奢侈吗?别拿着鸡毛当令箭!你看哪个国家领导人不是谦虚又和蔼?就那些手下的小官儿们才觉得自己了不起。如果有了骄侈之心,即使富贵,也难保得住,人的欲望就是填不满的沟壑。处在富贵的地位,就是抑制奢侈,注意节约,还会有小人在你旁边说三道四呢,何况那些今天想要西藏雪山上的莲花,明天想要珠穆朗玛峰的石头的呢?如果对骄侈之心不加以控制的话,败亡是必然的。这可是前车之鉴,不能重蹈覆辙啊!"

朱元璋家往上推十好几辈都是贫农,所以他非常了解农民的处境,同情农民。洪武二年五月,他从南京郊外回城,见到几个老者挥汗耕田,不禁想起他的父亲,于是下马步行。边走边对身边的大臣说:"我好久没有在地里干活了。刚才看见农夫顶着大太阳耕田,心里觉得他们真可怜,不觉下马步行。农为国本,国家的需求都由他们供给,不知地方父母官会不会怜悯他们。身处富贵而不知贫贱的艰难，古人常引以为戒。衣帛当思织女之勤，食粟当思耕夫之苦。"

有一次他到东阁视察，天气很热，南京这个地方是有名的火炉，衣服每天洗好几次，除了自己拿水洗之外，剩下的就是出汗洗的。当然朱元璋跟普通人不一样，他是皇上，不能败坏整个国家的形象，一些侍从为他拿着衣服，朱元璋的衣服湿了，就送上一件换下来。但是身边的官员们看到，朱元璋每一次换下来的衣服都是穿得很旧、洗了又洗的衣服，有些衣服领子上都有缝过的针脚印。一位叫李思颜的官员说："您这么节俭，真值得子孙后代学习，是子孙后代的榜样。"朱元璋节俭是从爱民出发的，他说："忧人者常体其心，爱人者每惜其力。"意思就是说为百姓担忧的人常体会他们的心境，爱护百姓的人就要爱惜民力。朱元璋说，我每一次吃饭，就想天下百姓是不是也吃饱了，每一次穿衣，就想天下军民是不是能够穿得暖。

恩，真是不错的好皇帝！

洪武元年，全国许多地方遭受旱灾。朱元璋祭告父母在天之灵，请他们保佑国家百姓渡过难关，说："当年二老吃草根粗米的艰难我不敢忘记。我愿意与妻妾一起在半个月内吃野菜粗饭，与百姓同甘苦，反省上天对我的谴责，为百姓祈福。"朱元璋从未忘记过去的痛苦，他想到父母临终的时候，自己竟拿不出任何东西祭奠，而今富有四海，却无法尽孝，因此常常放声痛哭。

朱元璋的节俭从来都是以身作则。因为他明白，要想为人师表就要以身作则。他也总把一句话挂在嘴边："金银财宝不是宝，勤俭才是传家宝"，所以无论是吃还是穿，朱元璋都不求花里胡哨的。至正二十六年（1366年）修建宫殿的时候，他不准工人们用彩绘，更不准用立邦漆；他要求在自己媳妇儿们住的地方，墙壁和屏风上，都要画上耕织图，这样在吃饭的时候就没有人掉了饭粒觉得无所谓了；在儿子们住的房屋墙壁上画的是朱元璋的出身和经历，让他们知道自己的老爸有多不容易；在各个殿堂内，墙壁上也不能浪费资源，写点名言警句，比方说"修身养性治国平天下"等等；老朱是农民出身，尤其喜欢自己家菜园子里的菜，新鲜、水灵、好吃。他下令在宫内空闲的地方种菜，在没事

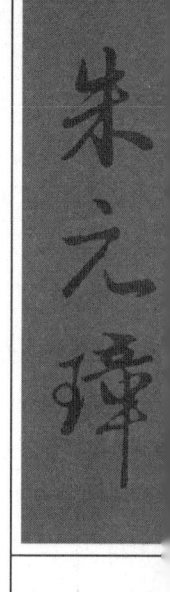

儿的时候，时常来到这里看小太监灌园，捉虫除草。

朱元璋做了一国的皇帝，深深明白，我现在作为一国之主，我的爱好关系重大，现在天下的百姓都在眼巴巴地看着我，我喜欢钓鱼他们不去游泳，我喜欢看书，他们不去看电影，谁说只有小孩儿的模仿性最强，我看大人也是一样。我感觉压力好大，这么多双眼睛看着我，这么多人都在等着模仿我，还真是不太习惯。我要加油、努力，尽量节俭一点，衣服能穿五年绝不穿三年，鞋子要向《少林足球》里周星驰的鞋子看齐，穿烂了，补！这样大家勒紧裤腰带过日子，一定可以省下很多钱，这样日积月累，一定会变得越来越富的。

除了这些道理，朱元璋还知道很多的典故，比方说知道因为楚王喜欢细腰，所以宫里有很多人为了把自己弄成细腰，结果饿死了的典故，所以对地方的贡奉常常加以限制。建国之初，湖广进献竹席，朱元璋想这要是开了头，以后大家就得全都给我进献竹席，还是算了，于是退回去了；后来金华进贡了一批香米，颗粒饱满，蒸熟之后，满屋子的饭香，老朱因此食欲大开，但是一想自己是觉得好吃了，老百姓估计得累死了，于是也算了。他自己在园林中开了几十亩地种庄稼，耕耘收获季节，他一天要去好几次。

朱元璋有个习惯非常好，那就是不太喜欢饮酒，只能喝一点葡萄酒，量也不大。起初太原进贡了一种葡萄酒，跟现在的张裕差不多，味道很好，老朱蛮喜欢的，后来也下令不要再进了。洪武六年（1373年），山西潞州进贡人参，为了给皇上多补补身子。朱元璋说："这人参听说要采到很困难，登高爬低的，好像每年因为采人参要死不少人是吧？那你们还是把人参带回去吧！为了我自己能吃上人参，不知道要搭上多少人的命，现在我们的职责是养民，我们是人民的儿子，是人民公仆，哪能这么作威作福？！"

朱元璋爱喝葡萄酒这件事还是被传扬了出去。同年，西番酋长斗胆进贡葡萄酒，朱元璋赏赐给这个远道来的酋长一些绸缎衣物，但命令把酒退回，"虽然我知道你们路远，这些酒拿过来也不容易，但是现在你们还是把酒打回去，不行就在火车上托运，这样你们还省点劲儿。"他又对中书省官员说："平时有穿的就行，你看我这件衣服还是几年前的那件，不能老是瞎买乱买。现在这个西域的酋长给我进贡葡萄酒，我倒是真挺爱喝的，但是你想啊，这一路少说也有个好几千里地，他们那边交通也不发达，一路就是靠走，沿途不知道要停靠多少站，都是些给我带的东西，玻璃的还怕打碎了，去哪个老百姓家不得好吃好喝好招待啊，我要是真留下这些葡萄酒，估计就得被老百姓骂化了。再说，我也不能这么祸害百姓啊。"

古代没有香水，但是有香粉。回鹘商人偶然得到了新的香粉的研制方法，研制出一种香料叫阿剌吉，汉语叫蔷薇露，名字很美。而且，据说这种香料能够治疗心病，还可以调制香粉。朱元璋身边的嫔妃一听这个，当时就满眼冒火花，绝世香粉哦！朱元璋不顾这些媳妇儿们的七嘴八舌，坚决拒绝了回鹘商人的香粉，悄悄对回鹘商人说："现在科技越来越发达了，中国治心病的药物很多，这种东西除了能让人变得更吸引人，同时也能让那些女人的欲望变得越来越大，要是整天伸手跟我要什么CK、Dior怎么办？所以不能留下。"

朱元璋除了对自己严格要求以外，对他的媳妇儿、太监们要求也很严格。有一次，朱元璋正在后宫溜达，看到地上有很多的丝线，有的还很长，可以订好几个扣呢，老朱就把那些做女红的宫女们喊过来，开始说服教育。他说，你们都是农民工的娃儿，你们爸妈在城里打工不容易，有的还在自己家啃着那一亩三分地，你们出来几年后，有钱了？还是给家里买房置地了？现在就把这些丝线随随便便地扔到地上，你们知道不知道这是百姓交来的赋税？百姓得到这一点丝线有多不容易，你们知道吗？早晨四点起，晚上十二点睡，每天只有四个小时的休息时间，赶上忙的时候，整晚睡不了觉。见过纺车吗？有用手摇的，有脚踏的，这样起早贪黑地干，才一点一点地织成丝线，织成绸缎，用来交纳赋税。这都是血汗啊，你们就这么随便地把它浪费了。以后不允许再出现这样的情况！如果谁再犯，一定严惩！他立下规矩，凡是宫中再有人任意浪费东西的话，定斩不饶。

还有一次，他看见两个宦官，没事儿穿着靴子在雨中走，还一副心花怒放的样子。那时候家家穷得什么玩意儿都没有，别说是靴子都没穿过，很多都没有见过，虽然江南地区有很长时间的梅雨期，老百姓一般

都是光着脚丫子踩水，不是因为喜欢，也不是因为凉快，而是因为没有靴子可以穿，买一双靴子的钱够一家子吃一年的饭，谁买得起？可是现在这两个小太监居然穿着靴子在雨里走来走去，这是多么奢侈的事儿啊？

朱元璋气不打一处来，把两个如此奢侈的小太监喊过来训斥。你们现在在宫里面，有吃有喝的，但是你知道这靴子是怎么来的吗？现在我们国家的技术不发达，这都是纯手工制成的！一双靴子你以为一天两天就能作出来？错了！大错特错！今天就让你们俩了解一点常识，这要先种麻织布，然后裁剪做成靴子，这都需要时间，需要人力。你们现在倒好，不知道爱惜，反而穿着它们在雨里走来走去，靴子是不怕水也不能老是在雨里走来走去啊，现在一定要狠狠地处罚你们，这样你们下次就记住了！

对于不懂得节俭不知道珍惜的人，朱元璋一律予以惩罚，不管是谁，王子犯法与庶民同罪。但是对于那些节俭朴实的人，朱元璋也毫不吝惜自己的赏赐。

洪武三年，有一位姓刘的典史进京朝觐。什么叫朝觐呢？就是各个地方官员定期到京城来跟皇帝见见面，汇报一下自己的工作情况，这叫做朝觐。这个刘典史来到京城，汇报完了工作，朱元璋就对他大肆表扬了一番，为什么呢？因为朱元璋看刘典史穿的衣服很破旧，袖子露出里面的里子了，领子也磨破了，十分高兴，觉得他不是那种贪图享受的官员。朱元璋说，不少当官的人为了装满自己的腰包，拼命地搜刮民脂民膏，根本不管百姓的死活。刘典史今天穿着这样的服装，可见他应该很廉洁，没有利用手中的权力去搜刮吃百姓的肉喝百姓的血。听到朱元璋这样说，了解情况的官员就来劲儿了，主动出来对朱元璋汇报，说这一位刘典史确实像您说的那样，家里住着几间破房子，什么家具也没有，衣服一般的寿命是五年多，为官十分廉洁，这在百姓中间是有口皆碑的。朱元璋听完之后更加赞赏刘典史，命令赏给这个刘典史不少衣帛，以资奖励一下。

济宁知府方克勤，在朱元璋下令垦荒三年不纳税的政策，一直严格执行这个决议，尽量减轻百姓的各种负担，受到当地百姓的称赞。但他

"自己的生活一直都是简洁朴素的，一件布衣服一般要穿十年，基本能保持三月不知肉味儿的记录。"洪武八年（1375年），方克勤在入京朝觐时，得到朱元璋的称赞，朱元璋专门让大厨给这个方克勤做了点肉食，因为这正是方克勤第90天没有吃到肉了。

有了这样的奖励和鼓舞，很多官员都因为廉洁受到了朱元璋的表彰和赏赐。他们的行为使他们在官场上如行坦途。当然了，还是有很多的贪官的，这是让老朱郁闷的原因之一。

【第七章】朱元璋是个幸福人

仁慈善良的本性

朱元璋刚开始制造纸币时，屡次试制都不成功。一天，他梦见有人告诉他说，如果想制成纸币，必须取秀才的心肝才行。这也真是奇怪，为什么会做这样的梦？梦醒之后朱元璋想："这难道是让我去杀读书人吗？"马皇后听他说了这个梦，就对皇帝说："照我看来，秀才们所做的文章，就是他们心肝了。"皇帝一听很有道理，立刻命主管的官署找来秀才们进呈有关文章，加工来用，纸币果然就制造成功了。

这也真是奇了！

所谓"狡兔死，走狗烹；高鸟尽，良弓藏；敌国灭，谋臣亡"，这一点，在朱元璋一朝表现得尤为突出，马皇后在谏阻杀戮、保护功臣方面，其做法也可谓前无古人。

在明朝建国初年，宰相胡惟庸谋反案应是最大的谋反案之一，其株连之广，在中国古代史上也是少见的。

中国古代著名文学家、洪武朝大学士、太子朱标的老师宋濂因年纪已大，早已退隐林泉，离京师千里而居，但他的孙子宋慎知道胡惟庸谋反而未举报，就被株连逮捕到了京城。马皇后听了，连忙跑去对朱元璋说："听说皇上要处死宋学士，不知是何缘故？"朱元璋说："宋濂的长孙宋慎知情不报，形同谋反，是大逆不道之罪，按律当诛，且应祸灭九族！"马皇后求情说："宋学士闲居浦江，早已不问政事，且离京城有千里之遥，山高皇帝远的，怎么会知道自己的孙子谋反的事，你以为他们已经先进到用上了诺基亚的手机，抗摔又好用，怎么能处他以死刑呢？"朱元璋对谋反之事恨之入骨，哪里听得进马皇后的劝告，于是拂袖而去。到了吃晚饭的时候，只见马皇后直落眼泪，朱元璋很奇怪，连忙问她是什么原因。马皇后抽抽搭搭地说："宋学士跟随皇上四十多年，德高望重，四海敬仰，又兼满腔赤诚，肝胆照人，天下谁人不知？现在岁数大了，居然要亲身体会一直在小说里听说的虎头铡伺候，我哪里还能吃得下这珍馐美味？"朱元璋听了这番话，被深深地打动了，就免了宋濂的死刑，改为发配茂州。

建国之初，明朝定都南京，但南京城墙不够坚固完整，朱元璋准备修建，因国库中资金缺乏，朱元璋就向民间募集资金。吴兴人沈秀是一位深藏于江南小镇的富商，用"富可敌国"四字形容，毫不为过。他一生精明盖世，老来却犯了两个极其没有眼力价的大错误：一是他自动捐款要求修半边城墙，二是他修的这半边比朱元璋修的那半边提前完工了三天。本来，朱元璋对沈秀主动要求修半边城墙就大为不满和嫉妒，觉得一个商人竟敢同皇帝平起平坐，且是用钱来修城墙，岂不是为沈秀自己立纪念碑，灭了他皇帝的威风？再加上比皇上提前三天完成，那就更是压倒了皇上，这是犯了"欺君之罪"！朱元璋虽然早年南征北战的时候心胸还算宽广，但是做了皇帝之后，这心眼是越长越小，哪里能容得下这么不懂事的人？就找了个借口说沈秀乱掘山脉，把沈秀捕入狱中，准备处死。马皇后知道了此事，急忙前去问询，朱元璋说："民富敌国，这可是很不详的预兆。"马皇后抗言道："国家制定法律法规，就是为了惩罚那些违法的人，哪里有要惩处不详的说法？现在沈秀胆子大了一点，步子快了一点，用诚实劳动和自己的血汗先富了起来，这是其他人的榜样，为什么要处他死刑呢？"朱元璋本来逮捕沈秀就非常地没理，现在被马皇后一问，更是理屈词穷，只得把沈秀改谪戍云南，沈秀最终死在贬所，从此，江南富人吸取教训，更加深藏不露。你看现在那些江南人，别看外表穿得不好，其实很富，这可都是从大明朝继承下

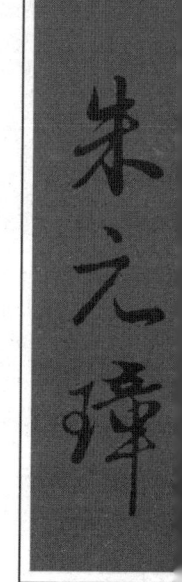

【第七章】朱元璋是个幸福人

朱元璋

来的优良传统。

马皇后做了十五年的皇后，于明太祖洪武十五年（1382年）病重，医治无效，群臣纷纷访求名医，督责医官，马皇后却很平静地对朱元璋说："生死有命，富贵在天，祷祀有什么用？世上有好大夫，也不能起死回生。如果我吃了药但是没有效果，那样就会连累医生，那不等于我害了他们吗！我太不忍心了。"这种宁静安祥而又慈悲的情怀使朱元璋及群臣大为感动。眼见着马皇后不久于人世，朱元璋就问她有什么遗言，马皇后说："就剩最后一句了？那我就说点肺腑的。我跟皇上青梅竹马，都是穷人家的孩子，从小吃了不少的苦，因为认识你，英明神武的你，我最终做了皇后，世上能有几个人有我这样的幸运？我死了之后，希望陛下你一如既往地亲贤臣，远小人，允许别人直言纳谏，我也就可以安心地走了。"说完这些话，马皇后撒手人寰，享年五十一岁。

马皇后这番不是遗言的遗言真的是发自肺腑的，既朴实而又深刻。

明太祖洪武十五年九月，朱元璋葬马皇后于孝陵，临葬前风雨雷雹大作，朱元璋觉得这非常的不吉利，于是脸又化作猪腰子，闷闷不乐的。送葬僧人宗泐是个心眼多的人，眼珠一转，张口就作了一首诗：

雨落天垂泪，雷鸣地举哀。

西方诸佛子，同送马如来。

朱元璋听了，才转忧为喜。

马皇后是个聪明的女人，尽管在那个年代，男人都是三妻四妾，但是，在朱元璋的心目中，没有哪个妃子可以跟她相媲美。她死后，朱元璋不再册立皇后，表示对她的敬重和怀念。这一对同甘苦共患难的夫妇，互相眷恋，互相体贴，从这个意义上说，尽管丈夫多妻妾，她的生活还是完满的。

一个女人能这样了结终生，夫复何求？

马皇后在世的时候，无论是群臣还是后宫的嫔妃、丫鬟，马皇后都用自己的人格魅力征服了他们，各种关系处理得非常的好。马皇后死后，宫中有很多追忆马皇后的歌谣，其一曰："我后圣慈，化行家邦，抚我育我，怀德难忘。怀德难忘，于万斯年，毖彼下泉，悠悠苍天。"

想对于朱元璋来说，马皇后的死真的是他莫大的损失。年少时候初相识，期间分分离离不知道多少回，最终历尽艰险终成眷属。各种心酸只有他们自己知道。

马皇后给了朱元璋一个家，一个温暖的家。让朱元璋从此彻底远离了孤独、凄凉和苦闷。后来为了自己的事业，朱元璋带着她南征北战，她却从未有过怨言，还一直在朱元璋身边竭尽所能地照顾他。事业还是后勤，全都有条不紊。

马皇后去世之后，朱元璋经常想起她的种种，常常在角落里偷偷流眼泪。而他不再册封皇后的做法，也从一个侧面说明了这对患难夫妻的伉俪情深，这样坚固的革命情谊是多少金钱和外力都不能折损的！

朱元璋是一个幸福的人，因为他拥有过马皇后。

朱元璋是个创新家

第八章

　　建功立业方面朱元璋有一手，在创新方面朱元璋也有一手。几千年留下的封建官制，经朱元璋的手有了质的变化，皇帝的左膀右臂一丞相被废黜了，天下兵马归皇帝一人管辖。除此之外，过年家家要贴的春联，原来是朱元璋首次提倡的。很多让人垂涎三尺的名菜居然也是从朱元璋那里流传下来的，看来，朱元璋是名副其实的多面手。

狗屁丞相我不要

明朝建立之初，新搬了家，很多东西还没来得及置办，当然也来不及昭告天下自己的制度什么的，各级官僚机构只好继续沿用元朝的制度。但是既然朱元璋真正的目的是要称王，所以他在自己做吴王的时候，就已经着手在自己的辖区建立行政机构了，设立了行中书省，以李善长为右相国，徐达为左相国。那个时候百官礼仪以右为上。到了吴元年（1367年），改为以左为上，李善长改为左相国，徐达改为右相国。到了洪武元年，在中央，设立中书省，中书省长官就改为左、右丞相了，这都是正一品的官儿。李善长、汪广洋、胡惟庸，就曾经先后担任过左、右丞相。丞相之下设有平章政事（从一品）、左右丞（正二品）、参知政事（从二品）。

中书省作为最高权力机构，它内部又有哪些办事机构呢？

首先，下设左、右司

包括有郎中，正五品官儿；员外郎，正六品官儿；都事、检校，正七品官儿；照磨、管勾，从七品官儿。

参议府

有参议，正三品官儿；参军、断事官，从三品官儿；断事、经历，正七品官儿；知事，正八品官儿。

都镇抚司

有都镇抚，正五品官儿。

考功所

有考功郎，正七品官儿。

中书省是皇帝之下最厉害的机构，可以对百官发号施令，吏、户、礼、兵、刑、工六部的事务都是它说了算。中书左丞相是真正的"一人之下，万人之上"的人物，位置高，权力大。曾经在这个位置上坐过的人在洪武初，徐达身在军旅，中书省就是李善长掌握权力。到洪武四年，李善长罢相，又任命汪广洋为丞相，等洪武六年汪广洋也罢了相，就任命胡惟庸做了丞相。

到这个时候，国家的权力机构基本上算是比较健全了，老朱觉得该设的设了，就不会有什么后顾之忧了。可谁知，做了宰相的胡惟庸专权骄横，为了自己能够独断专权，排除异己，处处怕自己吃亏，时时想捞点东西进自己的腰包，最终让朱元璋大为光火，到洪武十三年，老朱不再忍着做什么 HelloKitty 了，老虎最终发了威，朱元璋查胡惟庸之案，胡惟庸被处死，受胡惟庸连累的也有不少人。而且。老朱痛定思痛，觉得一切恶果都是因为自己设立丞相得来的，让你们跟我较劲，干脆一不做二不休，不再设立丞相，顺带连中书省也废了。这样，皇帝以外就不会再出现另一个权力中心了，再也没有一个可以跟皇帝争夺权力的人了。

丞相被废后，原来中书省的职务就全部归皇帝一人掌管，六部事务也换了头头儿，看来皇帝也真是不轻松啊！官员事务要管，国家礼仪要管，兵将的事要管，人民的事也要管，晕死了！这样下去铁人也是会被累死的！看来朱元璋也想到了这点，觉得自己是肉体凡胎，没有那么大的精力，关键时候还得借助于办事机构处理政务，于是就设立了春、夏、秋、冬四辅官，后来老朱发现四辅官四个人还是有点多，不好调派，于是废了四辅官，把翰林院、左右春坊的官员拉到自己身边，做了随叫随到的办事员。老朱觉得方便了很多。

全国这么大的土地，有好的管理方法才能真正的当好家做好主。元

朝在地方上设行中书省，朱元璋攻下集庆（今南京）后，曾经自领江南行中书省。以后每攻占一个地方，就设立一个行中书省。行中书省的官员，自平章政事以下与中书省相同。后来，各地废除了行省，改设承宣布政使司，掌管一省行政，相当于现在的省长。

在中央，都察院负责监察，地方设提刑按察使司掌管监察司法。元朝的行省权力很大，是中书省的派出机构。明朝的布政使司，权力就小多了。

天下兵马归我管

朱元璋以武功起家，对他来说控制军队十分重要。老朱通过自学学问也不浅了，自然知道赵匡胤杯酒释兵权的故事，知道谁掌握了兵权就是掌握了国家的命脉。元朝的中央军事机构是枢密院，朱元璋占领集庆（今南京）后入乡随俗，就建立了行枢密院，后又设立了诸翼统军元帅府。不久，枢密院被废，改设大都督府，其长官为大都督，朱元璋任命侄子朱文正为大都督。大都督府地位很重要，有权节制京师和各地的军事。大都督之下设有司马、参军、经历、都事等官。

到吴元年（1367年）后，大都督府不再设大都督，而设左右都督（正一品）为长官，以下设同知都督（从一品）、副都督（正二品）、佥都督（从二品），其下设有参议（正四品）、经历、断事官（从五品）、都事（正七品）、照磨（从七品）等官。

洪武十三年（1380年），明朝发生了一件大事，丞相胡惟庸因为谋反被处死，中书省被撤销，不再设丞相，与此同时大都督府也发生了重大变化，改为中军、左军、右军、前军、后军五个都督府，每府设左右都督（正一品）、都督同知（从一品）、佥都督（正二品），其下设有经历司，有经历（从五品）、都事（从七品）等官。

提起明朝，首先想到的是什么？东厂西厂锦衣卫？这是我的反应。明朝的这两个特务组织不是一般的厉害，他们为朱元璋侦查谁有谋反的迹象，一旦被抓住蛛丝马迹，哪怕就是一点点，也肯定会被抓住，到时候是剥皮还是凌迟就要看皇帝的心情了。明朝的五军都督府分别统领京师和全国各地的卫所军队。但是锦衣卫和其他皇帝的亲军不归五军都督府管，而是直接归皇帝管。

明朝的军队有京军和地方的卫所军。京军又分卫所军和负有特殊任务的锦衣卫等保卫皇帝的亲军。洪武四年（1371年）京军达二十万七千八百人。明朝的军队以卫所为编制，所谓"一郡者设所，连郡者设卫"。大概五千六百人为卫，一千二百人为千户所，一百二十人为百户所。

明朝各省的行政机构设有三司，也就是都指挥使司、布政使司和按察司。洪武年间，全国共有十七个都司、三百二十九个卫，还有一个留守司六十五个守御千户所。

明朝的卫所士兵都是世袭的，一旦你当了兵，就是世世代代的士兵了。每个士兵除承担军事任务外，还有一份自己的土地，打仗训练的空闲就种种地，耕耕田，自己动手丰衣足食，省得吃别人的还要看人脸色。怪不得朱元璋夸口说："我京师养兵百万，要不费百姓一粒米。"人家是有夸口的资本。

明朝的军事制度错综复杂，每当有大型的征讨活动，要由皇帝任命总兵官，调各卫所军归其指挥。打完仗以后，将领交还印信，军队又回到各个卫所。真是不嫌麻烦。

在中央政府机构的六部中还有一个兵部。兵部是干什么的呢？兵部设尚书（正二品）、左右侍郎（正三品）等官。兵部的职责是"掌天下武卫官军选授简练之政令"，也就是说，负责选拔、任命全国都司卫所的军官，军队的训练，包括各地军队的部署、军队装备的管理等等。

如此复杂的军事系统，形成了相互制约、相互监督的机制，以保证全部军事大权牢牢掌握在皇帝手中。

老朱也是用心良苦啊，毕竟打下来江山不容易。

以礼齐民辅以刑

没有规矩不成方圆，老朱深深的明白一个国家要想长治久安，法律是必不可少的。所以朱元璋平定武昌后，就开始议定律令。吴元年（1367年）十月，朱元璋命李善长为律令总裁官，参知政事杨宪、傅瓛、御史中丞刘基、翰林学士陶安等22人为议律官，讨论和制订法令。朱元璋对他们说："法律是给老百姓看的和使用的，只有通俗易懂才能真派上用场。人家王安石还是白居易为了自己的诗能让老百姓明白，总是在闹市口跟老妇人聊天，给她们读自己写的诗，为的就是让她们懂，一旦有什么不懂的，就可以及时改正了。我们现在制定法律也要有这种精神。老百姓懂了明白了也就真的不会因为不懂而触犯法律了。而且，如果法律条文太多，对同样的案情解释不一，再赶上个别有歧义的词语，那些别有用心的官吏办起案来就会钻法律的空子，利用法律的漏洞做坏事。"朱元璋在这里专门提起了官吏。为什么呢？因为以前没有律师，也没有专门教授法律的学校，不像现在大学里有法学这个专业，还有专门的律师培训，毕业之后有律师事务所，还有法院和检察院。现在偶尔还有人下乡普及法律知识，连老百姓都知道点法律条文，犯法了要找律师。以前是各衙门的吏掌握法律，了解法令的细节。处理具体案件，官员就要依靠吏员。如果法律规定的不明确，吏员赶上为自己的亲戚判案，就有可能钻空子，赶上给自己的仇人办案，就有可能利用法律的模糊性置人于死地。一字可以使人生，一字可以置人死，这些刀笔吏可是不好惹的。所以，法律要规定得十分明确，不能怎么解释都行，让人钻空子。但是，常言道，物极必反，否极泰来，正象老朱自己说的朱元璋也网太密了，水里大鱼小鱼都会被打上来；法太严了，老百姓动不动就犯法，没有一个不犯法的好人了，所以不能把法律制定的太过细致。这件事老朱怕制定法律的官员不能真正明白自己的意思，于是要求这些官员仔细认真的研究讨论，每天把拟议的条目报告给他，他要亲自斟酌议定。这样才能保证这些法律条文真正和自己的意。

此后，他常常在西楼召见各位官员，大家在方桌或者圆桌周围一坐，喝点茶水，吃点瓜子，把法律条文拿出来，大家一起讨论，斟酌轻重，讨论立意。到年底，律令编制完成，一共有令一百四十五条，律二百八十五条。

朱元璋又担心百姓一时不能全部了解，就命令大理卿周桢等就法律中规定的民间应该履行的内容，分类编辑、解释，成为一部书《律令直解》，印了很多本，几乎快人手一本了，然后颁发到全国各地。朱元璋看到新书印制完成，自己的大名赫然成为主编，心里这个高兴就别提了，嘴里念念叨叨地说："现在好了，我的子民可以少犯点错误了！大家知法懂法，要求官吏严格执法，可以想象天下将是一片多么祥和的景象啊！"

明朝建立后，朱元璋尝到了法律的甜头，仍然重视法律建设。他命令儒臣四人和司法官员一起为他讲解《唐律》，每天讲二十条，恶补法律知识。洪武六年，奉朱元璋之命编成的《律令宪纲》颁发给各个衙门，要自己手下的官吏都知法懂法，即使成不了律师，也要做半个律师。这年冬天，朱元璋下令刑部尚书刘惟谦详细编制《大明律》。刑部每上奏一篇，朱元璋就把它贴在宫殿的两庑（墙上），亲自斟酌裁定。到洪武七年（1374年）二月，《大明律》编制完成，翰林学士宋濂在进表中说：《大明律》的篇目一准于《唐律》，"或损或益或仍其旧，务合轻重之宜"，一共六百零六条，分为三十卷。到洪武九年，朱元璋看

— 288 —

《大明律》还有不尽妥当之处，又命丞相胡惟庸、御史大夫汪广洋等进行修订。以后，断断续续的修订一直延续到洪武三十年。《明史》说："虑久而精，一代法始定。"《大明律》成为明代最基本的法典，影响深远。各种各样的惩罚条例在上面都可以找到依据，可谓面面俱到。

中国是礼仪之邦，中国人重视礼。礼是等级和秩序的规范，是武力和刑罚的补充。很多时候礼的作用是不可替代的。礼基本相当于现在的德，现在强调依法治国和以德治国相结合，所以说礼在稳定社会秩序、改善风俗上甚至比法律和行政命令还管用。所以孔子说的："齐民以刑，不若以礼。"是非常有道理的。

中国历代帝王一般都会强调自己是君权神授，这样的说法在当时很有市场，那时候的老百姓基本都是连小学文凭都没有拿到，所以都很相信很多事是上天注定，而皇帝的由来也是上天赋予的。那时候想要当皇帝的人都很聪明，明白老百姓有这样的心理，所以都声称自己受有天命，得天命者得天下，皇帝是奉天承运才能够做的。所以皇帝十分重视上天的态度，时时要与上天沟通。而古代与上天沟通的办法就是祭祀。所以，祭祀的礼仪是十分重要的，这可是跟上天沟通的东西，不能随随便便的。《尚书》中说："国之大事，在祀与戎。"明确说明了祭祀的重要性。

朱元璋身边有这么多的文人儒者，他们没事的时候就已经将中国的历法研究得比较透彻了，也深深的明白礼的重要。所以，当他的政权有了一定规模时，他就开始了制礼作乐。《明史·礼志》说："明太祖初定天下，他务未遑，首开礼乐二局，广征耆儒，分曹讨究。"

洪武元年（1368年），朱元璋突发奇想，想要拟定祀典将历代的典礼仪式汇集起来，这像是查字典，想找哪个一找就出来了，方便快捷！于是命令中书省、翰林院、太常寺礼部官员和儒臣开工，在洪武三年编成了《大明集礼》，内容不光是传统的五礼，即吉、嘉、宾、军、凶五类礼仪，还增加了冠服、车辂、仪仗、卤簿、宗学、音乐等等。老朱想得很是周到，祭祀时穿什么，听什么，坐什么，依照什么，面面俱到。也不怪乎老朱会做得如此细致，他手下的文人学士太多了，而且个个优秀，李善长、傅㺯、宋濂、詹同、陶安、刘基、魏观、崔亮、牛谅、陶

凯、朱升、乐韶凤、李原名，哪个不是听来如雷贯耳？每个人想一个就足够丰富了，再加上当时朱元璋还召集全国各地所谓"高洁博雅之士"徐一夔、梁寅、牛子谅等等来到京城共同编修礼书，简直是如虎添翼！这样的强强联合的结果自然不会让众人失望，你让巴金、矛盾、老舍合作去写一本合集，你看看市场的销量，不把出版社乐死才怪！到了洪武三十年间，一批优秀的礼书出炉了，《孝慈录》、《洪武礼制》、《礼仪定式》、《诸司职掌》、《稽古定制》、《国朝制作》、《大礼要义》、《皇明礼制》、《大明礼制》、《洪武礼法》、《礼制集要》、《礼制节文》、《太常集礼》、《礼书》等等，品种繁多，内容丰富，老朱这件事做得非常的到位，这也算是中国古代的文化典籍了。

大家都知道元朝是马背上的国家，对于骑马作战很少有人能比得过他们，但是谈起文化知识来，他们就不一定能再滔滔不绝了。老朱除了编订一批文化典籍出来，还要收拾一下元朝留下的烂摊子，这可是历史遗留问题，从元朝建立就开始存在，一直到现在元朝灭亡了还在，因为那些马背上的汉子根本不在乎什么礼仪，看来老朱任重而道远啊！

老朱要面对的问题有两个，一是对历代礼仪的清理、订正、补充，二是对元朝统治者带来的胡服和传统的内容，历代礼仪缺失前边讲了因为人家元朝汉子是在马背上打下的天下，对于这些繁文缛节估计不会很在意。而元朝统治者带来的胡服跟他们的传统就是个问题了，因为元朝统治者最初打天下的时候还是以大草原为根据地，他们要骑马打猎，自然不会喜欢中原地区这种比较紧的、显身材的衣服，他们喜欢宽松，估计那时候要是有阔腿裤他们会非常的喜欢。其实我觉得元朝统治者是喜欢休闲一点的衣服，这样活动起来比较舒服，不像中原地区的人们穿衣服那么板。另外，对于中原的礼节估计他们开始会相当的受不了，因为三拜九扣不是一般的繁琐，君臣之间、父子之间、夫妻之间、兄弟之间，哪一个步骤错了都是会被人家笑话的。

另外除了这些，还有很多需要注意的地方，比方，关于乘车，当官的都可以坐车，那时候的主要车具是轿子，也差不多相当于现在的劳斯莱斯、凯迪拉克、奔驰、奥迪一类的。但是不是人人都可以坐这些名车的，这是有身份、职务之分的，带兵打仗的武官不能坐轿车，至于为什么，是不是因为轿车看起来是文弱书生才能坐的呢？而武官长得比较壮实，所以看起来不伦不类？文官也不是人人可以坐轿车，文官三品以上可以坐奥迪，但是不能为了招摇，在车身上来点彩绘什么的，尤其忌讳画龙啊凤的，更不能说因为喜欢红色开辆红色的奥迪A4，那你以后不会再有机会坐这样的车了，因为你不是被砍头就是被流放了，中国红只有皇帝才能使用，一般人想随便用，窗户都没有。老百姓乘车就更是多了，估计只能坐坐公路上跑的出租车那个级别的，还不能有什么装饰，车越普通越好。

比如，关于穿衣，老百姓可以戴四带巾，后改称四方平定巾，可以穿颜色比较杂，盘领的衣服，但是不许用黄色。男女衣服也有讲究，就是不能用金绣、锦绮、纻丝、绫罗，想要夏天穿个应季的花哨一点的衣服，对不起，这个没有。为了凉快你倒是可以穿绢的和素纱的，这个倒是可以有。鞋也是普通的式样，不能花里胡哨的，也不能用金线装饰。外衣长度也有规定，要求离地五寸，不能穿超短裙一类的，袖子要过手六寸，不能穿七分袖、半袖、坎袖儿，吊带什么的更是不可能，露背装？好了你可以回家了，以后再也没有机会出来。袖子的宽度也有规定：袖桩宽一尺，袖口宽五寸。

还要讲到住房问题，一品、二品官，房子可以是大户型的三室两厅，屋脊一般吊着天花板看不到什么结构，但是可以使用瓦兽、梁、栋、斗拱、檐邰，青碧绘饰，但是要注意一点，就是窗户门的不能用红色的漆刷。老百姓的房子大都是平房，一般不超过三间房，而且不许用斗拱，不准装饰彩色。

酒是一种文化，中国人办事很多都是在酒桌上办成的，关于饮酒用具这里也有规定，公侯、一品、二品的官员，酒注、酒盏可以用金的，其他的全部用银的；三品至五品官员，酒注用银的、酒盏用金的；六品至九品官员，酒注和酒盏都是银的，其余的用瓷和漆的；老百姓呢，酒注用锡的，酒盏用银的，其余的用瓷和漆的，如果你突发奇想用木质的，如果不被发现应该没有问题，发现了最起码说服教育是要有的，赶上个较真的官员，没准还让你蹲几天局子。

这只是其中一小部分规定，已经让我开始严重喜欢现代的生活了，

— 291 —

长在红旗下，走在春风里，爽！其实这样的规定也常常让古代的人们觉得麻烦的要死，搞不好哪就会出点问题，所以常常不能执行。等老百姓有了点钱，很多人就会突破这些规定，这样这拨人倒是解放了，但是社会上就有可能有人借此兴风作浪，这就不好了。所以朱元璋现在的一切所作所为对于整顿乱世过后的百姓生活、社会秩序还是有一定的作用的。

　　在古代，礼乐就是亲兄弟，不分家。乐制与礼制一样，同样是规定等级秩序。有作为的圣人、帝王，在平定天下、事业成功后，都要作乐，为的是感动天地，协和万民。这也很熟悉，一般国家领导人会见什么外国元首的时候也是会奏什么迎宾曲的，庆功宴上也会有歌舞助兴，这样一来可以调节气氛，二来可以娱乐身心，可谓一举两得。当然，选择什么样的歌曲或者乐曲也是要有分寸的，如果外国元首来了，你给演奏一首《两只蝴蝶》，那估计这个国家元首也不会再来了，人家品味跟不上你们国家，没有共同语言啊。庆功宴上来首《老鼠爱大米》，气氛倒是出来了，估计饭也不用吃了。

　　朱元璋家是八辈贫农出身，但他很有点音乐细胞，于是在这方面希望能有点深造。往往以声望自期。他当皇帝以后，在雅乐这方面锐意进取，找来号称博学而且懂声律的冷谦、陶凯、詹同、宋濂、乐韶凤，让他们恢复雅乐。这是很不容易的事，因为纯正的雅乐在西周以后就失传了。秦汉以后就没有人了解雅乐了，于是各种俗乐乘机进了宫廷。到了唐朝，国家领导人兼收并蓄，跟外国交好，于是各种胡乐大行其道。宋朝的雅乐，也只是当时人的原创，辽金元这些少数民族出身的领导人估计对这些也不感兴趣，所以更不用说了。情况是如此的不尽如人意，即使再懂音乐，巧妇难为无米之炊，所以也没办法。大海捞针，太难了！好在比较安慰的是，老朱的心思没有完全在这，他还奋战在一线上，以前是和自己做对的敌人，现在是那些禁不住糖衣炮弹的贪官，和趁着国家刚刚建立，兴风作浪的百姓们，与人斗，其乐无穷！

普天之下皆王土

自古以来，任何一个朝代的建立者都是乐此不疲的抢占土地和人口，英国的圈地运动就更是离谱，道理很简单，土地和人口就是青山，留的青山在还怕没柴烧？古代皇帝没有明确规定要交钱类型的税，你占有的土地越多，人口越多，能得到的赋税徭役也就越多。皇帝是老天爷的儿子，理所当然要占有天下所有的土地和人口。普天之下，莫非王土；率土之滨，莫非王臣，老祖宗有这样的说法。

老百姓分得土地，就要开始种庄稼，首先要先交个人的粮食所得税，这个和现在的个人所得税不一样，你要先尽着国家用，大部分都要交出去，这些量是固定的，国家给的理由很是冠冕堂皇，美其名曰，国家要靠这些粮食养活庞大的官僚队伍、军队和维持整个国家机器的运转，这归根结底也是为了百姓的安危着想。交出去该交的，剩下的多也好少也好，就全是自己的了。现在风水轮流转，轮到老朱做皇帝，自然要将天下土地人口管起来了。

元朝末年天下大乱，元朝统治者慌乱之中，把百姓的户口登记表弄丢了，这可不怎么好办了，老朱坐到皇位上后，发现百姓的档案都没有了，而且很多人为了不被炸弹炸着都背着锅碗离开了原来住的地方，所

【第八章】朱元璋是个创新家

以没办法统计出正确的土地人口数字。怎样把这些数字弄清楚,怎样管理全国范围内如此大量的土地人口,让老朱很伤脑筋。思来想去,老朱没有办法,只好派人出去量了。洪武元年正月十三,朱元璋派遣周铸等一百六十四人前往浙西核实田亩,以便做到心里有数。他要求周铸一定要如实统计汇报,不允许像以前那样徇私情随便增加减少,否则,必定依法惩治。

这样做,全国有多少土地基本可以做到心里有数了。接下来要做的就是核查全国的人口数了。但是需要注意的是,全国不是所有人都会像老实巴交的百姓一样听话,还有很多不听话的,比方说,富农。如实丈量土地,对他们来说是绝对的损失,因为如果瞒报,那那块地得到的所有的东西就全都是自己家的,不用上交皇上。但是丈量出来以后,就要如实上交赋税,自己家的收入自然就少了。这种坏事谁愿意干?老朱自己家以前就是这样被富农盘剥,深刻的了解富农是怎么营私舞弊的,于是对他们的打击是最不遗余力的。洪武二十年(1387年),朱元璋又下令,派国子监学生到各地清丈土地。根据税粮多少划分区域,把区域内的田土绘成图,编上号,写上主人姓名、土地面积,分类成册。这样就一目了然了。因为这些学生把土地基本绘成了鱼鳞状,所以称鱼鳞图册。

洪武三年十一月,朱元璋下令在全国推行户帖制度,跟现在差不多,就是县办户籍科的人员下来到乡里,再派人到村里挨家挨户的发放户口本,每户由户主把自己家人的籍贯、姓名、年龄,填写明白,不能有漏掉的。按户编号,盖章。另外,这些户口本上还要详细的写上自己拥有的固定财产数,比方说拥有的土地、房屋、牛马、牲畜等,那时候虽然允许有私人财产,但是基本是对外公开的。这些户口本和现在一样,每户留一贴,总籍存放于户部,各地有关机构每年统计增减上报。不过值得赞赏的一点是,那时候对户帖的管理十分严格,如果比对不实,违者从军,如果官吏故意隐瞒,违者要处斩。不像现在,很多家长为了多要几个孩子,确切的说是为了要儿子,前边生了好几个女儿了,怕挨罚,不敢上报,于是成了黑户。或者说,仗着自己家有钱,就给户籍科的官员送点礼,也就过去了。要是真的违反了就处斩,估计就不会像现在一样这么多黑户了。

　　明朝的户籍继承了元朝的传统。户口按照身份分为三类：老百姓的民户，军人的军户，以及做手艺的匠户。民户又分书香世家的儒户，做医生的医户和算命的阴阳户等；军户又分长官、力士、弓兵、铺兵等等；匠户又分为厨师、裁缝、跑船等；还有盐户、灶户。除此之外，寺院里的僧人，道观里的道士都要入籍管理。户籍身份世袭，户籍地址是固定，不得随意改变。不能为了自己高考享受北京的低分，就把户口办成北京的，这是不允许的。

　　各家各户的户口本已经填好了，财产状况也基本明确了，洪武十四年（1381年），朱元璋下令在全国编制赋役黄册。所谓的黄册就是因为报送给户部的册子是用黄纸做封面的，所以叫黄册。黄册就是在老百姓填写好户口本之后，财产经官府核实，没有虚报漏报的，汇总在一起装订成册。黄册子一共分成四份，中央、省、市、县的户部各一份。这些黄册有自己的编制，它是以里甲为单位，以一百一十户为一里，一里之中，推选人口多、承担赋税多的十人做里长。一般大家庭的人，孩子多，估计多半会做里长。除里长之外的一百户分为十甲，每甲十户，数学不好基本也能算对。每十户推举一人做甲首，共十个甲首。每年由一个里长和一个甲首管理一个里一个甲的事。十年轮换一周。这样不仅保障了政府对赋税徭役的征收，也是在社会基层推行里甲制度，进行管理的基本依据。里长甲首既要替官府征收赋税、征派徭役，也要维护地方治安和社会秩序。

　　可以说黄册和鱼鳞图册的问世，是老朱对于后世的一大贡献，这不仅使国家赋役征收有了可靠的依据，而且在一定程度上平均了赋税负担，政府也从而可以对地方实施有效的管理，全国上下的秩序一片祥和，经济还能不开火车似的向前跑？

　　除了在国家建设方面的创造外，民间还有很多跟老朱有关的发明创造，很有味道。

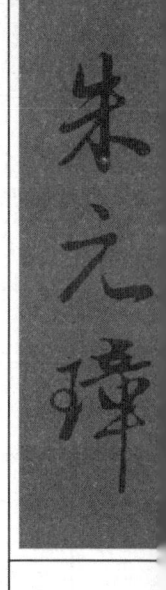

春联首倡史留名

现在每到过年都是要贴春联的,大家只知道春联看着很熟悉,但是相信很少有人知道春联是明朝开国皇帝朱元璋首倡的,"春联"这个词,也是他说了以后才有的。

明代陈云瞻《簪云楼杂话》中载:"春联之设,自明太祖始。帝都金陵,除夕前忽传旨:公卿士庶家门口须加春联一幅帝微行时出现。"朱元璋不仅亲自微服出城,欣赏百姓的春联,他还亲自给百姓题春联。一次他经过一户人家,见这家门上没有贴春联,便派人去询问,知道这是一家阉猪的,还没请人代写。朱元璋就特地为那阉猪人写了"双手劈开生死路,一刀割断是非根"的春联。联意贴切、幽默。经朱元璋这一提倡,春联便沿习成为习俗,一直流传至今。

关于朱元璋对春联的故事还有好多。

朱元璋尝与军师刘伯温对弈,雅兴所致,自出一联:天作棋盘星作子,日月争光。刘即对曰:雷为战鼓电为旗,风云际会。这事儿出自野史,不能全部相信。但是民间也有和这个类似的一副联:天作棋盘星作子,谁人敢下;地当琵琶路当弦,哪个能弹。

那时候的南京莫愁湖胜棋楼联也是著名的棋联。明太祖朱元璋和大

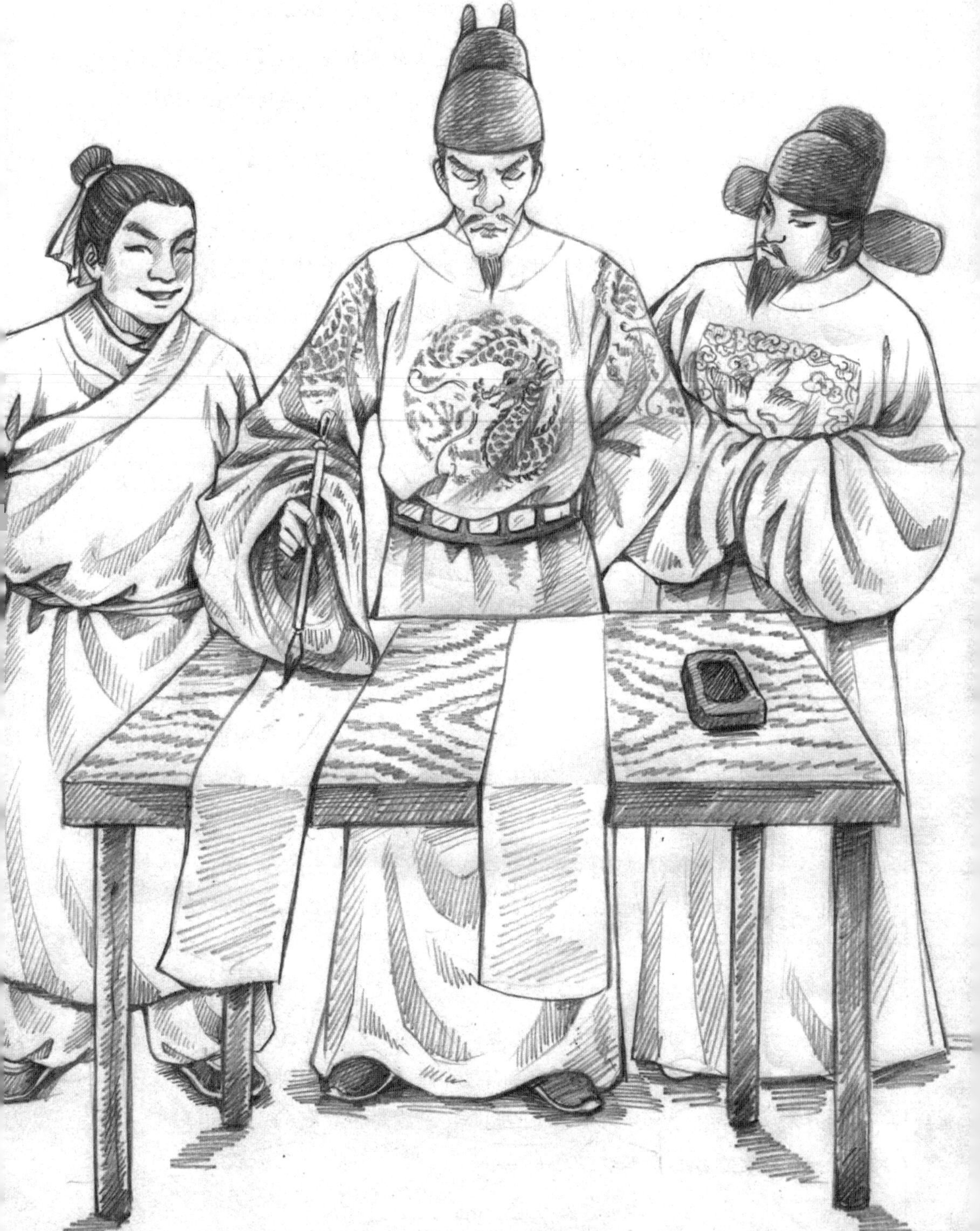

臣徐达到莫愁湖下棋，以此湖为赌注，朱元璋输棋后就把莫愁湖赐给了徐达，并于明初在此建了一座楼，取名"胜棋楼"。楼前题联："世事如棋，一着争来千秋业；柔情似水，几时流尽六朝春？"

还有一次，朱元璋驾幸马苑，让皇太孙朱允文和第四子朱棣陪同，这时候有风吹来，马群扬尾嘶鸣，朱元璋出句道："风吹马尾千条线。"然后着令其二人对句。

朱允文的对句是：雨打羊毛一片毡。

朱棣的对句则是：日照龙鳞万点金。

这两个境界大不相同的对句让朱元璋"视之默然"。他极为宠爱的皇太孙的对句给人感觉不大对头，凄风苦雨，景象衰败，让人提不起精神；而这个野心勃勃的皇四子朱棣的对句却有帝王气象。有人从这两副对联上得出这样的结论："后来发生的这一系列变故使人们吃惊地回忆起了几年前在马苑的那两个对句。人们觉得，对句虽然主要是语言技巧方面的问题，却在一定程度上反映了应对者的性情，而性情，往往决定了人物的命运。"

朱元璋见秦淮繁华已具规模，便私自出游，一日夜游秦淮河，观月夜景色，面对明月清风，歌舞升平，一时兴起，便御制赐金陵秦淮河对联一副：

佳山佳水佳风佳月，千秋佳地；痴声痴色痴梦痴情，几辈痴人。

朱元璋有"对联天子"的雅称，他的妻子马皇后也颇能对。马皇后为了照顾皇上的身体，使他从倦意中解脱出来，便以朱元璋扇子上的画为题出了上联：

扇描黑龙，呼风不能唤雨；

朱元璋品味着皇后的上联，忽见皇后穿着一双绣有金凤的绿色缎面鞋，即对道：

鞋绣金凤，着地那堪登天？

安徽凤阳县的凤凰山下有个龙兴寺，原名於皇寺，也叫皇觉寺。朱元璋小时候走投无路，曾在此寺当过和尚。他当了明朝的开国皇帝，便命人复修皇觉寺，并亲手为庙门题写了一副对联：

大度能容容天下难容之士

慈颜善笑笑世上可笑之人

另有一说，杭州灵隐寺前有一座飞来峰，为防止飞来峰再度飞走，伤害百姓，于是在飞来峰上雕刻了许多罗汉。其中有大肚罗汉，敞衣露胸，盘膝端坐，手捻佛珠，满面笑容。因此，有人给他题写了一副对联：

大肚能容容天下难容之事

慈颜善笑笑世上可笑之人

此联只是改了两个字，意思却比朱元璋龙兴寺一联更为贴切。古今常以这副对联喻大度海量，容事容人。

元璋在微服私访中曾经见到一个年仅十岁的孩子守驿站，感到很惊奇，问他能做对子否？那孩子点头称"能！"朱元璋随口说：十岁儿童当马驿，那儿童对道：万年天子坐龙庭。朱元璋很高兴，命人赏他许多财物。

朱元璋和他的智囊人物刘伯温经常微服结伴私访。一次，遇到一位士人，送他们一节又白又鲜嫩的藕，好像美人雪白的臂膀一样。朱元璋出了一句上联，命刘伯温对下联，上联云：

一弯西子臂

刘伯温自比殷纣王时的丞相比干，始终忠于皇上，他见藕节折断后，内有七孔，于是想了一句下联：

七窍比干心

相传，朱元璋称帝前，有一次到一戏班子练艺门前，见门贴一联：上联是：行；下联是：盛。"行"也读"杭"，"盛"也读"成"，上下联双间复快念，就是戏台上的锣鼓声。朱元璋看了，很是惊奇。思索再三，第二天给戏班写了一副对联送去，并要班主说说联中的意思。对联为：

日月灯，云霞帐，风雷鼓板，天地间一场大戏

汤武净，文武生，桓文丑末，古今人俱是角色

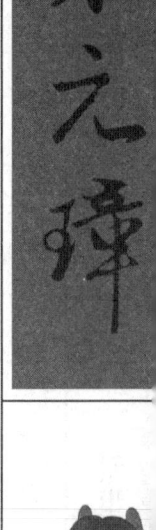

名菜也与他有关

凤阳豆腐

中国人爱吃豆腐，也会做豆腐，各地有许多豆腐名菜，如：黄州东坡豆腐、扬州文思豆腐、杭州八宝豆腐，成都麻婆豆腐等等，而安徽凤阳的"瓢豆腐"则另有一番风味。

凤阳瓢豆腐之所以有名，传说跟朱元璋可是有一定的渊源。

老朱小的时候家里很穷，走投无路的时候给地主家放牛，哪里有机会吃什么好东西啊。后来，家乡大旱，瘟疫横行，自己的父母、兄嫂都因饥饿相继死去，没饿死的也找不到人影了，朱元璋就在好心人的介绍下去了皇觉寺出家。没过多久，寺院散伙，他就做了小乞丐，四处流浪着讨饭吃。现在乞丐的社会竞争压力很大，满大街都是乞丐，也不知道哪个是真哪个是假，所以很少有人愿意掏钱。那时候乞丐的竞争力也不小，一个丐帮得有多少人啊？而且那时候人们生活不富裕，就是想帮也得自己有啊。朱元璋的日子不好过啊！

有一次，朱元璋已经几天没讨到吃的东西了，眼前一会儿冒金花，一会儿冒星星，但是没办法，还得强打精神一步挨一步地向前挪，没准哪个好心的人能给点吃的呢。老朱抱着试试看的心态走到了一家饭庄前，刚要张口乞讨，身体却再也支撑不住了，一头栽倒在饭店的门口，昏过去了！饭店老板是个善人，一看一个穿着破袈裟的小和尚倒在门口，赶快走出来把朱元璋扶了起来。再看看朱元璋手里攥着的又脏又破的碗，老板就知道是怎么回事了：这灾荒年头，有几个人能不挨饿呢！赶紧回饭店端来一碗水，慢慢地灌进了朱元璋的嘴里。水是生命之源，不吃饭光喝水还能撑几天呢，老朱喝了水，慢慢地睁开眼。老板人财大气粗，大方得很，把自己饭店的看家菜——瓢豆腐拿出来给老朱吃。朱元璋一见吃的，眼前顿时一亮，也顾不上什么念阿弥陀佛了，也顾不上什么吃饭的礼仪了，恨不得连碗都一口吞下去。三下五除二，朱元璋把端来的东西吃得干干净净。老朱使劲摁下心头想要吃第二碗的冲动，千恩万谢地谢了老板，离开了饭店。一边走一边回味：这瓢豆腐怎么这样好吃，天下大概没有什么比得上瓢豆腐了。于是把塞在牙缝里的豆腐渣都搜刮出来，这可比刷牙干净。

几年后，老朱应汤和之约，参加了元末农民大起义。十几年南征北战，最终由一个士兵变成了明朝的开国皇帝。

做了皇帝的朱元璋，自然能吃到山珍海味，什么水里游的，地上跑的，天上飞的，还有水陆两栖的，南方的，北方的，东边的，西边的，哪的没有？但是这个自己家乡的瓢豆腐却令他始终难忘。不久，他把家乡做瓢豆腐的厨师接到宫廷的御膳房来，专门为他做这道菜。瓢豆腐成为贡菜后，名声也就越来越大了。

无为熏鸭

无为熏鸭是沿江菜最具代表性的菜品之一，也是享誉中外的徽菜传统名菜。它又名无为板鸭，距今已有两百多年的历史。据无为县志记

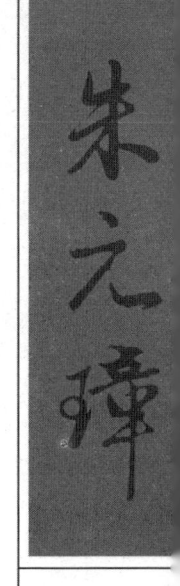

载:"民俗婚筵多用鹅,后改为鸭",至今当地还留传着这样的风俗。

无为熏鸭最初的由来也跟朱元璋有关系。

原来明太祖朱元璋小时候家穷,给财主放牛。财主人就是个铁公鸡,不肯轻易拔毛。但是朱元璋人活泛,活人还能让尿憋死?财主不给吃的,我们自己创造吃的。于是一群放牛童聚在一起,便干起捉野鸭子的活计来了。他们哪敢带回家去吃,就在野外割些茅草,架起火来熏烤。有时烤不熟,便埋在火灰里,等第二天再扒出来,鸭肉又香又烂,好吃极了。后来,这一做法在民间流传开来,并由安徽省的老百姓发扬光大,还摸索出用锯末熏鸭的独特制作工艺,从此"无为熏鸭"成了安徽省出名的地方风味食品。

虎皮毛豆腐

虎皮毛豆腐是安徽驰名中外的素食佳肴,是徽州地区的特殊风味菜。

相传,明太祖朱元璋幼年时,给财主家放牛帮工,财主见着个劳动力就不会轻易放过,朱元璋白天放牛后,半夜还要起来与长工们一起帮忙磨豆腐,他年纪虽小,但做事很勤快,这帮长工们都非常喜欢他,因此,对朱元璋很照顾,不让他干重活。后被财主知道了,很不满意,就让朱元璋光荣下岗了。

朱元璋能去哪呢?只得和附近一座庙跟前的小乞丐们混在一起。长工们虽然没办法阻止财主做决定,但是还是跟朱元璋有很多的联系,没事发发短信,打个电话什么的。还总是从财主家偷出一些饭菜和鲜豆腐,藏在庙里的干草堆里,留下暗号,到时让朱元璋悄悄取走和伙伴们吃了。后来,朱元璋家死的死,逃的逃,朱元璋成了小可怜儿,只好入寺当了和尚。尽管如此,长工们还是照样把豆腐送来藏在草堆里。进了寺院,朱元璋的时间就不完全由自己安排了,一次寺里一连几天忙着做庙会,长工们见藏着放的豆腐原封不动,就没有再送了,等庙会结束,朱元璋匆忙去取豆腐，发现豆腐上已长满了一层白毛，他就拿回庙中，偷偷地拿庙里已经快见底的油煎了一下，觉得味道更香鲜无比。以后，他就常用此法做豆腐吃。所以庙里的油吃的很快，但好在，朱元璋一直没有被发现。

红巾军起义爆发后，朱元璋投奔义军，几年后他升任红巾军左副元帅，时为吴王。1357年，他率领大军到徽州地方驻营时，想起了自己以前总是吃的豆腐，特命随军炊厨就在当地做了起来，并被流传下来。后来朱元璋做了皇帝，油煎毛豆腐便成了御膳房必备佳肴。现今起名为"虎皮毛豆腐"，成为享誉世界的中外名菜。

腊八粥

这里有一个腊八粥的由来，很有趣。

相传朱元璋少时为地主家放牧，过着吃不饱、穿不暖的生活。有一次，正是腊月初八这一天，他在野外放了一天羊，到晚上还没有吃上一顿像样的饭菜。于是他就在野外到处找东西充饥。突然间，他在田边发现一只长得肥肥的大老鼠慌慌忙忙逃进一个老鼠洞里，朱元璋走近那个洞口，用树枝掏了掏，在老鼠洞中发现了一些各种各样的粮食，显然，这是老鼠的冬储粮。朱元璋掏了一大把五谷杂粮，其中有小米、玉米、花生、红豆等。他将这些杂粮洗净，煮成粥，吃起来美味可口。朱元璋做了皇帝后，仍惦记着他少时亲自做的"杂粮粥"。他规定在御膳堂要做这种五谷杂粮粥，并钦定这种粥的名称为"腊八粥"。御厨在粥中另加入芡实、莲子、桂花、桃仁、小枣等，使这种粥格外香甜可口。

后来这种粥又传到民间，一直相延到今。

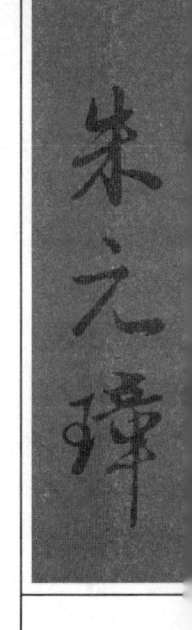

"小鱼锅塌"

"小鱼锅塌",是洪泽湖渔民在长期的湖上生活实践中,在众多的因湖而宜的饮食习惯中创造出来的一种独特的名肴。

这个"小鱼锅塌"起源很早,久负盛名。它的由来同样跟朱元璋有很大的关系。

据传,幼年时期的明太祖朱元璋,在灾荒年月逃难来到淮水边,在与逮鱼的、放牛的、砍草的、讨饭的穷孩子聚到一起时,就将各人所获的东西凑在一起,在锅里煮(没有渔具)用手逮来的小鱼,锅边贴饼(讨来的杂面或湖中捋来经捣碎的蒿苗种子面),用这种快而省事的办法做饭填肚子。虽然做法简单原始,但吃起来却也脆香鲜嫩,后逐渐成为湖上渔民、沿湖农民的家常饭菜,称之为"小鱼锅塌"。朱元璋做皇帝后,吃腻了宫廷的宴席,特叫人把渔妇请进宫里,专为他做这种"小鱼锅塌"。从此以后,这种吃法宫里称"三鲜(湖水甘甜、湖鱼鲜嫩、湖草种子清香)小鱼饼",民间则叫"皇帝饼"或"朱家饭"。朱元璋逝世后,宫内逐渐失传,而民间则一直沿传下来。

泥巴鸭

朱元璋少年时在财主家放牛,与小伙伴们将牛杀吃后又骗财主牛钻山洞后,财主心想,不能再叫他放牛了,改叫他放鸭。鸭子大小共九九八十一只,小伙伴们又逗朱元璋说:"老八现在没有牛可以吃了,我们现在饿得想吃人,怎么办呢?"朱元璋说:"我现在也没什么可吃的,要不我们吃鸭子吧"。小伙伴又说:"又没有锅该如何吃呢?"朱元璋说:"你们下塘把荷叶捞上来,再抱些干树枝来,我自有办法。"

大家一听这话，马上来了劲儿，鲜荷叶、干树枝顷刻而至。朱元璋选了一只肥鸭杀掉，随手从田里捞些黄泥巴，将鸭包在荷叶内，外面再抹上和好的泥巴，放在树枝上烤，味道特香，淮河两岸盐碱地里的泥巴有咸味，顺便给鸭子上了点儿盐。

　　众伙伴你一块，我一块很快吃光了。天晚了，鸭子少了一只，伙伴们说你回家财主点数怎么办？此时天上飞来一群野鸭，朱元璋说："飞来一只野鸭来凑数吧！"果然天上飞下一只野鸭来。回家后，财主点数果然一只不少。这样，这群孩子就天天有鸭子可以吃了，吃完还有野鸭充数，但是很快九九八十一只鸭吃完。朱元璋心想，明日回去怎么办呢？一算明日恰逢七月七牛郎会织女，朱元璋一想有办法了。朱元璋每日早早便起来放鸭，今天却迟迟不动，财主于是催他起床放鸭。朱元璋说："今天是七月七，所有的鸟类都要到天上搭鹊桥，如果放鸭子，鸭子会飞上天的！""胡说！"财主气急败坏地说，"鸭子怎么会飞上天？"朱元璋说："不信你自己放去"。财主狠狠地说："我偏就放给你看……"于是把鸭笼打开，野鸭一见天亮，出笼就飞上天去，九九八十一只一会儿功夫全飞光了。朱元璋说："你看，不能放吧，全飞了。"财主哭笑不得，哑口无言。

　　朱元璋每每回忆起这事儿，就非常得意，不管是南征北战，还是做了皇帝，经常叫厨师按照他的要求做这道菜供他品尝，并给此菜赐名"飞天泥巴鸭"。

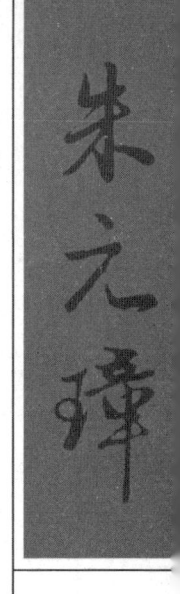

民间艺术也有份

凤阳花鼓

走南京，到北京，很多人都知道有个凤阳花鼓。特别是熟悉那首有名的凤阳花鼓歌：

说凤阳，道凤阳，
凤阳本是好地方，
自从出了朱皇帝，
十年倒有九年荒……

可是这凤阳花鼓到底与朱元璋有啥联系呢？有一段传说故事，从头说起。

花鼓做礼进南京

原来朱元璋一生没什么特别的爱好，唱歌，五音不全，跳舞，没那身材，但是偏偏喜欢听花鼓。小时候，他家在凤阳太平乡种地，这太平乡一带常常有人打着花鼓唱花鼓歌。朱元璋只要见了打花鼓的，就跟在后面追着跑，跟着人家学着唱花鼓歌，放牛的时候，看看周围没人还时常自己唱上几句，有人的话就算了，怕吓着别人。

后来，朱元璋做了皇帝，在南京举行登基就位的大礼。皇帝登基，当然是一件大喜事。文武大臣自然都要准备礼物，趁机表现一下，没准皇上一高兴给自己个官儿做呢。这等大事的传播速度赶得上火箭，很快就传到了朱元璋的家乡。自己家乡出了皇帝，这真是百年不遇的大好事，正好可以给自己的家乡扬扬名，以后既可以留名青史，又可以让自己的家乡发展经济，自己这儿都出了皇帝了，能不人杰地灵吗？风水绝对的好。朱元璋的老乡们就坐在一起合计了，该给皇上送个什么礼呢？能让皇上看着新鲜刺激还能展现自己家乡的特色，像是吃的喝的穿的用的，朱元璋自然一样都不少，这些东西拿出去也没有什么新意。大家为这件事开始犯愁了。突然，沉默了半响后，有人一拍大腿："有啦！以前重八在家的时候喜欢唱花鼓，有一次，我去地里干活，正好听见重八自己边放牛边唱花鼓，虽然这调上有点不着边，但是听着还是比较舒服的，就是想多穿件衣服。现在，我们给他去唱段花鼓，他一定喜欢。"这个意见全票通过。于是，他们便挑选了一些花鼓打得最好的鼓手，花鼓歌唱得最美的歌手，又找人编了新词，穿上过年穿的衣服，由本村最帅的小伙子带领着，穿小路走大路，朝南京赶去。

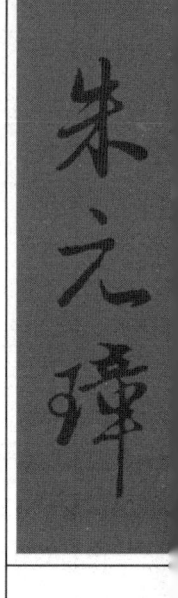

【第八章】朱元璋是个创新家

宁听花鼓不吃饭

最好的鼓手，最美的歌手，众乡亲列队，欢欢喜喜来到南京城。这场面怎么看怎么像送亲队伍。时间刚刚好，朱元璋登基就位的大礼刚刚举行。这群人就打着鼓唱着歌出现在朱元璋的眼前，听人禀报，原来是自己家乡的人，便派人先把他们接到前殿侍候，又通知左右，准备酒宴招待。

不一会儿，登基大礼已毕，朱元璋便来和众乡亲见面了。朱元璋做了皇帝，但没忘记家乡人，和大家一见面，亲热得不得了。把个家乡话说得溜得不行。又听说他们是专门给自己唱花鼓戏来的，当时就高兴得快晕了，满脸堆笑地说："好得很，从我投军起事，一晃已是一二十年了，都没有听过花鼓，这回，你们可要让我大大地饱一回耳福。"

朱元璋老乡看皇上高兴，更是来劲儿了，一齐说："今日皇帝登基，俺们没有别的礼物，知道皇上喜欢听花鼓，就专门给皇上带来了，乘今日大喜，俺们一定好好地打，好好地唱。"说着，便准备起鼓。正在这时，有太监来报："皇上，饭已经做好了。请皇上用膳！"打花鼓的有心想打，却怕耽误了皇上吃饭；唱花鼓的有心想唱，也怕皇上饿了肚子。领队的人一看，还是先问问朱元璋吧。便问朱元璋："万岁我主，你看是先唱了再吃，还是饭完了再唱？"朱元璋正在使劲掏耳朵，准备大听一场，哪里顾得上吃饭，忙答道："当然是先唱后吃了！"

朱元璋要先唱后吃，谁敢不从？花鼓手早已槌儿落鼓，鼓响锣鸣，"咚咚呛！咚咚呛！……"一阵锣鼓过后，接着便有歌手放开喉咙，唱起花鼓歌来。歌手的嗓子不是盖的，那嗓音十里八村都听得见，美！人美歌更美！歌词都是现请人编的，都是歌功颂德的话，把个朱元璋听得心里美滋滋的，熟悉的家乡小调飘进耳朵了，让人身心具爽。

背着花鼓讨饭

花鼓打了一通，歌儿唱了一气，朱元璋看得高兴，听得满意。唱完之后，朱元璋传旨说："快给我拿银两来，我要好好地赏赐他们。"又当着大家的面说，"你们都是我的乡亲，从小看着我长大的，如今我得了天下，肯定不会忘了你们，往后，你们在家乡，有福的做我的父母官，无福的就给我看陵守墓，做田的不要你们交租税，年老的只管晕晕熙熙喝酒，一年三百六十天，你们就唱着过吧！"说罢之后，才宣旨摆宴，让大家喝酒吃饭。

朱元璋最后一番话，本来就是一时高兴才说出来的。谁知听的人却把它当作了金口玉言，以为从那以后，朱元璋真的只要我们享福，只需唱，不需做，只管吃酒玩乐，不需再身劳力作了。他们从京城回到家乡以后，便将朱元璋的这些话纷纷传告，一传十，十传百，没到几天，全县的人都知道了。有的人在心里怀疑，有的人却当真起来，每天花天酒地，喝了唱，唱了喝，田也不做了，地也不种了。事情偏又凑巧，朱元璋登基的第二年，开始在凤阳大兴土木，营建都城，大批工匠、都头云集而来。这还不算，又从江苏、浙江迁来了十四万户富民定居。这样一来，土地减少了，人口增多了，收的少了，吃的多了，种田人少了，吃皇粮的人多，只吃不做，只出不进。眼看着仓空了，粮断了，两眼睁得老大，眼巴巴盼着朱元璋送粮来。但左等等不到，右等等不到，最后只好背起花鼓去讨饭。讨到人家门口，打起花鼓小锣先唱一段，后张口要饭，真的变成了"先唱后吃"，一年三百六十日唱着过了。

后来，他们埋怨这是朱元璋"先唱后吃"的"金口玉言"造成的，便编了花鼓歌唱道："说凤阳，道凤阳，凤阳本是好地方，自从出了朱元璋，十年倒有九年荒……"，看来当真冤枉人家老朱了。

"咂味儿"出自朱元璋

南京有句土话叫"咂味儿",意思是用某件事或一句话来取笑人。这"咂味儿"的由来也跟朱元璋有关。

相传,朱元璋在南京做了皇帝,一天,朱元璋从前的一个穷朋友从乡下跑到南京求见朱元璋。见面时穷朋友说:"我主万岁,当年微臣随驾扫荡芦州府,打破罐州城,汤元帅在逃,拿住豆将军,红孩儿当关,多亏菜将军。"朱元璋听后满心欢喜,隐约记起他话里包含的一些往事,便立刻下旨封他做了御林总管。

不久,这一消息让另一个穷朋友知道了,他也效仿前者,和朱元璋一见面,他就说:"我主万岁,从前我俩替人看牛,一次在芦荡里把偷来的豆子煮着吃,还没等煮熟,你就抢着先吃,把瓦罐打破了,撒了一地豆子,你只顾在地上抓豆子吃,不小心连茬草叶子也送进嘴里,叶子梗在喉咙口,苦得你哭笑不得,还是我出主意帮你弄出来的……"

可没等他说完,朱元璋大怒:"你竟敢拿朕咂味儿,太不顾体面了,拉出去斩了!"这位天真率直的穷朋友就这样给杀了,官也没做成。但"咂味儿"一词便在南京民间讲开了,有了"拿别人开心开涮"这个意思。当然,这个例子也是要告诉大家,说话可是要讲究技术含量的,没有两把刷子你还是好好呆着吧。

抹茶粉　抹茶及茶点

今天一说到饮茶,主要指的是茶叶的茶,立即浮现在人们脑海里的形象大约都少不了这样的部分:开水中沉浮着茶叶。这茶叶,论颜色,有绿茶、褐茶、红茶等;论品牌,有龙井、毛峰、碧螺春、铁观音、乌龙、普洱等；论造型，有片茶、珠茶、绣球、银针、沱茶等。泡开之后，每一种茶又都各有形状，各呈姿态，各显颜色。显然，如今饮茶，观赏茶杯中各种茶叶变化丰富的形状、姿态、颜色，也是一种享受。

但是，这种看得见茶叶在水中沉浮的饮茶方法，并不是古已有之的。清代学者梁章钜《归田琐记》卷七专门说到这个问题。他说，古人虽然十分讲究品茗，对茶具、煎茶方法都加以详细的研究，并且写成著作。但是，龙团、凤饼之类，都是碾碎之后才煎煮、饮用的。他对此表示不能理解，"非惟烦琐弗便，即茶之真味，恐亦无存"。显然，梁章钜更赞成"直取名芽，投以瀹水即饮"的方法，也就是我们今天习以为常的饮用方法。

的确是这样的，唐宋时期的人们，饮茶方法都类似今天的冲泡抹茶。先用茶臼将茶叶碾碎，然后放入沸水中煎煮，搅匀。所谓饮茶，是连开水带茶叶一同咽入肚子的。相传赵州禅师有一句口头禅，叫"吃茶去"。古人是真正的"吃茶"。今天通行的饮茶方法，其实应该叫做"喝茶叶水"。因为，茶叶并不喝进肚子里去。或许，古时候的连叶带茶一同进肚子的饮茶方法，跟神农氏尝百草、日中七十二毒、遇茶而解的故事有关系，古人认为茶叶是可以解毒的药材，所以不能浪费——像今天这样泡过一两水之后即随手丢弃，就有些可惜。

那么，今天这种浪费但方便的饮茶方法究竟起源于什么时代，由什么人发明的呢？梁章钜引用明人沈德符《万历野获编》的记载，认为应该起源于明代，发明人就是洪武皇帝、明太祖朱元璋。《万历野获编》记载：明代初年，各地进贡茶叶，其中建宁、阳羡进贡的茶叶为上品，当时沿袭宋代的做法，所有进贡的茶叶都要碾碎之后，揉制成大小不同的团状，即所谓龙团。到洪武二十四年（1391）九月，朱元璋认为这种做法是浪费百姓的劳力，下令停止龙团制作，直接进献芽茶。芽茶分为四等，依次为：采春、先春、次春、紫笋。由此看来，洪武二十四年是中国饮茶史的一个转折点，意义重大。朱元璋是这种新式饮茶法的发明人，贡献巨大。不知道李约瑟博士的皇皇巨著《中国科技史》，是否已经予以记载了。倘若没有记载，可是要在这里给予提示了。

至于为什么朱元璋会发明这样的饮茶方法，史书上说是他不想让百

姓多付劳力。但我觉得真实的情形有可能是这样的：抹茶式的饮茶方法，流行于文人雅士等有闲阶级之间，普通百姓其实早就有直接将茶叶冲开水饮用的方法。做过乞丐、当过和尚、出身低微的朱元璋，当然是熟悉这种饮茶方法的。做稳了皇帝之后，他就用一个冠冕堂皇的说法把自己早年习惯的穷人饮茶法，给推广到全国去了。

发明创造有一手

"老中青三结合"

新老交替、新陈代谢是自然界和社会的必然规律。老了就应该把机会多多地让给年轻一辈，世界是你们的，但是归根结底是我们年轻一辈的，这样才能更好的实现传承和发展。

明太祖朱元璋在官吏的管理和使用上，就很懂得新老官吏交替这个道理。他认为一个部门如果不注意选拔青年官吏，那么老的官吏年龄大，力不从心后，就会出现后继无人的问题。因此，关键时候年轻人很重要。

为了更好地解决新老官吏正常交替这个问题，朱元璋从战略高度，给中书省下了一道诏书，题目是《老少掺用诏》，诏书中说："古往今来，所有圣贤的皇帝，要想成就自己的大业，都需要贤士辅佐自己，帮助自己。现在我们大明朝刚刚建国，正是需要各种人才的时候。我们大明朝人才济济，他们有的隐居在山林之中，有的就藏匿在百姓之间，如

果上面不积极地发现推荐，他们很多人就是牙膏，不挤不出来。从今天起，各位参军和都督如果发现才能出众的人，请把他们的名字报上来。如果这个人不会写文章，但是很有见识，有一定的参政议政能力，允许他当面陈述，然后我将亲自面试。郡县官吏年龄在五十以上的，虽然他走过的桥比年轻人走过的路都多，但是很多已经没有多少精力熬夜写论文报告了。因此，特命令各级官吏要广开选才渠道，大力选拔民间俊杰。年龄在二十五岁以上，基本素质好，有一定学识才干的，选送到各级府衙任职，协助老年官吏共同参政。十年之后，老年官吏退休，而年轻官吏也已经成熟起来，经验丰富了，正是年富力强的时候。这样一来，人才之间实现了很好的继承发展，你们也就是后继有人了。你们中书省要做好组织宣传工作，让天下百姓都知道我这个命令，特别声明一下，非诚勿扰。"

朱元璋这篇诏书，篇幅虽短，但内容丰富，意义深远。它讲明了三层意思：一是人才很多埋藏在民间，要好好挖掘，不要看这个人不起眼，好好利用就是可造之材。二是选才要不拘一格，不能以貌取人，要多给年轻人机会。一个人既能说，又能写当然好；如果有才能但文章写得不好，有好的表达才能也应该录用，这个社会需要能更好地沟通的人。三是主张老少官吏结合，做好新老官吏交替的工作。

应该说朱元璋是在领导班子的年龄结构配备上有意识地讲究了新老结合、新老交替最早的人，这个专利应该归于朱元璋。

反贪与大写汉字数字

朱元璋这位贫民出身的明朝开国皇帝，整顿吏治，严惩贪官污吏的手段堪称前无古人，后无来者，为了反腐，他极力主张"刑乱世，用重典"，亲手编制《明大诰》，官员若贪污赃银六十两以上，将被处枭首示众、剥皮实草之刑。命在各府州县衙门左侧设皮场庙，就是剥皮的刑场，贪官被押到这里，砍下头颅，挂到竿子上示众，再剥下人皮，塞上稻草，摆到衙门公堂旁边，用以警告继任的官吏。这种类似稻草人吓唬麻雀的方法在很大程度上起到过一些威慑作用，虽然到后来基本就不起任何作用了。

百姓可绑贪官上京治罪

为了整治贪官，朱元璋是个彻底的大义灭亲者，执法那是相当的严厉。朱元璋惟一的亲侄，明朝开国功臣朱文正，因违法乱纪，被朱元璋毫不留情地废了官职。

更惨的是朱元璋的女婿、附马都尉欧阳伦，不顾朝廷的禁令，向陕西贩运私茶。想要私下赚点私房钱。他以为凭着自己是马皇后亲生女儿安庆公主的丈夫的身份，怎么也不至于被杀头，至多也不过被罚点俸禄什么的。可是后来欧阳伦被河桥巡检司的一位小吏告发后，朱元璋立即下令赐死欧阳伦，并同时颁发通敕令，表扬告发欧阳伦的小吏不畏权贵的斗争精神。

但是让老朱惊讶的是，尽管自己如此心狠地惩处贪污的人，贪污犯罪的人依然是屡抓不绝，不怕死的年年有，今年特别多啊？真是奇了怪了。老朱只好自己再想办法，看能不能把这些贪污起来不要命的亡命之徒抓绝了。

为反贪发明大写汉字数字

朱元璋当皇帝的三十年中，公开镇压了几起大贪污案，其中最大的是郭桓案。

大明政权建立之初规定：每年全国各布政使司、府、州、县，都要派计吏到户部呈报地方财政的收支账目及钱粮数。各级政府之间及与户

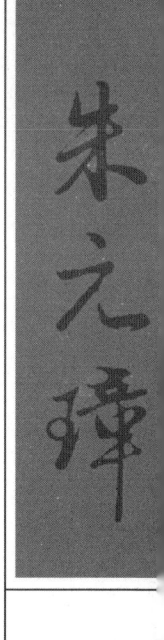

部之间的数字，必须完全相符。稍有差错，即被退回重报。由于地方与京城相距遥远，为节省时间，免去路途奔波之苦，各地便带上了盖有官印的空白账册。如被退回，就可以随时填写更正了。又因为空白账册上盖有骑缝印，能做别的用途，户部也就没干预。

但不久问题就出来了，在洪武十八年（1385），御史余敏等告发北京承宣布政使司、提刑按察使司的官吏李彧、赵全德等人，伙同郭桓等人贪污舞弊，吞盗官粮，贪污盗窃的钱折成粮食达2400多万石。户部侍郎郭桓特大贪污案，震惊了全国。

案件被查清后，朱元璋下令将赵瑁、王惠迪等人弃尸街头；郭桓等六部侍郎及各地方布政使司以下的官员有上万人被处死；有牵连的官吏几万人被逮捕入狱，严加治罪。各地卷入这个案件的下级官吏、富豪，被抄家处死的不计其数。

自己三令五申，而且还时不时的抓个人剥了皮，放在衙门公堂旁边，希望能杀鸡儆猴，居然现在还是有不怕死的顶风作案，真是岂有此理！老朱苦思冥想了很长时间，终于想出了一个比较好的方法。朱元璋总结经验教训，在财务管理上进行技术防范，实施了一系列新的管理措施，其中一条就是将汉字中的数字"一、二、三、四、五、六、七、八、九、十、百、千"，在进行的钱粮等财务登记时改写为"壹、贰、叁、肆、伍、陆、柒、捌、玖、拾、陌、阡"。这样就可以有效地杜绝当时的财务混乱现状。科技改变命运，果然不是盖的，也不是吹的，原来是真事儿。

这一举措同时也成为中国历史上金额大写字的首创。随着社会的发展，后来"陌、阡"慢慢演变成了"佰、仟"，沿用至今。

朱元璋是个行刑人

第九章

但是，有明一朝给人印象最深刻的还是朱元璋的残酷。因为很多曾经为朱元璋立下汗马功劳的人最终却惨死在朱元璋的刀下，为了大明朝可以永世留存，朱元璋用自己手下的白骨搭就了日后的辉煌。各种酷刑，各种冤案，虽然在一定程度上遏止了贪官滋生，但是因之惨死的却大有人在，它的坏影响也一直流传到今天。

整治贪官下力气

朱元璋是农民出身，平生最憎恶的事之一就是谋反，不过他好象忘记了自己就是谋反才得到天下的，二是贪污。谋反会危及他辛辛苦苦打下的天下，贪污则是挖大明的墙脚，尤其是当他想起那本该发给自己父母的赈灾粮食被元朝的官吏贪污导致自己父母忍饥挨饿的事，就禁不住会咬牙切齿，发誓要杀光天下的所有贪污者。老朱想要的是一个真正纯净的王朝，一个没有贪官、百姓安居乐业的王朝，这是他的光荣与梦想，值得我们赞赏。

但要把梦想变成现实却是一条充满荆棘的路，因为人的欲望，因为金钱美女的诱惑，很多人在这条路上湿了鞋，送了命，还是会贪。

洪武二年，朱元璋曾经对他的大臣们说过这样一番动感情的话："从前我当老百姓时，见到贪官污吏对民间疾苦丝毫不理，心里恨透了他们，今后要立法严禁，遇到有贪官敢于危害百姓的，绝不宽恕！"朱元璋是说到做到的，他颁布了有史以来最为严厉的肃贪法令：贪污60两以上银子者，立杀！

杀人也就罢了，为了增加震慑力度，朱元璋杀人还杀出了水平，杀出了艺术效果。朱元璋所设置的这条政策绝对骇人听闻。

自唐宋以来，政治制度、机构设置多有不同，但县衙的布局是差不多的，都有大门、戒石、鼓楼、二门这些结构，但在明朝却在大门和二门之间多设置了一个土地祠。

这个土地祠是干什么用的呢？不要吃惊，这个地方是剥皮用的，剥的就是人皮。

朱元璋命令将贪污官员处死后，还要把贪官的皮剥下来，然后在皮内塞上稻草，做成稻草人，并挂于公座之旁，供众人参观。这个稻草人不是用来吓唬鸟的，而是用来威慑贪官的。

较早享受到这一高级待遇的是朱元璋的老部下朱亮祖，这位朱亮祖是赫赫有名的开国大将，立有大功，被封为永嘉侯（侯爵），镇守广州，可谓位高权重。但此人有一个致命的缺点：骄狂。

当时的番禺县（今广州番禺区）县令叫道同，是一个很清廉的官员，由于执法严厉，与当地的土豪劣绅发生了矛盾。这些土豪吃了亏又拿道同没办法，便拉拢朱亮祖，希望他为自己出头。头脑简单的朱亮祖不加思索地收了好处，满口答应了。

很多人不是故意犯罪，而是因为智商不够，这样的人死了，不知道是不是应该被同情。

这个朱亮祖也算是个言而有信的人，自从收了人家的好处费，就处处找道同的茬儿，干涉道同的正常执法，同时，发动自己黑道白道上的朋友，打了道同一顿。这个道同是个汉子，虽然工作屡屡受限，而且还挨了打，但是丝毫没有屈服，与朱亮祖进行着不懈的斗争。

双方矛盾一步步升级，终于达到了顶点。道同抓住了恶霸罗氏兄弟，朱亮祖一看自己的出钱人被人抓了，这样会直接影响自己的声誉，于是脑袋一热，竟然动用军队包围了县衙，强行将人犯给抢了出来。并且恶人先告状，参了道同一本，要弹劾道同。

道同忍了三次后，终于忍无可忍了，也随后向皇帝递送奏章说明情况，但他忘记了，自己跟朱亮祖比，差的有点远，光是跑路的设备差距悬殊，人家坐飞机，他只能骑自行车。这样谁先赶到皇上那就等于是占到了先机。

等道同气喘吁吁地骑车赶到京城的时候，朱亮祖已经到了京城一个星期了，现在正气定神闲地跟自己京城的朋友唠嗑，看见满头大汗的道同从街上走过，朱亮祖冷笑着说，小子，有你好瞧的，让你这次变成彻底的肉包子。原来，朱亮祖早就在自己到京城的第一天就同朱元璋见面，狠狠地告了道同一状。朱元璋此时不知道正为什么事儿烦心呢，也没正经地问问朱亮祖是怎么回事，就立马派人去斩杀道同。

可怜了个道同，几乎是刚到京城时间不长，就被回去抓他的人逮了个正着，没等弄明白是怎么回事，脑袋跟身子就分了家。

就在朱元璋发出命令后不久，道同的奏章就到了，道同是个小官儿，自己上奏章自然不能跟朱亮祖这样的大臣相比，所以奏章上也不会占到什么先机。朱元璋一对照奏章就发现了问题，连忙派人去追，但是他自己训练出来的军士，速度之快他也知道，杀人就更快了，老朱就这样无形中做了朱亮祖的帮凶。

朱亮祖倒是高兴了，心想，你道同真是不自量力，一个小县令居然斗胆跟我斗，一个小小的臭鸡蛋居然要对抗上好的花岗岩，不摔死你你就不知道什么叫疼。同时，朱亮祖也觉得自己没有让自己的主儿失望，出色圆满地完成了任务，自己的声誉也维护好了，可喜可贺！现在他和那些土豪恶霸可以高枕无忧了。

话虽如此，但朱亮祖仍然有些不安，他跟随朱元璋打过仗，知道这人的脾气秉性，要么不干、要么做绝的性格不是人人都可以拥有的。但是朱亮祖觉得道同只不过是个小小的知县，而自己却跟随朱元璋南征过北战过，立下过汗马功劳，朱元璋应该不会为了一个芝麻官对自己下手的。再说了，即使下手也不过就是罚点钱，说服教育一下罢了，再不济了，蹲两天局子，也就完了，于是也就放下心来。

朱亮祖的估计看来好像是对的，在他战战兢兢地观察了很长一段时间内，发现朱元璋没有任何反应，他终于安心了。但是就在他彻底安心了几天之后，大理寺的官员手持朱元璋的手谕来抓他时，朱亮祖当时嘴巴张得能塞进去两个大馒头，碱面的，手工的，相当实惠。他虽然手下有兵，但还没有神经错乱到敢于和朱元璋对抗。他知道那样做估计会死得更惨。所以他十分老实地把自己的兵权交出，和大理寺的官员一起前往京城请罪。然而大理寺的官员坐在朱亮祖家的太师椅上，喝着茶，漫不经心地问了一句："你儿子朱暹呢？"这下朱亮祖更傻了，现在后槽牙在众人面前一览无余，他顿时明白了这句话的含义。

朱亮祖再一次明白了朱元璋的人生哲学：要么不做，要么做绝——到底是什么意思。

洪武十三年（公元1380年）九月初三，朱亮祖与其长子朱暹一起被押到了朱元璋的面前，朱元璋没有跟他多废话，活动了一下手腕，充分发挥了自己动手，丰衣足食的精神，上来就用鞭子抽朱亮祖。侍卫们一看皇帝亲自上阵，心想哪能让皇上累着？于是纷纷表示要帮皇上的忙，在得到朱元璋默许后，就开始动手了。可怜了前两天还活蹦乱跳的朱亮祖，与他儿子朱暹就这样被活活抽死了。

杀掉朱亮祖和朱暹后，老朱还不解气，又下令将参与此事的恶霸全部杀死。他念朱亮祖有功，给他留了个全尸，但其他人就没有这么好的运气了，朱暹等人的皮都被剥了下来，悬挂在闹市，供众人参观，以为后世警戒。

朱元璋对这件事情的处理方法让很多官员是胆战心惊。朱亮祖死的可怜，但同时有个记录是他无心插柳柳成荫地打破的，那就是：他是第一个被当廷打死的大臣。

不过他并不是最后一个。自从朱亮祖开了这第一个头之后，当廷打死大臣这一明朝独特的现象就此延续了下去。终明一朝，很多直言大臣都被这种极端的刑罚打掉了性命。

此后，朱元璋对待贪官污吏的态度越来越严厉，在这方面，老朱有很多的发明创造，比方说，允许普通百姓只要发现贪官污吏，就可以把他们绑起来，送京治罪，而且在路上任何一个检查站都不得阻拦，如果有人敢阻挡，不但要处死，还要株连九族！这在中国法制史上是绝无仅有的，是以往任何封建统治者想都不敢想的政策。

但是这一政策的操作性不强，老百姓在大部分时候都知道自己只不过就是个鸡蛋，拿自己撞花岗岩是在找死。

除了利用群众检举揭发这条路径，朱元璋肃贪的主要线索还是来源

于他的耳目，也就是东厂西厂锦衣卫的特务组织。这些人遍布全国各地，穿着便衣，没事人似的在街上闲逛，其实眼睛耳朵时刻在盯着看似可疑的人，那些贪官污吏最好说话都在自家密室里，还得明确跟自己说话的人不是什么特务组织的人，否则一有什么风吹草动，马上就会飘到皇上耳朵里。

朱元璋使用了这么多的手段，自己也全力配合，按说贪污行为应该绝迹，然而情况远没有他想象的那么简单。这也是一直使老朱浪费了半天脑细胞但是想不明白的一件事。

朱元璋制定了严酷的法律，规定当时的刑罚限于笞、杖、徒、流、死五种，从字面上也很容易理解这五种刑罚，笞就是鞭打，杖就是棍打，徒就是监禁，流就是流放，死就是处死。

客观来说，在封建社会这些刑罚并不算重。这也是朱元璋考虑到前朝的刑罚过重而作出的一种改进。

但是朱元璋并不是个按套路出牌的人，在对付贪官污吏和反对他的大臣上，他依靠的绝不仅仅是这几招。这也是让那些大臣闻风丧胆的地方，自己犯了法，按照规定处罚不会很厉害，但是朱元璋经常出其不意地使出一些混合招数，给自己用些别人没见过也没用过的措施，真真是不可思议。在老朱越杀贪污的人越多的情况下，他是怒从心中起，恶向胆边生，把一些真正富有想像力和高度技术含量的发明用在了实际生活中。实施的刑罚中，最有名的莫过于凌迟，就是把人绑在柱子上，用刀慢慢割，那是个细工活儿。如果行刑的人技术好，那受刑者就要受苦了，据说最高纪录是割3000多刀，把肉都割完了人还不能死。除此外，老朱还发明了所谓的抽肠（在肛门处将人的肠子抽出，直到掏空内脏）、刷洗（将不断沸腾着的开水浇在人体上，然后用铁刷子刷，直到剩下一具骨骼，残忍）、秤杆（用铁钩将人心窝钩住后吊起示众，直到风干）、阉割、挖膝盖等等。听起来真的觉得不是一般的残忍，是相当残忍。

但是人的欲望是填不满的沟壑，即使老朱想出来的这些招数，让人死的很艺术，听起来让人生畏，但是官员们仍然前腐后继，活像一群敢死队，成群结队地走到朱元璋的刑具下。

据统计，因贪污受贿被杀死的官员有几万人，到洪武十九年（1386），全国十三个省从府到县的官员很少能够做到满任，大部分都被杀掉。在当时当官未必是件好事，能平平安安地活到退休就算是功德圆满的，完全可以自豪地说一声阿弥陀佛。

朱元璋十分不理解，为什么这些人饱读诗书，以所谓的"朝闻道，夕可死"为人生信条，却在当官之后成了"朝获派，夕腐败"。他想破脑袋也不明白，但怎么对付这些人他是清楚的，那就是一个字——杀！

但是杀完一批，又来一批，朱元璋急眼了，最后归结到自己颁布的法律不够严酷上，于是变本加厉，颁布了更严厉的法令："这些贪官都是得了什么病？传染力这么强？早上刚杀完一个，晚上又来一群，那就不要怪我老朱不客气了，今后贪污受贿的，不必以60两为限，只要贪污就全部杀掉！"可就是这样也没能杜绝贪污，官员反倒是越来越少，于是在当时的史料中出现了这样一个搞笑的记录：该年同批发榜派官364人，都是进士监生，一年后，因贪污杀了6人。别着急，后面还有，就是想喘口气再说：戴死罪、徒流罪办事者358人。加起来正好364。相当于那年新上任的官员一个没漏，全部落入法网。这概率实在是有点高。

那什么是个戴死罪、徒流罪办事呢？

说起来这可是明朝的一大奇特景观。很多犯人过堂，带着手铐脚镣，但是走到衙门，乐了，这当官的也戴着镣铐，跟自己一模一样，后面还有人监视。除了衣服是官服，活脱脱就是个犯人。

真不是一般的搞笑！

这种情况的出现就像上面讲的，一年就招了10个官员，但是犯罪的有2个，戴罪办事的有8个，加起来正好是10个，如果这些官员都被处死，那这些犯人由谁来审啊？朱元璋虽然勤劳，但也不能代替所有的官员啊。老朱很懂得变通，在这种情况下，他还发挥自己的聪明才智，创造了这样一个戴死罪、徒流罪办事的制度，具体操作方法是，官员犯了法，判了死罪，先拉下去打几十板子，就在官员给伤口涂药、估计自己小命不保的时候，牢里如果突然来了个人，这样这个官员的小命暂时可以保住，他会被拉出去，塞到马车上，送到各个衙门去处理

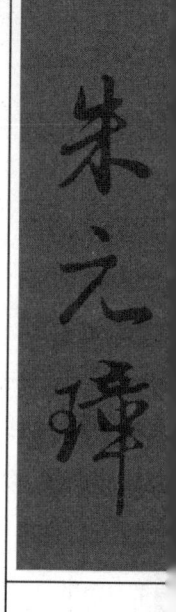

公务。

想死？那不便宜了你，活儿还没干完呢！

结果是被判了死罪的官员给下面跪着的犯人判死罪，然后自己再到朱元璋那儿去领死。

铁手腕逼疯官员

这样杀下去，导致的直接后果就是，很多衙门都没有人处理公务了，不得不找人来接班，所以那时候经常举行公务员招聘会，根本不需要考试，只要愿意当就可以。

史书上记载，那时候的官员们每天上朝前，都要在家门口和家人举行告别仪式。他们穿好衣服戴上帽子，抱抱老婆搂搂孩子，交待清楚谁还欠自己多少债、自己的私房钱藏在卧室的哪个角落，然后诀别而去，老婆孩子就在背后哭，除了人还是活的，和开追悼会基本没什么区别。散朝的时候，老婆孩子在家门口眼巴巴地等着，如果看到活人回家，那这晚就会大肆庆祝一番，庆祝的内容是今天我又活了一天。

这看似可笑，但是却是真实的历史景象，在不知明天是生是死的压力下，很多官员承受不住，纷纷表示自己就当白读了几十年书，情愿回家种地。

但朱大皇帝却不让官员们这样自由地选择，我辛辛苦苦给你们设计考场，耗费国家的人力物力，全国戒严，你们就这样一走了之了？既然做了我朱某人的官，就必须一辈子做到底，直到老死或者被杀死为止。

人类最伟大的地方就在于总能想出解决问题的办法，明朝的官员们

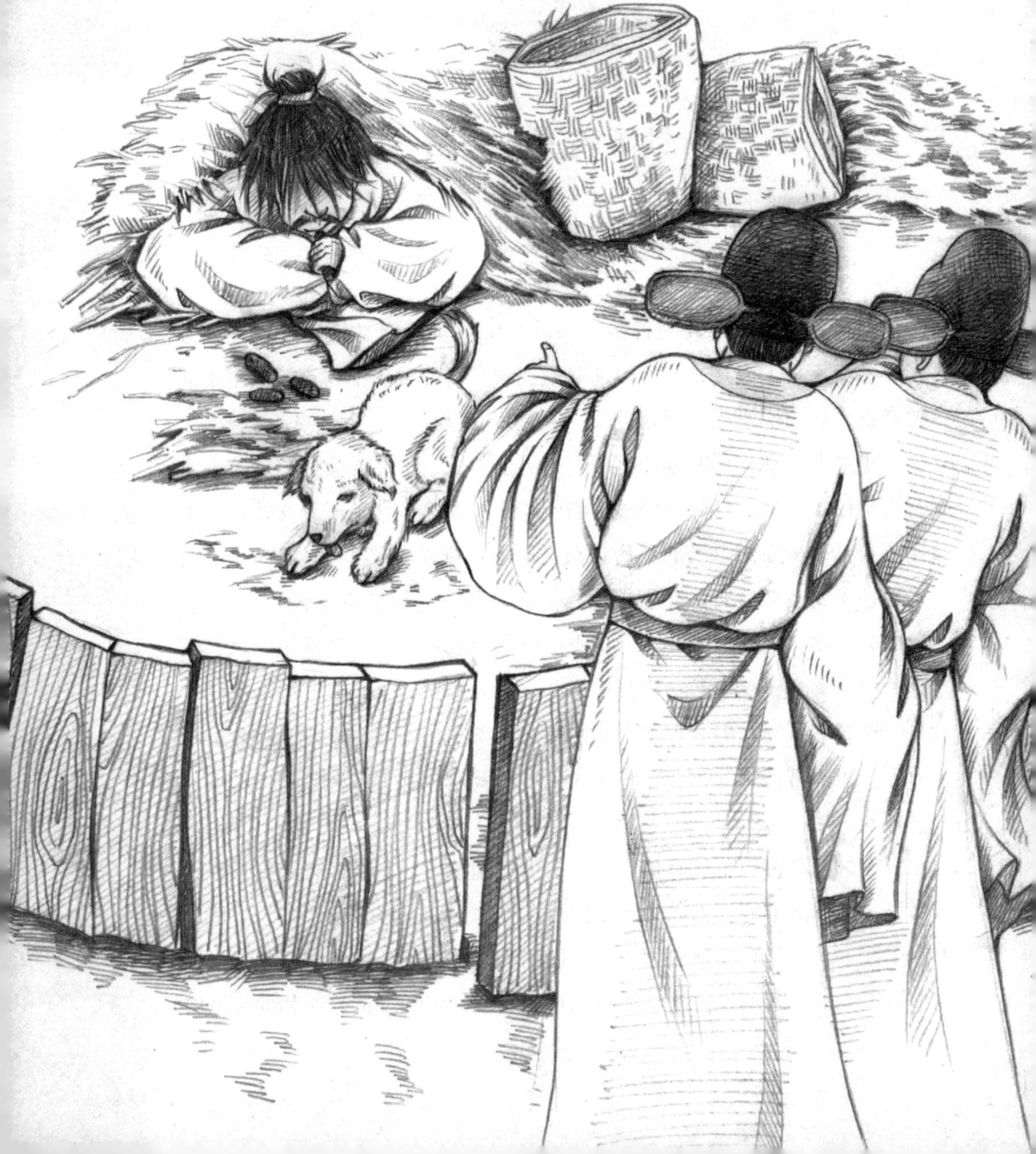

为了绝处逃生，想出了一个很绝的方法——装疯。

在洪武年间的朝廷里，好好的一个人突然间得了精神病是常见的，具体表现为痴呆、神情木然、披头散发、见到人就叫爹、拿着菜刀四处和人打招呼等，形式多种多样，目的当然只有一个——多活两年。

装疯的成功者之一是袁凯，他装疯的意志和四川的猪坚强一样坚强。袁凯是监察御史，有一次朱元璋派了个工作给他，把处决人犯的名单交给太子朱标。这应该是个很简单的工作，但袁凯没有想到的是，自己的命运就这样改变了。他把名单交给太子后，太子是个善良的人，一看名单上这么多人要被处死，恻隐之心大动，于是主张从宽处理，可问题是他并没有自己去找老爹说这句话，而是转告袁凯，让他去向朱元璋传达自己的意见。

袁凯心想，去就去吧，见了朱元璋，老老实实地把太子的话原样说了一遍，完后叩个头，准备走人……谁知就在此时，朱元璋问他："太子意见和我相反，依你看谁说得对啊？"

真是见鬼了！

你们父子俩的事情，是我一个小官能掺和的吗？袁凯左右为难，憋了半天，回答说："皇上也没错，太子也没错，皇上杀人是维持法纪，太子放人是发善心。"

真是难为袁凯了！

谁知朱元璋听后大怒，当面斥责袁凯狡猾，不说真话，然后把他赶了出去。袁凯回家后越想越怕，心想明天不知道朱元璋是不是觉得今天赶自己出去是心慈手软的事，明天就将自己剥皮凌迟呢？于是下定决心装疯。第二天开始，他就不上朝了，让家里人传话说自己已经疯了。

朱元璋怎么会相信，于是派人到袁凯家打探，派去的这个人也不是空手来的，还拿了一件木工钻，传朱元璋的话，说疯子不怕疼。于是便用木钻去扎袁凯，看看他是真疯还是假疯。

袁凯果真是个天生的演员胚子，充分发扬了关云长刮骨疗伤的优良品质，任人钻来钻去就是不出声，来人这才相信，便回去报告了朱元璋。袁凯也就躲过了这一关。

然而朱元璋毕竟不是唬大的，没有这么轻易就相信别人。于是偷偷

派自己身边的特务乔装去看袁凯家里的情况，这位使者刚假装溜达到袁凯家的院子，就被一个景象惊呆了，直庆幸自己还没吃饭。

原来袁凯脖子被铁链锁住，正趴在地上吃狗屎，还一段段的嚼。使者大倒胃口，差点把自己前天吃的饭吐出来，心想都到这个地步了，如果袁凯还没有疯，那就是自己疯了，连忙回去告诉朱元璋。朱元璋听后也是一阵恶心，便没有继续追究袁凯。

袁凯的吃狗屎这一招实在是太绝了，不过袁凯并不是真吃的狗屎，他在都察院的同僚事先得到了消息，便告诉了他，他灵机一动，把面粉和上酱料做成狗屎状物体，当饭给吃了。也就是我们传说中的麻酱饼，袁凯用自己的智谋算是彻底躲过了朱元璋的耳目。

"杀"成为一种习惯

在朱元璋严厉惩治贪官污吏的时候，也在使用不同的形式惩处那些鱼肉百姓的官吏们。

朱元璋当政的时候，实行了一项"粮长"制度。就是规定每一万石税粮为一个纳税区，由当地最富有的人担任粮长，负责税粮的催征输解。这是实行"许拿下乡官吏"的政策，割断了政府官员们假借税粮鱼肉百姓后的一个替代性方案。朱元璋为此项发明相当得意，说这是"以良民治良民"的高招，并且给予这些粮长们应该算是很不错的优惠待遇，直至从中直接选拔帝国官员，甚至高级官员。以至于很多年后，大学者顾炎武还在他那本著名的《天下郡国利病书》中记载说："当时，父兄们经常教导子弟，做粮长比参加科举考试还好。"

但是，一些有财有势的粮长们并不满足于此，他们希望更快捷迅速地得到更大的财与势。他们想出的主意相当富有中国特色，比如，将自己及其亲友们应当缴纳的税粮，分摊到纳税区的众人头上；比如，除了该缴纳的正粮之外，再加上各种附加费，这些附加费的名目有时候可以达到十八种之多，通常是正粮的数倍；再比如，将收缴上来的税粮当作高利贷放出去，再对上申请延期交纳，等等。同时，辅之以"临门吊

打"、拆屋揭瓦、逼卖家产等手段，表现出相当高的智商水平和非道德勇气。

朱元璋对此类人物还是老方法——杀！并且抄他们的家。在他的《大诰三编》中，有一个他一次杀头抄家160个粮长的记录。有一个号称浙江金华首富的杨姓粮长，口出狂言，说皇帝征粮万石，还不及他一个田庄的收入。结果，解粮进京时，被朱元璋召见，问他："粮食何在？"他回答说："霎时便到。"朱元璋"哼"了一声："杀时便到吗？"把这个非要太岁头上动土的家伙拉出去斩了。消息传出，其家人四散而逃，家产被当地人抢掠一空。另外，有一次朱元璋做梦梦见100个无头的人跪在自己脚下。十天后，正好有100个粮长解粮到京，恰好全部没有足额按期交纳。朱元璋下令格杀勿论。

在朱元璋当政的三十一年中，曾经至少发起过六次大规模整肃帝国官吏与豪门富户的运动。有学者认为，在这些大清洗中，大约有10万以上到15万帝国官吏与豪门富户被杀死。因此，有国内外学者将其称之为"有计划的屠杀"。

但是老朱知道自己这样大规模地杀人，必然会让天下人非议，于是给出了自己的解释：

一种是针对贪官污吏那些不肖无福之徒，如洪武四年的甄别天下官吏，洪武十五年的"空印案"，洪武十八年的"郭桓案"，洪武十九年的"逮官吏积年为民害者"，都是这类的犯罪。

另一种是，杀掉的是可能威胁他皇位的人，或者可能威胁到他的继承人皇位的那些开国功臣们。这一类其实就是政治谋杀。"胡蓝党案"和洪武二十三年的"罪妄言者"就是典型的解释。朱元璋将此类人称之为"奸党"。

但在针对第一类目标的战场上，朱元璋的胜利短暂而暧昧。

在打击这些所谓的"不肖无福之徒"时，朱元璋显得随心所欲，但却有一个相当引人注目的特点，就是尽可能地扩大打击面，最好攀扯出来所有的豪门富户，同时，辅以最为严酷的手段。

"空印案"，几乎是当时人人皆知的冤案，发生在洪武十五年（1382年）。事情的起因很简单，大意就是：户部，当时帝国最高的财政机关，在每年审核各地例行财政报表时，要求非常严格，精确到了小数点以后的很多位数字，稍有不合，立即作废重报。于是，各地进京申报报表的财务人员为了少跑冤枉路，就在进京时，携带了盖好本地公章的空白报表，以便与中央机关核对过数字后，或者在遭受到刁难时，就地重填。当然，如果当时有电子邮件和特快专递等，短时间搞定，就不会有下面的冤案发生了。那时候什么都没有，火车、汽车、飞机，连自行车都没有，离得又远，把马跑死也得要好多天才能到。你以为杨贵妃吃颗鲜荔枝是简单，路上跑死多少马怎么没人报啊？

按理说，用这种报表是造不出有价证券来的，人们也很难靠这里的数字徇私舞弊。因此，此种做法在民间被普遍应用，是官员们默认的方式。谁知，朱元璋偶然知道了这个情形，认定自己发现了一个官员相互勾结、舞弊欺诈的滔天大案。于是，这位缺少财务知识的皇帝立即发雷霆之怒，下令将全国各地、各级政府部门的正印官，即一把手全部处死，副手以下官员打一百棍，充军边疆。

当时，全国有 13 个布政使司，相当于我们今天的省；141 个府，相当于今天的地级市；192 个州，相当于今天的小地级市和大县级市；1013 个县。这 1300 多个官员全部被杀掉了。而且，是在有人已经向朱元璋解释清楚了个中缘由的情况下被杀掉的。

冤死！

这其中肯定有很多深受百姓爱戴的好官，也被稀里糊涂地干掉了。比如方孝孺的父亲方克勤。当时他是山东济宁的市长。他一件布袍能穿十几年，每日三餐，有两顿用一盘素菜下饭。很多时候就是吃个山东煎饼了事。当地百姓在他的任期内，日子过得很滋润。大葱卖的好，煎饼销路也不错。百姓们不愿意这位知府调离，自发地作歌传唱挽留。歌曰："使君勿去，我民父母。"结果，这么一个好官好人，此次却被朱元璋不由分说地杀死。二十多年后，他的儿子方孝孺也成为中国历史上赫赫有名的人物。原因是，他不肯迎合夺了侄子皇位的永乐皇帝朱棣，结果成为中国历史上唯一一位被灭了十族的人物。当然这是后话。

"郭桓案"则号称是洪武朝最大的贪污案，发生在洪武十八年（1385 年）。郭桓当时任户部侍郎，相当于今天的全国最高财政经济部

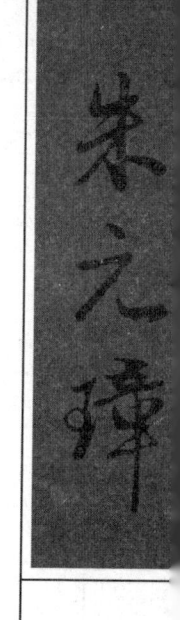

门的二把手。据说，这厮贪污的财物总计可以折合精米2400百多万石，差不多相当于当时全国一年的税粮收入。

朱元璋要求对此案一追到底。也就是说，要从中央部门开始，一级级地追查出所有犯罪终端。

最后的结果是，所有中央六个部和全国各地、各级的大部分官员被牵连了进去。《明史》的《刑法志》中说：自六部左右侍郎，即从中央六部每个部两位副部长开始的以下官员全部被处死，全国各地各级官员处死者数万人。其中有多少冤魂怨鬼估计无从查考。

最后，老朱来了一招更绝的，为了化戾气为祥和，平息人们的怨恨与恐惧，朱元璋把办这个案子的专案负责人员也杀了，并相当郑重其事地布告天下说："我让他们除奸，谁知他们反而生奸，来扰害我民。这种人哪里可以纵容？今后再有这样的坏蛋，将不在赦免之列！"

貌似有点可笑！

罪状不明胡惟庸

洪武十三年（1380年）五月初二，朱元璋从西华门摆驾出皇宫，要到皇宫附近的胡惟庸家去。胡惟庸是谁？就是中书省左丞相，是政府的最高行政长官，也就是相当于现在的总理，是真正的"一人之下、万人之上"。马正悠哉游哉地往前走呢，路上忽然有一个人迎着皇帝的车驾就直冲了过来，拦住御驾车马，由于紧张，一下子竟然说不出话来。朱元璋见他冲撞车驾，又不说话，特别生气。这不成心找碴儿吗？没等朱元璋开口，他身边的卫士见这个人敢这么冒犯圣驾，立即冲上去开打。这人是谁呢？他叫云奇，是西华门的内使，一个宦官。云奇很快被打倒在地，胳膊都快被打折了，还拼命指着胡惟庸的家。朱元璋一看，有意思，凭着他多年的实战经验，敏锐地察觉到，一定是发生什么事了，云奇才敢于这么拼死拦驾陈诉。老朱就开始分析了，既然云奇不在别处拦驾，偏偏在他前往胡惟庸家的路上拦驾，那此事就可能与胡惟庸有关。西华门离胡惟庸家很近，朱元璋于是登上西华门的城楼向胡惟庸家眺望。不看不知道，一看吓一跳，只见胡惟庸家里有很多的猛士，全都拿着武器，埋伏在屏壁间。老朱当时就出了一身冷汗，多亏自己没有冒冒失失地去胡惟庸家，这要是去了还不完蛋了？直接被胡惟庸扣下

了。不过难道胡惟庸真想趁我临幸时造反谋逆吗？老朱一时找不到头绪。因为西华门与胡惟庸家近在咫尺，内使云奇发现了这一逆谋后，便紧急赶来向朱元璋报告。这在历史上被称为"云奇告变"。

那朱元璋为什么要到胡惟庸家里去呢？这是有原因的。丞相胡惟庸是个马屁精，时刻在想着怎么讨好朱皇帝。他知道古代的皇帝都想多来点好像天人感应的事，比方说自己家井里涌出了个醴泉，这明摆着就是祥瑞之事。要不是皇帝治理的好，怎么会平白无故地出这种东西呢？上天要表彰皇帝的劳苦功高，就用这种方式表达了。果然，朱元璋一听说此事，非常的高兴，自己正愁没有什么实质上的证据夸自己好呢，现在这个胡惟庸正好提供了一个，可喜可贺！于是兴冲冲地来了。谁知道，这竟然是胡惟庸的一场阴谋。好你个胡惟庸简直是活的不耐烦了。

朱元璋着急忙活地回到朝廷，马上调发禁兵，逮捕胡惟庸，然后召见云奇。没想到此时云奇已经气绝，不能再做进一步的证明。云奇一辈子默默无闻，在自己的太监位置上没有什么大的作为，临死居然这么轰轰烈烈，也值了！

那现在就要想一下，这个胡惟庸位高权重，为什么还要谋逆呢？他已经做到了皇帝下边第一把手的位置了，金银财宝也搂了不少，自己也培养了不少的手下人，还有什么不满足的？但在史书上却有这样的说法：胡惟庸权力是越来越大了，但是逐渐骄恣不法。久而久之，野心渐渐败露，他也知道自己坏事做了不少，担心受到惩戒，于是天天晚上做恶梦，梦见皇上在抓自己，醒来就是一身冷汗。就在这时，他远在定远的老家井里忽然长出了石笋，井水无缘无故喷出了数尺高，他家三代的祖坟上红光冲天。他知道后觉得这是天降的吉兆，预兆他将大福大贵。于是，就转动自己的花花肠子，有了非分之想。一次，他儿子在大街上下班高峰期，非要像二环十三郎似的，跑马练自己的速度，结果正好堵车，他一着急，马窜起来老高，踩死了人，这事被朱元璋知道后，直接惹怒了他，要将儿子治罪。胡惟庸感到，与其自己战战兢兢地等着皇帝惩罚，不如自己先下手为强。于是，胡惟庸就串通了一些人，图谋造反。

后来的事，就比较顺理成章了。老朱手里有这么多的御林军，还治

— 334 —

不了一个小小的胡惟庸？胡惟庸就像小鸡子一样被抓住，然后被老朱处以极刑。朱元璋处死了胡惟庸，按说还可以选择一个人做丞相，但朱元璋被胡惟庸伤透了心，决定从此不再设立丞相。可见，在朱元璋看来，不是丞相的人选有问题，而是设立丞相这一制度有问题。干脆我不要了，看你还怎么拆我的台？这无形中也成了老朱的一项专利，这在老朱的创造一章里有明确的介绍。

胡惟庸死了，算是老朱为百姓除了一害，老百姓对这件事还是持赞同态度的比较多。但是如果非要给这件事抽丝剥茧的话，你会发现，胡惟庸死的其实有点不明不白。

《明史·胡惟庸传》里有句话清楚地记载着："惟庸既死，其反状犹未尽露。"意思是什么？就是说，胡惟庸被处死的时候，他谋反的罪行还不清楚。胡惟庸的罪状看来需要大家口口相传，因为现在很多事传出来的时候，第一个传播的人说的是一集电视剧的内容，等到第五个人传播的时候就可以扩充到十集电视剧的内容，人言可畏，众口铄金，不是一般的牛！老胡的故事也像神话传说一样，逐渐地被世人添枝加叶，越到后来越显得完整。他的罪状包括：谋刺徐达；毒死刘基；与李善长勾结往来谋逆；通倭（其实这一罪名是到了洪武十九年，即1386年，六年后才发现的），甚至派遣明州卫指挥林贤下海勾结日本，欲借兵为助；通蒙古（称臣于元嗣君这一罪名，则是到了洪武二十三年，即1390年，十年后才发现的），派遣元故臣封绩致书元嗣君称臣，并约为外应，等等。但是经过史家考证，胡惟庸的上述罪状多是捕风捉影的说词。

胡惟庸的罪行一件一件被发现，已经是胡惟庸被处死很多年以后了，也就是说，当胡惟庸案发的时候，他并没有正式的罪名。这样的事听来很是让人费解，也不怪人家史学家会对此大肆研究一番。于是有好心善良也可能是闲的没事干的学者研究出了以下几点疑问：比如，《明太祖实录》详细记载了胡惟庸案被处理的情况，但没有关于胡家出醴泉而邀请朱元璋观看的事，这不是朱元璋赶赴胡惟庸家的原因吗？云奇冒死劫皇帝的马驾揭发胡惟庸，功劳很大，但是《明太祖实录》中却没有记载。这不是很奇怪吗？

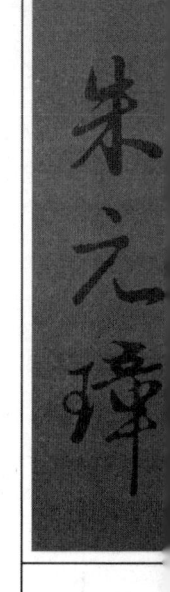

晚明学者钱谦益就直接说："云奇的事，就是个野史，根本无从考证。"史家潘柽章更认为云奇之事为"青天白日下说鬼，人家有点生活常识的就知道这是莫须有的事"。胡惟庸如果真要谋反，他在家里埋伏刀兵，能让人在城墙上轻易看见吗？用脚趾头都能想明白的事。几百年以后，也就是到了现代，明史学家吴晗写了一篇著名的文章叫《胡惟庸党案考》，把胡惟庸的案子从头到尾，细枝末节地全都分析了一遍，最后证明，胡惟庸案是一个冤案。

胡惟庸看来真的是死得很冤，但是当时他没有罪名，又为什么会被杀死呢？

《明史》上说，胡惟庸作为一国丞相，很多年来一直受到朱元璋的宠爱，自己独揽丞相大权，有的时候，发生了一些事情也不向皇帝报告，还随便提拔人和处罚人，架空了皇上。当时有很多人知道丞相其实才是真正的执行官，而皇上在此时其实就是名誉上的，而且跟丞相说话比较说得上，想见皇上一面那是多难的事啊，于是人们送给胡惟庸的金银财宝不计其数。胡惟庸家真的是天天车水马龙的，家门口的车造成了不知多少次交通堵塞，很多出租车司机谈起他们家的门口，都是大惊失色。老朱不是傻子，他也渐渐知道了胡惟庸的专权，而他最恨的就是别人专权，这不是拆我的台吗？就因为他专权，即使他没有罪，也要把他杀掉。

可见，胡惟庸的罪就在于擅权僭侈，而这正是朱元璋最忌讳的。

胡惟庸是朱元璋的老乡，在朱元璋起兵后投奔了朱元璋。胡惟庸从元帅府的奏差、宁国县的主簿、知县，逐渐爬到了左丞相的高位。可谓是一路高升，朱元璋对胡惟庸的专权早就有所耳闻，只是一直怀恨在心，老朱不因为一点小事就治胡惟庸的罪，不值得，他要等胡惟庸把篓子越捅越大的时候，一起在秋后算总账。

洪武十一年（1378年），朱元璋下令限制中书省的权力，命令以后臣向上奏书，不许"关白"中书省。"关白"是什么意思？就是凡是送给皇帝的奏章，都要同时送给中书省丞相一份。作为皇帝，朱元璋希望大权独揽，掌控生杀予夺，决定一切，怎么能允许这个权力被丞相分割呢？自己吃肉，也不许别人喝汤。至于洪武十三年（1380年）他除掉胡惟庸，废除丞相制度，不过是洪武十一年不许"关白"中书省的措施的延续。在丞相被撤消以后，六部尚书直接对皇帝负责，六部与皇帝之间，没有了丞相这一中间管理层，朱元璋就实现了大权独揽。

明朝是老朱打下的天下，朱元璋要把它传给子孙，他不仅不愿意自己的权力被丞相分割，而且也不允许子孙的权力被丞相分割。因此，他把撤消丞相制度这件事写到《祖训》里头，规定说你们以后不许犯傻，立丞相就是在给自己找麻烦，立了丞相他就会找机会分你的蛋糕，这是咱们家的蛋糕，怎么能让别人随便吃呢？他吃了你还吃得饱吗？如果你们谁要立丞相，一定要被严厉惩罚！

从这个角度说，胡惟庸又死的不冤。

说它是冤案，是因为在将胡惟庸处死时，他还没有罪名，后来所指的罪行都没有实证，所以说他是冤枉的。他死后，才说他谋反，说他勾结蒙古人，说他勾结倭寇，罪名越加越多。这些罪证一件件揭发出来时，已经到了朱元璋的晚年。

说胡惟庸的案子不是冤案，是因为他死于专权，他影响到了皇帝的集权，就该死，所以说皇帝没有冤枉他。

李善长死得冤枉

但是即使胡惟庸有不冤的成分在里面,但是有人是真的冤啊,那就是跟随朱元璋打下天下的韩国公李善长。当时胡惟庸的案子已经出来了,古代的规定大家也知道,但凡跟罪犯有点瓜葛的人就会被惩处,轻的流放,重的处死。李善长跟胡惟庸也是老乡,平日里关系自然不错,他们又都是淮西派,当然更不是一般的亲密了。而且,李善长弟弟的儿子是胡惟庸的侄女婿,他们是亲戚。而胡惟庸又是李善长介绍来的,对胡惟庸有知遇之恩,所以应该惩治李善长。朱元璋当时也明白,就说,李善长跟我这么多年,忠心耿耿,不能处死。但是,令人不解的是,胡惟庸案发十年以后,又有人告发说李善长早就知道胡惟庸要谋反而不揭发,因此他就是"胡党"。这时候的老朱可能是岁数又长了十岁,变得糊涂了,于是就把李善长抓来杀了,李善长一家七十多口都被处死。李善长从朱元璋一起兵的时候就跟随他,在他的左右给他出谋划策,并且在后勤处料理一切繁杂事务,把个军队后勤部整顿得井井有条,还一直为老朱供给军饷。但朱元璋在集权问题上从不手软,最终还是将李善长处死了,这就是所谓的"胡惟庸案"。

在胡惟庸案中被牵连的李善长死后第二年,虞部郎中(负责山林绿化的官员）王国用就上书为他鸣冤，意思是说李善长的地位已经很高了，即使帮助胡惟庸篡位成功，地位也不会更高，李善长不会为此冒这么大的风险。李善长这样有大功的人得到如此下场，将会令天下人寒心。

据说，王国用的这封信是学士解缙代为起草的，虽然批评尖锐直白，但入情入理，无可辩驳。朱元璋读了如此冒犯的话，心知理亏，竟然不予追究，足见李善长死得有多冤枉。

胡惟庸一案导致胡家三族被诛，因被指控为所谓"胡党"而遭屠戮的人达一万五千之众，其中除了李善长还有很多公侯。杀了李善长后，胡惟庸案也宣告结束，此案的后果是废除了丞相制度。

丞相制度在中国历史上延续了将近两千年之久，中书省撤消以后，中国的丞相制度就此 over（完结）了，明朝从此不再有什么丞相，而至于后来的什么"救时宰相"于谦、"奸相"严嵩、"革兴宰相"张居正，都不是原来意义上的丞相或宰相，所谓的"崇祯五十宰相"，也不是真宰相。清朝承袭明朝制度，依然没有设宰相。大家耳熟能详的"宰相"刘罗锅，实际也不是宰相，只有宰相之名，而无宰相之实。真的追究起来，这些大臣是连宰相的名也没有的——所谓宰相，不过是内阁大学士或首席大学士。在明清，习惯上把所有的大学士都叫宰相，那只是沿袭以前的说法。

先发制人杀蓝玉

蓝玉案，或称"蓝党之狱"，爆发于洪武二十六年（1393年）。

蓝玉是定远人，开国公常遇春的小舅子，在常遇春手下当兵，作战勇敢，所向披靡，被授予武德卫指挥使职务，地位逐渐上升。后来，他又先后跟随中山王徐达征讨北元残部，跟随西平侯沐英征讨西番，跟随颖川侯傅友德征云南。由于屡立战功，蓝玉被封为永昌侯。蓝玉最著名的军功，一是洪武二十年（1387年）作为左副将军随大将军冯胜出塞，降服了北元悍将纳哈出；另一个就是洪武二十一年（1388年）的捕鱼儿海战役。

1388年三月，蓝玉率领军队15万人北征，从大宁进到庆州。蓝玉听说元帝脱古思帖木尔在捕鱼儿海（今贝加尔湖），便抄近路，兼程而进。到了百眼井处，这里距离捕鱼儿海还有四十里，仍然没有发现元军行迹，蓝玉便想引兵退还。部将王弼此时提出了不同意见，说："我们领兵，深入漠北，没见到敌人就回师，这样没法向上交待啊。"蓝玉一听也对，于是命诸军继续前进，并采纳王弼的计谋，在地上挖大坑做饭，这样敌人就看不见烟火了，军队就能够不被发现行踪，秘密前进。后来探听到元帝营在捕鱼儿海东北八十里处。蓝玉命王弼为前锋，迅速出击，直奔元帝大营。

而元帝脱古思帖木尔以为明军刚与纳哈出作战不久，粮草匮乏，不会深入北方再战，于是放松了警惕，没有作任何迎敌的准备。无巧不成书，上天帮助明军，在他们奔袭北元汗帐的大营之时，恰好风沙弥天，大草原上的沙尘暴可不是一般的厉害，能见度也就是十米。明军一路顺顺利利地到了汗帐外，才被北元军发现。此时，脱古思帖木尔根本不能再作什么有效的抵抗。北元太尉仓促上阵，很快战败被杀。脱古思帖木尔侥幸脱身，带着太子天保奴、知院捏怯来、丞相失烈门等数十人逃往和林方向。蓝玉率精骑追赶，但元帝使出了浑身解数，拿出追死兔子的本领，蓝玉最终没有赶上。

这一次战役，脱古思帖木尔的二儿子地保奴、嫔妃公主一百二十三人、官员三千余、人口七万七千多、马驼牛羊十五万多头，以及大量印章、图书、兵器、车辆，都被明军俘获。蓝玉带着这些人啊物啊的战利品，高高兴兴地回朝了。

这次战役是北元政权遭受的最大挫折。元朝领导人虽然离开了中原，但在漠北一直保有完整的官僚体系。但是这次之后，他们就彻底没戏了，在这之前重回中原享受现代生活的希望，被蓝玉彻底摧毁了。从此，逐鹿中原只是他们午夜梦回时只能称得上是想法的想法了。

蓝玉因此以军功而晋升为凉国公，他是继中山王徐达、开平王常遇春之后的明军重要将领。蓝玉此后又在明军数次北征蒙古的战争中脱颖而出，建立了赫赫功勋，成为洪武后期的最勇猛的将领。

蓝玉因此不断地加官进爵，地位逐渐显赫。

但是，蓝玉因立有军功和受朱元璋的宠爱，渐渐骄傲恣肆，居然纵容家奴侵占民田。御史对其家奴的不法行为进行质问，他就大胆地驱逐御史。蓝玉带兵北征回还，半夜来到喜峰关城下，要求开门，关吏限于制度没有及时开门，他一气之下就毁关而入。后来，又有人告发他，说他私自占有元朝皇帝的妃子，致使人家妃子以为找到了好的靠山，结果事情败露，羞愧至极以至上吊自杀了。在军中，他为所欲为，擅自升降将校。这可是皇帝才能做的事，他居然代劳了，皇上应该不怎么感激他。参加西征后，他被升为太傅，而与他同时出征的宋国公冯胜、颖国

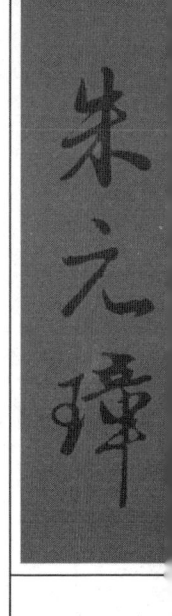

公傅友德却被封为太子太师，他对此大为不满，整日满腹牢骚。

洪武二十六年（1393年）二月，锦衣卫指挥蒋瓛揭发蓝玉谋反。经审讯，说是蓝玉串通景川侯曹震、鹤庆侯张翼、舳舻侯朱寿、东伯何荣、吏部尚书詹徽、户部侍郎傅友文等谋划在朱元璋出宫耕种田地时起事。这可是朱元璋两大忌讳之一，当然不会轻易放过谋反的人了。于是，蓝玉被族诛，凡连坐的都称为"蓝党"，一律处死。朱元璋亲手写诏布告天下，并将蓝玉谋反的事实编为《逆臣录》。朱元璋在诏书中说："蓝玉这个逆贼谋乱犯上，结果不幸事情败露，跟此事有瓜葛的有一万五千人，全部被杀死。从今天起，跟蓝玉有关系的人就全部赦免了。"杀了一万五千多人以后，朱元璋似乎还觉得自己已经很宽容了，因为其他人已经被赦免了。然而，仅列入《逆臣录》的高官就有一公、十三侯、二伯。经这一次杀戮之后，明初的功勋宿将差不多都被杀完了，各军府卫所被株连诛杀的军官达几万人。这时候，朱元璋还说什么"跟蓝玉有关系的人就全部赦免了"，这句话听起来很是冠冕堂皇，因为这时候人差不多都死绝了，谁还敢、谁还能追问呢？

如此众多手握重兵的高级将领，为什么会毫无反抗地束手就擒呢？很显然，他们没有任何要同朝廷作对的意思，也就是说，他们并没有谋反。但与此相反，朱元璋却早为这次杀戮做了精心准备。

虽然朱元璋对权臣的防范由来已久，但蓝玉案爆发还是有一个重要的导火线。蓝玉案爆发前一年，即洪武二十五年（1392年），朝中发生了一件大事：四月二十五日这天，心慈手软的太子朱标不幸逝世，享年三十九岁。白发人送黑发人，这对朱元璋的打击非常大。他在皇宫东角门召见群臣时说："眼看着我老了，没有几天活头了，太子居然死了，这难道是命吗?!"不禁大哭，这时他已经六十五岁高龄了。

按照嫡长子继承制，皇位只能由皇太子的长子接任，而朱标的长子早已夭折，这时排行老大的朱允炆才十五岁。朱元璋诛杀权臣，本来想要为子孙铲除后患，当年，朱元璋曾对朱标明确表示，铲除权臣如同除掉荆杖上的棘刺，是为了便于掌握，但是他没想到太子朱标会死在自己的前面。

史书上曾经有这样的记载，当初马皇后去世以后，朱元璋一直郁郁不乐，少了这么个跟自己并肩作战的最好的战友，朱元璋心里十分的难过，于是有点事就可能把他老人家的怒火勾起来，老朱也是不含糊，你让我生气，我就让你脑袋搬家。但是生性善良的太子连鸡都舍不得杀，怎么见得了自己的父亲像是杀鸡似的杀人呢？所以有一次，太子朱标实在忍不下去了，就进谏说："陛下您杀大臣杀得太多了，这样恐怕会伤了君臣间的和气吧？和平相处多好，干嘛一定要诉诸武力呢？"朱元璋听了以后没说话，沉默很久。结果第二天，朱元璋把太子叫来，将一根荆棘扔在地上，然后命令太子捡起来。面对长满刺的棘杖，太子觉得很为难，自己又没有戴手套还不扎死？朱元璋见太子犹豫半天，就对他说："这根荆棘你拿不起来吧？我替你将刺磨干净了，这样不就拿的起来了吗？现在我所杀的人，都是将来可能威胁到你做皇帝的人，我把他们除了，是在为你造莫大的福啊！这样你还觉得不好吗？"

  老朱原来是在现身说法，还懂得用修辞手法，简直是厉害！

  太子跪下来给朱元璋磕头，但心里仍然不同意朱元璋的观点，低头说："上有尧舜之君，下有尧舜之民。"这是什么意思呢？很简单，现在有个词叫上行下效，通俗点就是上梁不正下梁歪，父亲你要是尧舜那样的明君，怎么会来那么多的乱臣贼子？

  朱元璋不是傻子，他听了这话能高兴？朱标这番话把老朱气得搬起坐的椅子就扔了过去，要砸太子，太子吓得赶忙逃走。

  朱元璋把一切都设计得相当美妙，但是惟一没设计到或者说他控制不了的因素就是，朱标死了，并且死在了他的前面——朱元璋把荆棘上的刺磨得再干净，巧妇难为无米之炊，后继无人，也都是白搭。现在朱元璋把所有的希望全都交给了朱标的儿子，也就是朱元璋的皇孙朱允炆。但是这个孩子比他爹还要孱弱，真是一代比不上一代啊！当年自己驰骋沙场的勇猛劲儿都跑到谁身上去了？老朱的心啊，真是提到了嗓子眼上。自己在位，尚且感到如狼似虎的悍将难于驾驭，一个十五岁的孩子，没有任何政治经验，将来怎么能保证坐稳皇位？

  虽然老将都已经被自己杀的差不多了，但新起的蓝玉等人能征善战，而且骄纵轻狂，一般人的话他怎么听得进去？这怎不令人担心？我们老朱家的江山岂能轻易易主？开玩笑！所以，为了孙子朱允，为了防

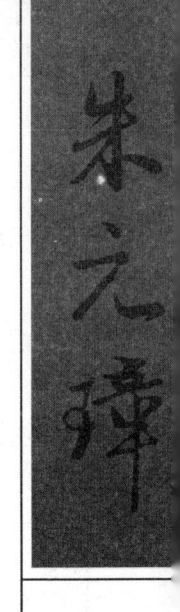

备不测，对蓝玉这样的强臣，反也得杀，不反也得杀。蓝玉等人的引颈就戮，恰恰说明是朱元璋采取了先发制人的行动。

朱元璋不仅先发制人，说话还不算数。洪武二十五年（1392年）八月二十二日，他推翻了不再追究胡党的承诺，再次借胡惟庸案诛杀了靖宁侯叶升。叶升是蓝玉的姻亲，杀叶升就正式揭开了蓝玉案的序幕。彼时，蓝玉尚远在征讨西番的前线，死心塌地为朱元璋征战的他对即将临头的大祸毫无觉察。如果他稍有异心，在姻亲叶升被杀后也不会老老实实地回来。所以说蓝玉的死，有他脾气粗暴、骄傲跋扈、不善于讨好人的因素在里面，但是更有老朱为了自己朱家的基业，铲清路障，为自己的孙子朱允文铲除拦路虎的因素在里面，即使没有蓝玉也会有白玉、黄玉被杀，这是一种必然。

老朱的错误除了这些冤案还有一些，那就是文字狱。

朱元璋与文字狱

关于文字狱我们都不陌生，看电视剧也知道那些因为一个字或者一句话或者一首诗送命的文人儒士是大有人在，这是统治者在担心自己地位的安危？那也真是有点太过小心了。咱们这位朱皇帝在位的时候也是大兴文字狱，借以统治广大稍有良知的文人，于是，全国上下到处弥漫着白色恐怖，没准哪句话一不小心就丢了脑袋。从这以后，读书人是"一心攻读圣贤书，两耳不闻窗外事"。别怪人家书生手无缚鸡之力，完全是被形势所逼导致的。

而说起文字狱，老朱一不小心又成了第一个吃螃蟹的人。有人说，文字狱的始作俑者就是明朝这位开国皇帝。看来朱同学还真是事事永争第一啊。说老朱，还得说他们家的成分，文化大革命时期，贫雇农基本事事都能沾上好处，这也不是红军同志们杜撰出来的，这是有一定科学根据的。贫农雇农受地主压迫最为严重，生活被剥削得最厉害，长时间地压在富农脚底下，是时候站起来当家做主了。中国古时讲究"天命论"，讲的就是根红苗正，皇帝是天子，奉天承运，是代表天帝统治天下的。朱元璋家穷的啥玩意没有，后来经过自己努力打拼，苦心经营，最终修成正果，做了一代开国之君。虽然做皇帝是很风光的事，但是现

实中还存在一个问题，那就是自己那点可怜的家底儿。老朱在这方面脸皮还是比较薄的，自己的家是麻绳提豆腐——提不起来，既没有什么圣贤做祖宗，也没有老妈和天神 MAKELOVE，如果让别人知道自己小时候那么可怜，吃糠咽菜，当和尚流浪，这可不是一般的丢人，怎么掩饰一下呢？这可给朱皇帝出了难题。

这事难得倒老朱，但是老朱还有一群文人儒士在手下啊，其中鼎鼎大名的有刘基、宋濂。读书人脑子转得就是快，这点小事不必烦心。既然家底是地球人都知道的，那就索性一不做二不休，说"我就是淮河那边的一个农民，因为当时天下大乱，不才被众人推举做了首领，不敢在自己的小地方做个山大王了此终生，奉上天的命令，于是向北驱逐蒙古军队，拯救在深水中大火中的百姓，重新恢复咱们汉人的威严。"现在大家包着红色的头巾起义，不是人力，而是上天授予的神圣使命。元朝凭借胡虏统一了中国，但是他们统治起来完全不把老百姓放在眼里，也不关心大家是不是穿得暖吃得饱，上天看他这样就把皇帝从龙椅上赶下去了，这是没办法的事。那现在老天要选一个人统一中国啊，很不幸，我就是被选的这个人。我推辞了半天，老天爷说，不行，就得是你，别人干不了这个活儿。我只好勉强答应了。于是我就做了皇帝了。这样一说，既显得老朱的起义是合法的，又显得老朱真的是受了上天安排。

老朱的心头大石终于落了地。以后在众多儒生的影响下，朱皇帝学会读书习字，更是感觉到文化的魅力。同样的一句话，读书人说跟武夫说完全是两个不同的感受。老朱更喜欢听读书人说，顺耳！

老朱与读书人走的近了，让一群开国勋贵（基本是武夫）很不满意，老子辛辛苦苦南征北战打下的天下，凭什么让你们耍嘴皮子的臭老九管理呢？不怕没好事就怕没好人。这些武夫整天没事就想了一个主意。一天又有人向重八告文人的状，重八还是老一套政策，打天下靠武将，治理天下靠文人。来人就说："您说得对，不过文人也不能太过于相信，否则就会上当。一般的文人的通病就是喜欢挖苦诽谤讽刺别人，还不让你知道，以为他是在夸你，你还得乐得要死似的。你看那个张九四，一辈子宠待文人，要风有风，要雨得雨，三天一小宴，五天一大宴，把个文人捧上了天，当了王得有个官名啊，于是拜托文人给自己起个好名字。文人们二话没说，给他起名士诚。"重八说："好啊，这名字多好。"那人又说："错了，上大当了！《孟子》上说'士诚小人也'，如果你给这句话顿一下，不就可以读成'士诚，小人也'了吗？（古时书本没有标点符号，全靠所谓的大儒断句。）这不就是在骂张士诚是小人吗？可怜了个张士诚，被人骂了一辈子，居然还对那个起名字的文人感恩戴德地感谢呢。"朱皇帝绝对不能这么轻易相信别人的话，要相信真理，于是找人查了一下，居然真有这句话。老朱当时就想，多亏自己提前看了一下，要不以后自己被人笑话了也不知道。朱元璋从那时候起，对文人的好感一扫而光，虽然那些文人给自己立下了汗马之劳，仍然觉得不知道什么时候那些自恃饱读诗书、学富五车的人就会给自己整个什么名堂出来，表面上让自己高兴，其实背地里是在骂自己。这种隔膜直接导致了朱元璋对于读书人的憎恨，从此以后他每次翻阅臣下所上的表笺，就留了个心眼儿，更加仔细地鸡蛋里挑骨头，凡是里面有影射嫌疑和让自己闹心的字眼，对不起啦，你让我老人家不舒服了，我也只好让你脑袋搬家了。

前边讲了，老朱一直为自己的出身深感自卑，虽然那些文人已经帮自己美化了很多了，听起来也比较顺耳了，但是他们不是当事人，自然不能深刻了解老朱的心情。只要一想自己当过和尚，还是种地的，就觉得浑身不舒服。虽然刘邦也是流氓无产者发家的，但是人家宣扬自己是赤帝和他妈妈媾和生下来的。重八可不想让自己老母莫名其妙被某个神仙鬼怪云雨一下。内心里的那点自卑感总会在有人没人的时候咕嘟咕嘟地冒出来折磨一下老朱原本就脆弱的神经，老朱总怕别人揭他老底，总觉得别人在背地里笑话自己，这点老朱就不如人家阿Q哥，别人骂阿Q，阿Q说是"儿子骂老子"。

人在极度自卑的时候，很容易转化为极端的自大、专横，于是就会在看似完全没有什么妨碍他的地方给人家设绊儿，把人家的脑袋当成足球，强烈压制别人，让自己心理平衡。人家朱皇帝有权利，你敢在文字里对我大不敬，我就会让你祖宗八代都痛苦。

可以说这时候的老朱心里已经变态了，这种变态的心理产生变态的文字狱。

其实文字狱说白了就是一千个人眼中有一千个哈姆雷特，仁者见仁、智者见智的事，完全在于自己的主观解释，老朱制造的一些文字狱很典型地具有这些特征。

著名诗人高启应苏州知府之请，为他的新房子写了《上梁文》，结果就因为文中有"龙蟠虎踞"一词被腰斩。状元出身的翰林院修撰张信是皇太子们的老师，有一次他教皇子们写字，随手写了杜甫的一句诗"舍下笋穿壁"让众皇太子临摹，碰巧让关心孩子学业前来巡视的朱元璋看见了，一口认定张信是借古讽今，嫌朝廷寒酸，怒骂道："我如此气势磅礴的大明朝，你居然敢这么讽刺我！"随即下令将张信腰斩了。其实，这些文字是不是真有那么严重的鄙视的意思，朱元璋心里也没底，但他总觉得所有文字的背后都有可能暗藏着数不清的挖苦、挪揄和讥讽。确有其事的，杀了活该；被冤杀的，权当是一种震慑吧。

再如，浙江府学教授林元亮、北平府学训导赵伯宁、福州府学训导林伯璟、桂林府学训导蒋质，都因他们执笔的表章中有歌颂皇帝为天下"作则"一类的字样，被认为是影射老朱年轻时作过"贼"（小偷）的往事。这也是老朱自己心虚，毕竟年少轻狂，何必一定要记在心里呢？谁年轻时候不犯点错误呢？不偷人两头蒜、顺人几棵葱的？尉氏（河南尉氏）县学教授许元，在奏章上有"体乾法坤，藻饰太平。"这两句话是千年以前的古文，但朱元璋这个文盲却解释说："法坤与'发髡'同音，发髡是剃光了头，这实在讽刺我当过和尚。藻饰与'早失'同音，显然是在咒我早失太平。"于是许元被处斩。

死得真冤！

杭州府学教授徐一夔的表文中有"光天之下"、"天生圣人"等语，朱元璋牵强附会，说文中的"光"指光头，"生"是"僧"的谐音，徐一夔是在借进呈表文骂他当过和尚。德安府训导吴宪的表文中有"望拜青门"之语，朱元璋就认为，"青门"是指和尚庙。这些犯了忌讳的，都被"诛其身而没其家"，在朱元璋的淫威之下丧了命，这一批人都是地方学校的教师，只不过因为肚子里有墨水，代替地方官员撰写奏章，竟然招来杀身之祸。

真是倒霉！

更可笑的是，朱元璋在做皇上的后期，还妄自尊大，自作聪明，结果不少读书人做了屈死鬼。有个叫卢熊的读书人，人品文品都很好，朱元璋委任他到山东兖州当知州。卢熊到兖州后要启用官印，发布文告。当他把皇帝授给他的官印取出一看傻了眼，原来，朱元璋笔下的诏书是授卢熊为山东衮州知州，这官印是根据皇帝的诏书刻制的，这兖州自然变成衮州了。可是山东历来只有兖州而没有滚州。偏偏这个卢熊是个搞学问的，说好听了是办事认真，说难听了就是死心眼，这事儿要是放在一般人身上也就不了了之了，可这个卢同学偏较这个真，他觉得现在正是体现皇上不耻下问的时候，于是就给皇上写了一份奏章，要求皇上更正，把官印重新刻制过来。朱元璋一见奏章，知道是自己写错了，当时汗珠子就滚了下来，心想，这个笨蛋熊，我是皇上，关键时候你怎么不给我争脸啊？这不成心让我下不来台吗？于是干脆把这事儿的责任推到卢熊头上，大骂卢熊咬文嚼字，这兖和衮就是同一个字，卢熊竟敢将它念成"滚"州，这不是要朕滚蛋吗？卢熊还没把官椅坐热乎，脑袋就搬了家。

文字狱还不限于奏章。朱元璋崇信佛教，对印度高僧释来复最为礼敬。释来复告辞回国，行前写了一首谢恩诗，诗中有两句："殊域及自惭，无德颂陶唐。"意思很明显，就是说他生在异国（殊域），中国这么地大物博，皇帝英明神武，自己为什么就没生在中国呢？现在再加上自己才疏学浅，根本没有资格歌颂你大皇帝。但朱元璋却来了个鸡同鸭讲，给出了完全不同的解释，他说："殊，明明指我'歹朱'。无德，明明是指我没有品德。我们家祖坟冒着青烟呢，怎么会缺德呢？"朱元璋这个暴脾气马上就翻了脸，转瞬之间，释来复的身份就来了个乾坤大挪移，从座上客直接变为阶下囚，人头就落了地。

朱元璋屡兴文字狱，手段极其残忍，而且非常地荒诞，这种荒诞的行为实有其深刻的历史背景：只有这种不需要任何理由、无从辩解的杀戮，才能够显示我老朱的权威，显示出皇权的绝对性，让自己手下的人知道什么叫威慑力，知道 HelloKitty 原来是真老虎，而不是病猫。

如果说，宋代的文化专制已到了一个极致，那么至少士大夫的人格在表面上还是得到了尊重，所以他们能够以"气节"自励，维持求

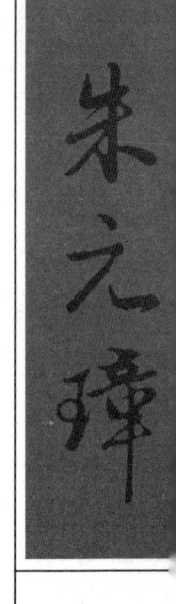

"道"为最终人生目标的理想品格。而朱元璋自从自己坐上皇帝宝座后，就想从根本上打掉文人的自尊，塑造文人的奴性品格。

　　老朱到了自己任期将满的时候，已经心理变态到极其厉害的份上，他的行为举止表现出来的冷酷让人瘆的慌，喜欢看别人流血、看别人痛苦、看别人跪下来向他哀求，而他又拒绝宽恕。连他的嫡长子皇太子朱标和皇太孙朱允炆的劝谏都不听，这都是事实。

朱元璋大事年表

元天顺即天历元年（公元1328）九月丁丑，元璋生。

元顺帝元年至六年（公元1335－1340）元顺帝三年开始，弥勒教先后起义被镇压。

元顺帝至正元年（公元1341）山东、湖广、燕南平民为盗，多至三百余处。

至正四年（公元1344）春淮北大旱，继以瘟疫，元璋父母长兄次兄相继病死。秋九月，元璋入皇觉寺为沙弥。一月后，云游淮西颖州一带。

至正五年－七年（公元1345－1347）游方淮西未归。

至正八年（公元1348）年底，回皇觉寺。

至正九年至十一年（公元1349－1351）皇觉寺静待。

至正十二年（公元1352）闰三月，投郭子兴部下为兵。

至正十三年（公元1353）南略定远，下滁州。

至正十四年（公元1354）屯军滁州。

至正十五年宋小明王龙凤元年（公元1355）正月，克和州，奉郭子兴命总诸将。四月，常遇春来归。五月，廖永安、俞通海以水军降，元璋下采石取太平。小明王命郭天叙为都元帅，张天佑、元璋为左右副元帅。九月，郭张二帅攻集庆，皆死之。朱元璋尽有郭部。

至正十六年龙凤二年（公元1356）二月，攻取集庆，改名应天府，又遣徐达攻取镇江。六月，元璋部将邓愈克广德。小明王升朱元璋为江南等处行中书省平章。

至正十七年龙凤三年（公元1357）占长兴、常州、宁国、江阴、常熟、徽州、池州、扬州等地。

至正十八年龙凤四年（公元1358）二月，以康茂才为营田使，实施屯田。十二月，自将攻婺州，改为宁越府。

至正十九年龙凤五年（公元1359）克诸暨、衢州、除州等地，命宁越府立郡学。小明王升朱元璋为仪同三司江南等处行中书省左丞相。

至正廿年龙凤六年（公元1360）陈友谅攻应天，朱元璋大败之，遂复太平。徐寿辉旧将以袁州降于元璋。

至正廿一年龙凤七年（公元1361）元璋击陈友谅于江州，友谅败走武昌。遂分兵取南康、建昌、饶州、蕲州、黄州、广济等处，继下抚州。

至正廿二年龙凤八年（公元1362）元璋受友谅部将胡廷瑞之降，得龙兴，改为洪都府。瑞州、吉安、临江相继下。

至正廿三年龙凤九年（公元1363）元璋因张士诚将吕士珍攻安丰，亲率军往救。陈友谅大举攻洪都，围八月十五日未下。元璋撤军回援，与友谅大战于鄱阳湖。友谅中流矢而死，其子陈理奔回武昌，元璋亲往围之。

至正廿四年龙凤十年（公元1364）自立为吴王，建百官。受陈理降，汉亡。

至正廿五年龙凤十一年（公元1365）以徐达为大将军，进攻江北、淮东张士诚之地，先取泰州高邮。

至正廿六年龙凤十二年（公元1366）徐达等下淮安、濠州、宿州、徐州等地，浙东悉归元璋。五月，令徐达常遇春攻张士诚，连下湖州、杭州，进围平江。十二月遣廖永忠迎小明王于滁州，中途沉之于江，宋亡。

至正廿七年（公元1367）徐达等克平江，执张士诚，吴亡。元璋命汤和等攻方国珍，方降。又以徐达为征虏将军，北伐中原。命胡廷瑞等取福建，杨璟取广西。徐达等下山东诸郡。

元顺帝至正廿八年明太祖洪武元年（公元1368）正月，朱元璋称帝，国号大明，建元洪武，是为明太祖，立世子标为太子，妃马氏为皇后。汤和克延平，执陈友定，福建平。命汤和等师取广东，广州守将何真降。杨璟等下宝庆、全州、靖江等地。徐达下汴梁。元璋以应天为南京，开封为北京。十一月，徐达取大都，改为北平府。保定、真定、怀庆、泽州、潞州相继下。

洪武二年（公元1369）奉元、凤翔、临兆相继下，李思齐降。常遇春克开平，元帝奔和林。常遇春卒于军。元军攻大同，李文忠败之。徐达下庆阳。元璋定内侍官制，编《祖训录》，定诸王封建之制。

洪武三年（公元1370）命徐达李文忠等分道北征。李文忠获顺帝孙以归，元嗣君北遁。元璋分封诸王，赐爵功臣。

洪武四年（公元1371）命汤和、廖永忠率舟师由东路入川，傅友德率步骑由秦陇取蜀。傅军连下阶州、文州、隆州、绵州。廖永忠克夔州，明升出降，夏亡。元平章刘益以辽东降。

洪武五年（公元1372）命徐达为征虏大将军，出雁门，趋和林，李文忠趋应昌，冯胜取甘肃，征扩廓帖木尔。徐达为扩廓所败。命邓愈征土蕃。诏以农桑，学校课有司。

洪武六年（公元1373）颁《昭鉴录》，训诫诸王。扩廓犯大同，徐达遣将败之。颁定《大明律》。

洪武七年（公元1374）李文忠蓝玉大败元兵。遣元顺帝孙北归。

洪武八年（公元1375）诏天下立社学。

洪武十年（公元1377）以羽林等卫军益秦、晋、燕三府护卫。邓愈、沐英讨吐藩，大破之。命大小政事先启太子裁决。

洪武十三年（公元1380）左丞相胡惟庸以擅权诛，坐其党，死者甚众。废中书省及丞相等官，提高六部官秩。改大都督府为中左右前后五军都督府。燕王棣到封国北平就王。安置宋濂于茂州，死于道。

洪武十四年（公元1381）命傅友德、沐英、蓝玉征云南。傅友德败元兵于白石江，遂下曲靖，元梁王自杀，云南平。

洪武十五年（公元1382）蓝玉沐英克大理，分兵攻鹤庆、丽江、金卤俱下。马皇后卒。置殿阁大学士。空印案发，株连死者数万。

洪武十六年（公元1383）召征南师回京，沐英留守云南。

洪武十七年（公元1384）曹国公李文忠被毒死。禁内官预政，敕

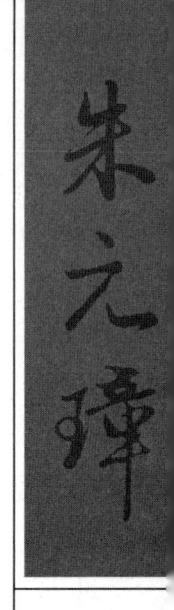

戒诸司不得与内官公文往来。

洪武十八年（公元1385）魏国公徐达中毒死。户部侍郎郭桓坐盗官粮被诛，死者数万。

洪武二十年（公元1387）冯胜、傅友、德蓝玉同征纳哈出。冯率师出松亭关，下大宁宽河会州富峪四城，纳哈出降，东北平。

洪武廿三年（公元1390）晋王棡、燕王棣率师征元，颖国公傅友德等皆从其节制。齐王率师从征，燕王师次迤都，元丞相咬柱等降。韩国公李善长因胡惟庸案发，坐诛，牵连死者甚众。作《昭示奸党录》，布告天下。

洪武廿四年（公元1391）天下郡县赋役黄册成。八月皇太子巡抚陕西，十一月还京师。

洪武廿五年（公元1392）皇太子标死，立长孙允炆为皇太孙。沐英卒于云南。子沐春袭封西平侯，镇云南。

洪武廿六年（公元1393）凉国公蓝玉被杀，功臣死者甚众。冯胜、傅友德备边北平。其属卫将校悉听晋王燕王节制。诏二王军务大者始以闻。

洪武廿七年（公元1394）颖国公傅友德坐诛。

洪武廿八年（公元1395）谕群臣兹后不得法外用刑；嗣居不许置丞相；皇亲唯谋逆不赦，余罪宗亲会议取上裁，法司只许举奏，不得擅逮，勒诸典章，永为遵守。八月，秦王樉死。颁皇明祖训条章，后世有言更祖制者以奸臣论。

洪武卅一年（公元1398）二月晋王棡死。闰五月，元璋卒，终年七十一岁。太孙允炆继位。